Ofimática
PROFESIONAL

Microsoft®

WORD 2016

Domine las funciones avanzadas
del tratamiento de texto de Microsoft®

ISBN: 978-2-409-00175-8
Edición original: 978-2-7460-9744-5

Ediciones ENI
P° Ferrocarriles Catalanes, 97-117, 2a pl. of. 18
08940 - Cornellà de Llobregat (Barcelona)

Tel: 934 246 401
Fax: 934 231 576

e-mail: info@ediciones-eni.com
http://www.ediciones-eni.com

Edición española: Andrea GARCÍA VEGA, Margarita BARRERA
Colección **Ofimática Profesional** dirigida por Corinne HERVO

Prefacio

El presente manual está destinado a personas con conocimientos básicos sobre el programa de tratamiento de textos **Word 2016** que desean ampliar sus conocimientos a funciones más avanzadas del programa. Ha sido concebido para encontrar rápidamente las opciones a activar y los pasos a seguir para llevar a cabo diversas operaciones. Las capturas que ilustran la obra permiten detallar las explicaciones en curso mostrando el cuadro de diálogo correspondiente a los comandos o proponiendo ejercicios concretos. El manual se divide en seis partes:

Documentos . . . . páginas 7 a 28

Este primer capítulo presenta funciones avanzadas relativas a la gestión de documentos: modificar propiedades, comparar documentos, guardar en formato PDF, etc.

Contenidos específicos. . . . . páginas 29 a 74

Esta parte trata de los contenidos que es posible insertar en el documento: inserciones automáticas, ecuaciones matemáticas, campos, etc. Se abordan también las funciones avanzadas relacionadas con tablas, imágenes y objetos gráficos.

Formato, temas, estilos y plantillas . . . . páginas 75 a 118

Esta parte se abordan funciones avanzadas relativas a la presentación del documento: administrar el formato de un texto, personalizar temas, crear y aplicar estilos y crear plantillas de documentos.

Documentos extensos . . . . páginas 119 a 194

Esta parte trata específicamente las funciones para crear documentos extensos: creación de secciones, marcadores, notas a pie de página, referencias cruzadas, esquemas, tablas de contenido, índices, documentos maestros, etc.

Correspondencia. . . . . páginas 195 a 228

Word también permite crear formularios e imprimir un mailing para enviar un mismo documento a un conjunto de destinatarios catalogados en un archivo Excel, una base de datos Access o los contactos Outlook.

Funciones avanzadas diversas. . . . . páginas 229 a 306

En esta última parte se abordan funciones más específicas: importar y exportar datos entre Word y Excel, por ejemplo, controlar los cambios introducidos por varias personas que trabajan sobre un mismo documento, personalizar el entorno y crear macros.

En **Anexo** encontrará la lista de los principales métodos abreviados de teclado.

Las últimas páginas de la obra presentan un **índice temático** muy útil para encontrar rápidamente las indicaciones correspondientes a distintas operaciones.

Convenciones tipográficas

Con el fin de que el lector pueda encontrar e interpretar fácilmente la información que le interesa, hemos adoptado las siguientes convenciones tipográficas.

Los siguientes estilos de caracteres se utilizan para:

Negrita Indicar una opción del menú o de un cuadro de diálogo a activar.

Cursiva comentarios que introducen la manipulación o explican las modificaciones visibles en la pantalla.

Ctrl representar las teclas que se deben pulsar; cuando dos teclas aparecen una al lado de la otra, deberá pulsar ambas a la vez.

Los símbolos siguientes introducen:

la operación que hay que realizar (activar una opción, hacer clic con el ratón, etc.).

una observación de orden general sobre el comando curso.

un truco que se debe conocer y recordar.

Contenido

Documentos

Contenidos específicos

Contenido

Contenido

Contenido

Esquema

Tablas

Índice

Documentos maestros

Correspondencia

Formularios

Mailing

Contenido

Gestión de cuentas

Macros

Recuperar una versión de un documento

Recuperar una versión de un autoguardado

Cuando se está trabajando en un documento y las opciones de guardado automático están activadas, el documento se guarda automáticamente en función del intervalo de tiempo especificado (cada 10 minutos de manera predeterminada) si se han hecho modificaciones al documento. Las distintas versiones de esos guardados están a disposición del usuario y se pueden recuperar fácilmente.

- Compruebe que las opciones de autoguardado están activadas: haga clic en la pestaña **Archivo**, en **Opciones** y luego en la categoría **Guardar** y verifique que las opciones **Guardar información de Autorrecuperación cada ... minutos** y **Conservar la última versión autoguardada cuando se cierra sin guardar** están activadas. Confirme los cambios haciendo clic en el botón **Aceptar**.
- Si fuera necesario, abra el documento en cuestión.
- Haga clic en la pestaña **Archivo** y luego en la opción **Información**.

La o las versiones guardadas automáticamente se muestran en el apartado ***Administrar documento*** *del panel central.*

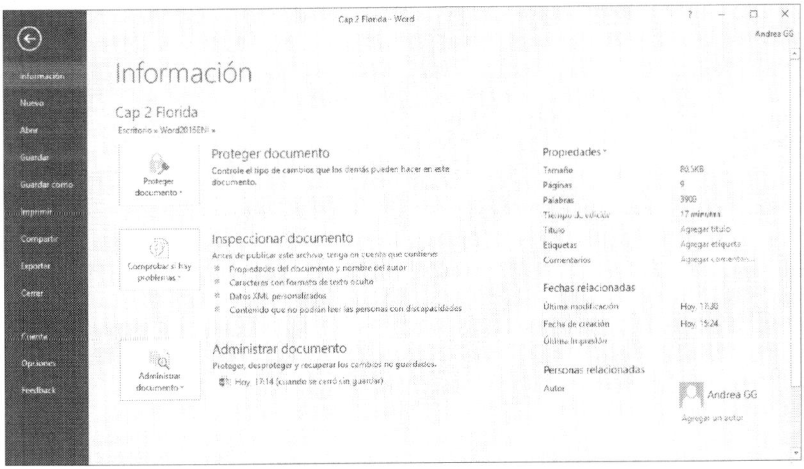

- Haga clic en la versión guardada que desea abrir.

Se abre la versión guardada del documento en Modo de lectura. Este documento es un archivo borrador, y su extensión es ***.asd****.*

La fecha y la hora de guardado se muestran en la barra de título. La indicación ***(Solo lectura)*** *significa que las modificaciones que se hagan en esta versión no podrán guardarse en el documento.*

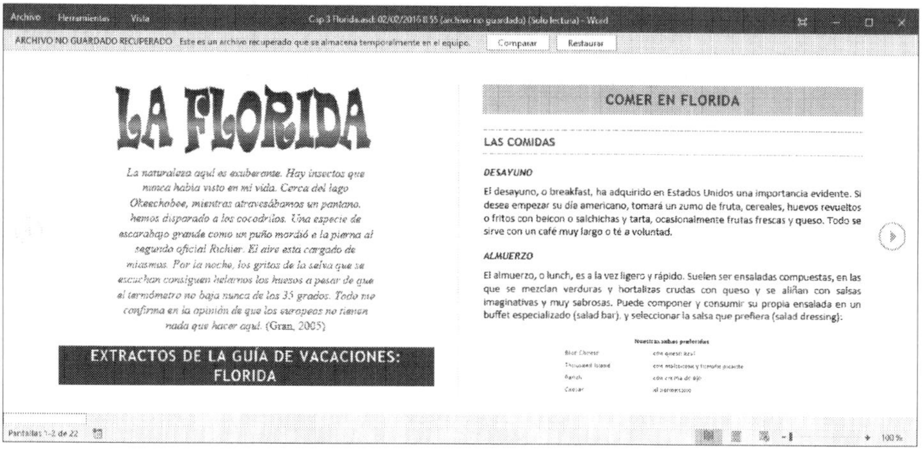

Para **Comparar** la versión guardada automáticamente con la última versión guardada por el usuario, haga clic en el botón correspondiente que se muestra en la barra de informacion situada por encima del documento.

Se abre un documento en el que se muestran tres ventanas de documento: una en la que se muestra el contenido del documento comparado en el que se han resaltado las modificaciones, otra en la que se muestra el contenido del documento original y la tercera con el contenido del documento revisado. Se trata de tres vistas y no de tres auténticos documentos. A la izquierda de la ventana aparece el panel ***Revisiones*** *en el que se muestran los comentarios y las modificaciones de los distintos usuarios.*

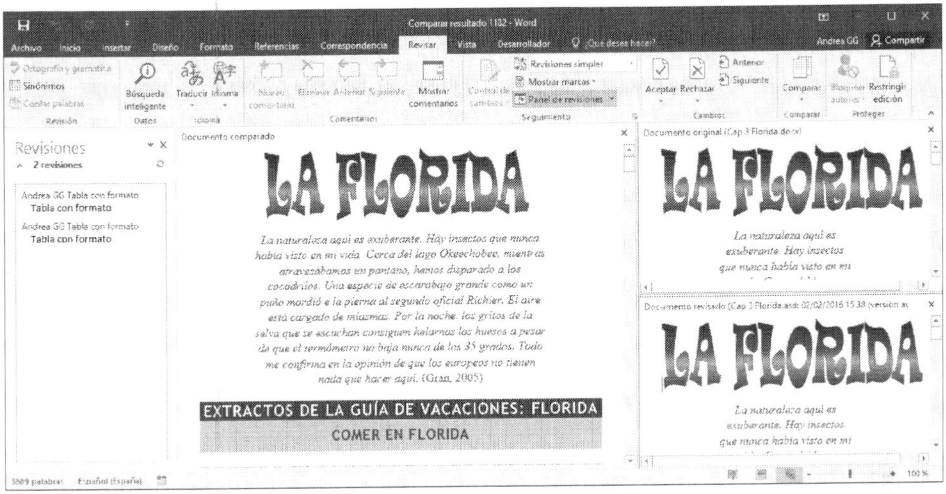

Para guardar las modificaciones hechas en el documento y reemplazar la última versión guardada con la versión guardada automáticamente, haga clic en el botón **Restaurar**.

A continuación, haga clic en el botón **Aceptar** en el mensaje que le informa de que la última versión guardada (que usted guardó) será reemplazada por la versión del documento activo (versión guardada automáticamente).

La mayoría de las versiones guardadas se eliminan al cerrar el documento.

Para comparar una versión guardada automáticamente con la última versión que usted ha guardado, también puede hacer clic con el botón secundario del ratón en la versión en cuestión en la lista **Administrar documento** (pestaña **Archivo** - opción **Información**) y, a continuación, haga clic en la opción **Comparar con la actual**.

Para eliminar una versión, haga clic con el botón secundario del ratón en la versión en cuestión en la lista **Administrar documento** de la pestaña **Archivo** (opción **Información**), haga clic en la opción **Eliminar esta versión** y a continuación confirme la eliminación haciendo clic en el botón **Sí**.
La versión del último guardado automático de un documento cuyos cambios no han sido guardados se muestra en la lista **Administrar documento** (pestaña **Archivo** - opción **Información**). El mensaje **(cuando se cerró sin guardar)** se asocia al nombre de la versión.

Recuperar una versión temporal

Es posible recuperar una versión temporal de un documento que se haya cerrado sin guardar. Es necesario, para ello, que las opciones de autoguardado estén activadas porque la versión temporal de un documento no guardado corresponde al último guardado automático.

- Compruebe que las opciones de autoguardado están activadas: haga clic en la pestaña **Archivo**, en **Opciones** y luego en la categoría **Guardar** y verifique que las opciones **Guardar información de Autorrecuperación cada ... minutos** y **Conservar la última versión autoguardada cuando se cierra sin guardar** están activadas. Confirme los cambios haciendo clic en el botón **Aceptar**.
- Haga clic en la pestaña **Archivo** y luego en la opción **Información**.
- Haga clic en el botón **Administrar documento** y luego en **Recupera documentos sin guardar**.

*También puede hacer clic en la opción **Abrir** de la pestaña **Archivo** y luego hacer clic en el botón **Recupera documentos sin guardar** que se muestra en la parte inferior de la ventana.*

*El cuadro de diálogo **Abrir** se muestra en pantalla. La carpeta C:\Usuarios\Nombre de usuario\AppData\Microsoft\Office\UnsavedFiles está seleccionada y contiene los archivos temporales disponibles. Estos archivos temporales son archivos borrador cuya extensión es **.asd**.*

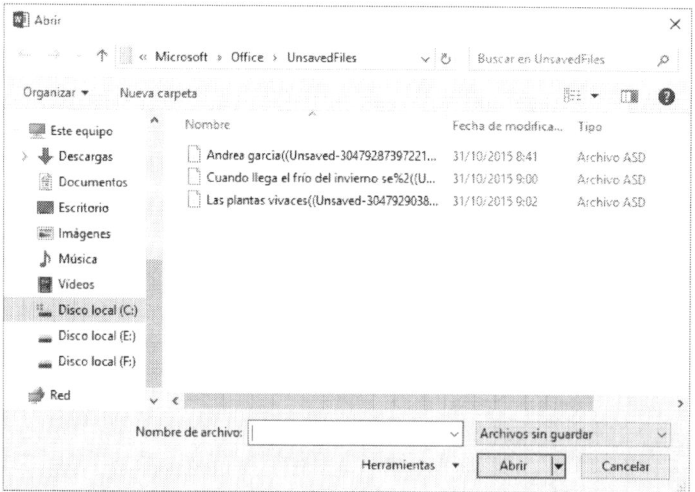

- Seleccione el archivo temporal que desea recuperar; el inicio del nombre de un archivo temporal tiene los primeros caracteres del documento.
- Haga clic en el botón **Abrir**.

  *Se abre la versión temporal en **Modo de Lectura**. La fecha y la hora de registro se encuentran en la barra de título.*

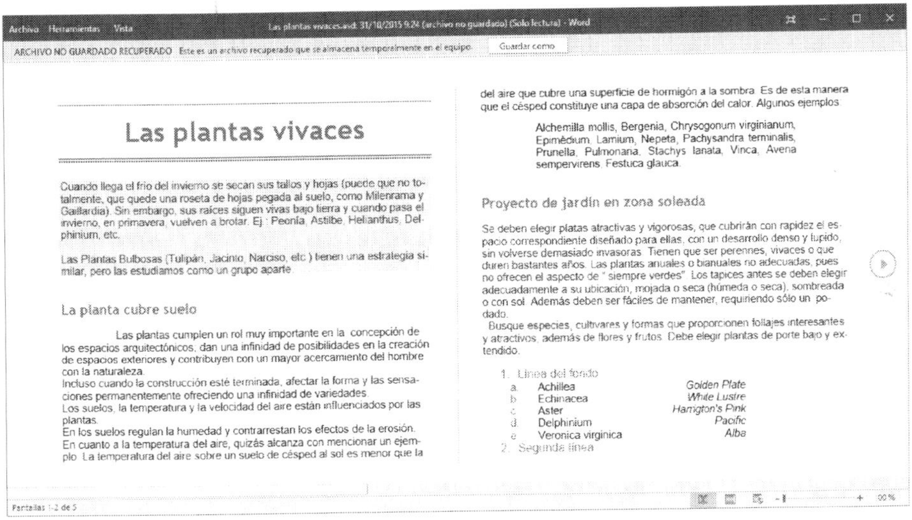

Según indica la barra que aparece encima del documento, los archivos recuperados (o archivos borrador) están almacenados temporalmente en el equipo. Transcurridos 4 días, estos archivos se destruyen.

- Haga clic en el botón **Guardar como** para guardar esta versión.

  Seleccione la carpeta de guardado del archivo y especifique su **Nombre de archivo** en el cuadro de texto correspondiente.

  Haga clic en el botón **Guardar**.

Guardar un documento en formato PDF o XPS

Los formatos de archivos PDF y XPS son formatos de archivo que facilitan la difusión de documentos electrónicos. Estos formatos mantienen las fuentes, las imágenes, los gráficos y el diseño del documento tal y como fue creado con la aplicación de origen. Un usuario puede ver, compartir e imprimir los archivos PDF si dispone del programa Acrobat Reader (disponible gratuitamente en el sitio Web de Adobe) y los archivos XPS si dispone de Microsoft .NET Framework (disponible gratuitamente en el sitio Microsoft). Sin embargo, si trabaja en el entorno Windows 8 o Windows 10, tendrá a su disposición el ***Lector*** *que le permite abrir los archivos PDF y XPS así como el* ***visor de XPS*** *que le permite abrir los archivos XPS.*

- Si sólo desea guardar en formato PDF o XPS una parte del documento, seleccione el texto correspondiente.
- Haga clic en la pestaña **Archivo** y luego en la opción **Exportar**.
- Haga clic en la opción **Crear documento PDF/XPS** y luego en el botón **Crear documento PDF/XPS**.
- Modifique si hace falta la carpeta donde se va a guardar el documento y el **Nombre de archivo** en la correspondiente casilla.
- A continuación, abra la lista **Tipo**, en función del tipo de archivo que se desea crear, elija la opción **PDF** o **Documento XPS**.

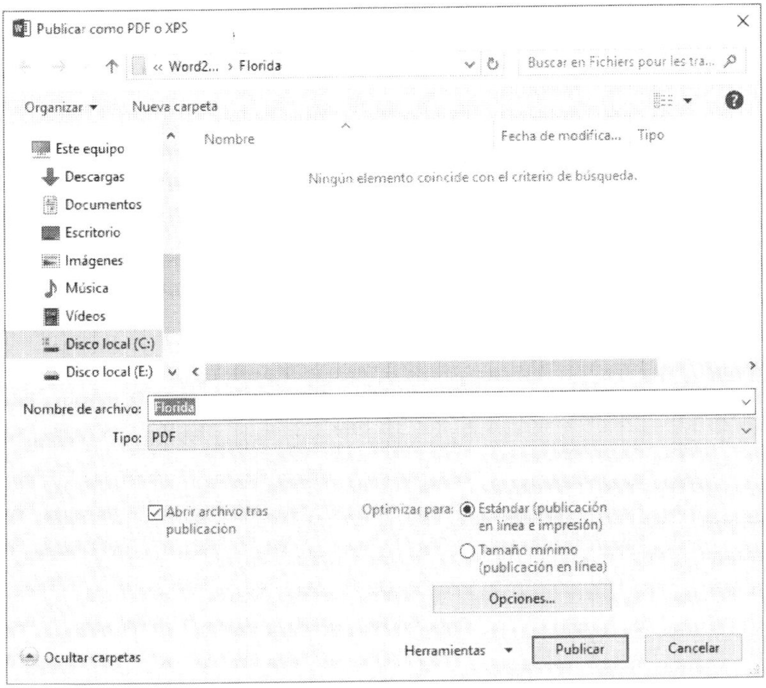

- Si desea abrir el archivo (**PDF** o **XPS**) justo después de haberlo guardado, marque la opción **Abrir archivo tras publicación**.
- Active una de las opciones asociadas a la opción **Optimizar para**:

Estándar (publicación en línea e impresión)	Para optimizar la calidad de la impresión del documento: el tamaño del archivo se verá aumentado.
Tamaño mínimo (publicación en línea)	Archivos que no están destinados a ser impresos: el tamaño del archivo se reducirá.

- Modifique las posibles **Opciones** asociadas al formato **PDF** o **XPS** mediante el correspondiente botón.

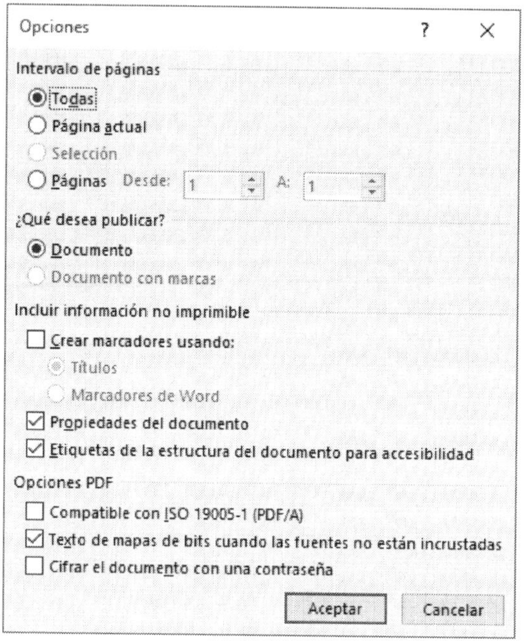

*En la imagen, se muestran las opciones de formato **PDF**. Estas opciones son idénticas en el cuadro de diálogo de formato **XPS** salvo las **Opciones** que se encuentran en la parte inferior del cuadro de diálogo.*

- Especifique la parte de documento que debe guardarse activando la opción **Intervalo de páginas: Todas**, **Página actual**, **Selección** o **Páginas**.

  En caso de seleccionar la opción **Páginas**, indique el número de la primera página que debe guardarse en la casilla **Desde** y a continuación introduzca la última página en la casilla **A**.

  *Si no se ha realizado previamente ninguna selección en el documento, la opción **Selección** aparece sombreada porque no está disponible.*

- Si el documento contiene marcas o comentarios que desea que también se guarden, asegúrese de que la opción **Documento con marcas** esté activa. De lo contrario, active la opción **Documento**.

Si el documento no contiene marcas ni comentarios, la opción ***Documento con marcas*** *aparece sombreada porque no está disponible.*

- Si en la versión guardada en formato PDF o XPS desea introducir marcadores desde los títulos o marcadores internos en el documento, active la opción **Crear marcadores usando** y a continuación active la opción **Títulos** o **Marcadores de Word**.

  Las opciones ***Títulos*** *y* ***Marcadores de Word*** *están únicamente disponibles si el documento contiene títulos o marcadores.*

- Para guardar las **Propiedades del documento**, asegúrese de que esta opción esté activada.

- Mantenga activada la opción **Etiquetas de la estructura del documento para accesibilidad** si desea que el archivo creado contenga los datos que favorecen la accesibilidad de los usuarios que padecen algún handicap.

  Esta opción aparece activa de forma predeterminada.

- Si el documento se guarda en formato PDF, seleccione la opción **Compatible con ISO 19005-1 (PDF/A)** para guardar el archivo en este formato.

  Si desea que las fuentes sean reemplazadas por mapas de bits, active la opción **Texto de mapas de bits cuando las fuentes no están incrustadas**; esto le permitirá obtener una presentación lo más semejante posible al documento original. De lo contrario, si la persona que lee el archivo PDF no dispone de ciertas fuentes, estas serán reemplazadas por otras.

  Active la opción **Cifrar el documento con una contraseña** si desea asociar una contraseña al documento PDF; esta contraseña será necesaria para abrir el documento.

- Pulse el botón **Aceptar** del cuadro de diálogo **Opciones**.

- Si en el momento de guardar un documento en formato PDF ha activado la opción **Cifrar el documento con una contraseña**, se abre el cuadro de diálogo **Cifrar documento PDF**. Escriba la **Contraseña** y **Repetir contraseña** en los cuadros de texto correspondientes y confirme pulsando el botón **Aceptar**.

- Pulse el botón **Publicar** del cuadro de diálogo **Publicar como PDF o XPS**.

Editar un documento PDF en Word

A partir de ahora podrá abrir un documento PDF en Word para editar su contenido.

- En la pestaña **Archivo**, haga clic en la opción **Abrir** y luego en la opción **Este PC**.
- Seleccione una de las carpetas recientemente utilizadas o haga clic en el botón **Examinar**.
- Si fuera necesario, seleccione la carpeta en la que desea guardar el documento PDF.

*La opción **Todos los documentos Word** seleccionada por defecto en la lista de los tipos de archivo (a la derecha del cuadro **Nombre de archivo**) incluye el formato **PDF**. De este modo, en una misma carpeta podrá ver al mismo tiempo los documentos PDF y los documentos Word. Sin embargo también puede ver únicamente los documentos PDF.*

- Si desea mostrar únicamente los documentos en formato PDF, seleccione la opción **Archivos PDF** en la lista que se encuentra a la derecha del cuadro **Nombre de archivo**; tenga en cuenta que esta opción quedará seleccionada para cuando vuelva a abrir el cuadro de diálogo **Abrir**. Para volver a ver todos los documentos Word, deberá pensar en seleccionar la opción **Todos los documentos Word** en la lista que contiene los tipos de archivo.
- Seleccione el documento PDF que desea abrir y haga clic en el botón **Abrir** o haga directamente un doble clic en el documento PDF pendiente de abrir.

Aparecerá un mensaje que le informa de que el documento PDF va a ser convertido en documento Word modificable. Este mensaje también le informa de que el documento obtenido puede no ser exactamente igual al documento PDF original.

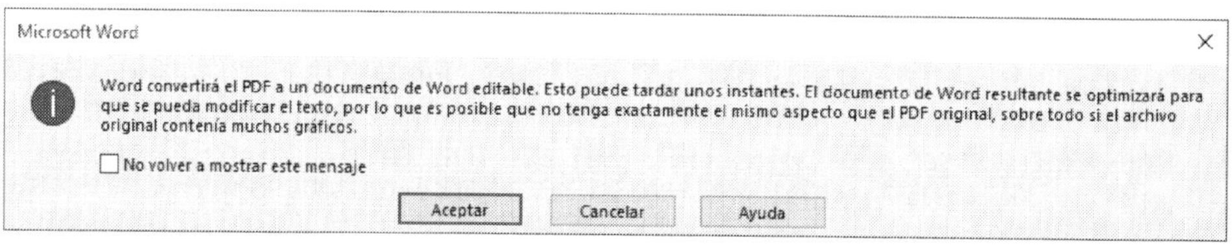

- Haga clic en el botón **Aceptar** del mensaje.

*El documento PDF se abre en Word. Si ha escogido mostrar las extensiones de los archivos (parámetro que se define en el explorador de archivos de Windows), podrá ver la extensión **.pdf** a la derecha del nombre del documento, en la barra de título.*

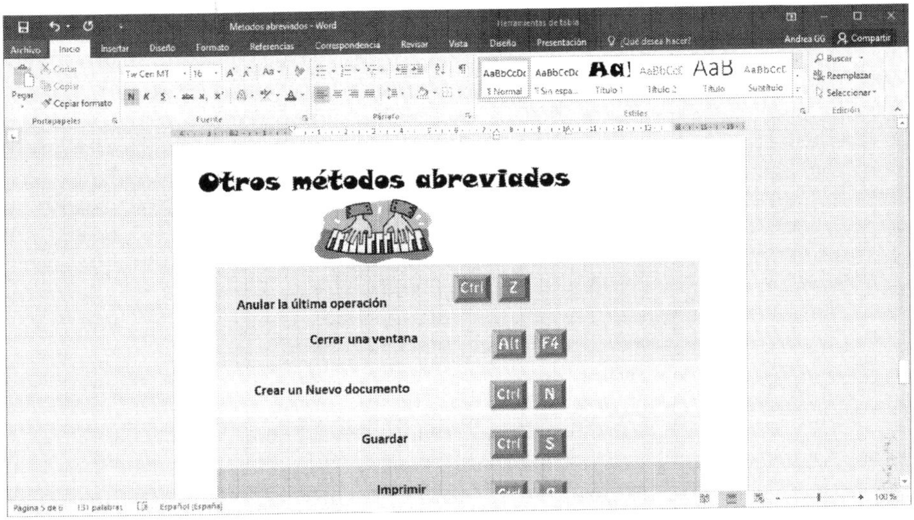

- En este momento dispone de varias opciones:
  - Para guardar el documento PDF en formato Word sin cambiar su contenido, haga clic directamente en la herramienta **Guardar** para abrir el cuadro de diálogo **Guardar como**, seleccione la carpeta de almacenamiento, cambie, si fuera necesario, el nombre del documento y haga clic en el botón **Guardar**.
  - Para guardar el documento PDF en formato Word después de modificar su contenido, efectúe las modificaciones y haga clic en la herramienta **Guardar** . Seleccione a continuación la carpeta de almacenamiento, cambie, si fuera necesario, el nombre del documento y haga clic en el botón **Guardar**.

  En estos dos primeros casos, el documento que aparece en pantalla es el documento Word.

  - Si ha abierto el documento PDF únicamente con el objetivo de hacer modificaciones pero no desea guardarlo en formato Word, efectúe las modificaciones en cuestión y haga clic en el botón **Guardar** .

    Seleccione la opción **PDF** en la lista **Tipo de archivo**.

La carpeta en la que está guardado el documento PDF original está seleccionada de manera predeterminada por lo que se visualizará el documento PDF original.

Puesto que el documento PDF original está abierto en Word, no es posible remplazarlo por el nuevo (machacarlo). Además, para guardar el documento PDF modificado en la misma carpeta que el documento original, cambie su nombre en el cuadro **Nombre de archivo** o, si desea guardarlo con el mismo nombre, escoja otra carpeta de almacenamiento; evidentemente, también puede guardarlo en otra carpeta y además cambiar su nombre.

Cambie, si fuera necesario, las opciones asociadas al formato PDF (véase el apartado anterior) y luego haga clic en el botón **Guardar**.

El documento PDF original se mantiene abierto en Word.

Puesto que en este caso no desea guardar el documento PDF en formato Word, ciérrelo sin guardarlo.

De este modo acaba de crear un nuevo documento PDF en el que ha hecho unas modificaciones gracias a Word. El documento original sigue existiendo, pero, si lo desea, puede eliminarlo.

Una vez guardado un documento PDF en formato Word, nada le impide guardar ese documento Word en formato PDF (véase el apartado anterior).

Definir las propiedades de un documento

Las propiedades permiten identificar un documento y se utilizan para ver la información relativa a un documento, organizar los documentos para encontrarlos fácilmente o para buscarlos.

- Abra el documento que va a utilizar.
- Haga clic en la pestaña **Archivo** y luego en la opción **Información**.

*Las propiedades del documento están visibles en el panel derecho, debajo de la opción **Propiedades**.*

De manera predeterminada, no se muestran todas las propiedades.

- Para mostrar más propiedades, haga clic en el vínculo **Mostrar todas las propiedades** que se encuentra en la parte inferior de la ventana.

*Word muestra las propiedades más pertinentes del documento; aparece el vínculo **Mostrar menos propiedades** que permite reducir el número de propiedades.*

- Para cada una de las propiedades que desee añadir, haga clic en la zona **Agregar** correspondiente (por ejemplo, para la propiedad **Título**, haga clic en **Agregar título**) y a continuación escriba la información que desee.

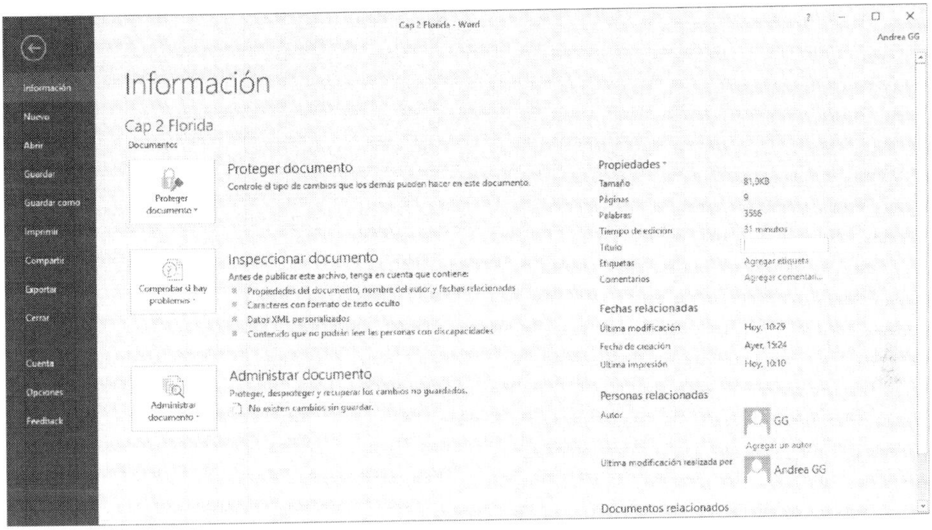

- Haga clic en la herramienta  para guardar los cambios introducidos. Las propiedades no se insertan al archivo hasta que éste se guarda.

La opción **Propiedades avanzadas** de la lista **Propiedades** (pestaña **Archivo** - opción **Información**) permite abrir el cuadro de diálogo **Propiedades**.

Puede ver las propiedades de un archivo utilizando el cuadro de diálogo **Abrir:** haga clic en la opción **Abrir** de la pestaña **Archivo**, en la opción **Este PC** y luego en el botón **Examinar**. Haga clic con el botón secundario del ratón en el documento cuyas propiedades desea ver y luego haga clic en la opción **Propiedades**; las propiedades se encuentran en la pestaña **Detalles**.

Insertar un documento en otro

- Abra el documento en el que quiere insertar otro documento.
- Sitúe el cursor en el punto donde quiere introducir el contenido del documento.
- Abra la lista asociada al botón **Objeto** del grupo **Texto**, situado en la pestaña **Insertar**, y luego haga clic en la opción **Insertar texto de archivo.**
- Seleccione el documento que desea insertar.
- Pulse, si es necesario, el botón **Intervalo** e introduzca el nombre del marcador correspondiente a la parte del documento que desea insertar.

  Para tal operación, hay que atribuir previamente un marcador a la parte del texto que se quiere insertar.
- Pulse el botón **Insertar** o abra la lista asociada a dicho botón y luego haga clic en la opción **Insertar como vínculo** para crear un enlace entre el documento activo y el documento insertado.

Comparar documentos en paralelo

En esta parte se muestra cómo se pueden visualizar en pantalla dos documentos, uno al lado del otro, para poderlos comparar.

- Asegúrese de que los documentos que desea comparar estén abiertos y de que la pestaña **Archivo** no esté activa en ninguno de los dos documentos. El nombre de cada documento se muestra en la lista **Cambiar ventanas** en la pestaña **Vista.**

  *Un documento en el que la pestaña **Archivo** esté abierta no podrá mostrarse en paralelo con otro documento.*
- Para visualizar uno de los documentos que se van a comparar, pulse el botón **Cambiar ventanas** de la pestaña **Vista** y luego seleccione el nombre del documento que desea que se muestre, o pulse el botón correspondiente al documento en la barra de tareas.
- Pulse el icono **Ver en paralelo**, situado en el grupo **Ventana** de la pestaña **Vista.**
- Si únicamente hay dos documentos abiertos, los dos documentos aparecen en pantalla, uno al lado del otro.

  Si hay más de dos documentos abiertos, aparece en pantalla el cuadro de diálogo **Comparar en paralelo**, que permite elegir el segundo documento.

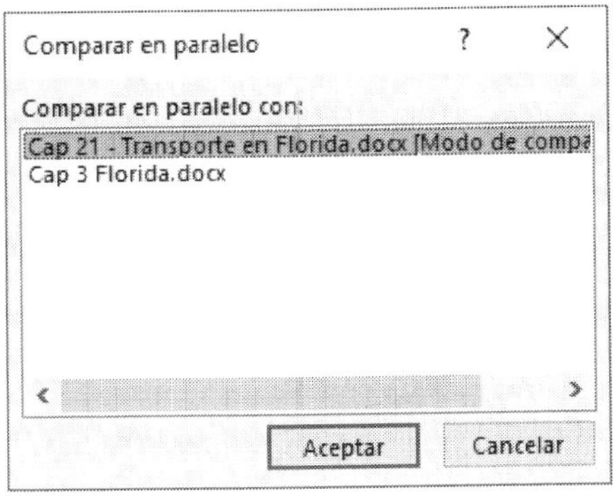

Haga doble clic en el documento que desea mostrar.

Los documentos aparecerán en pantalla en paralelo.

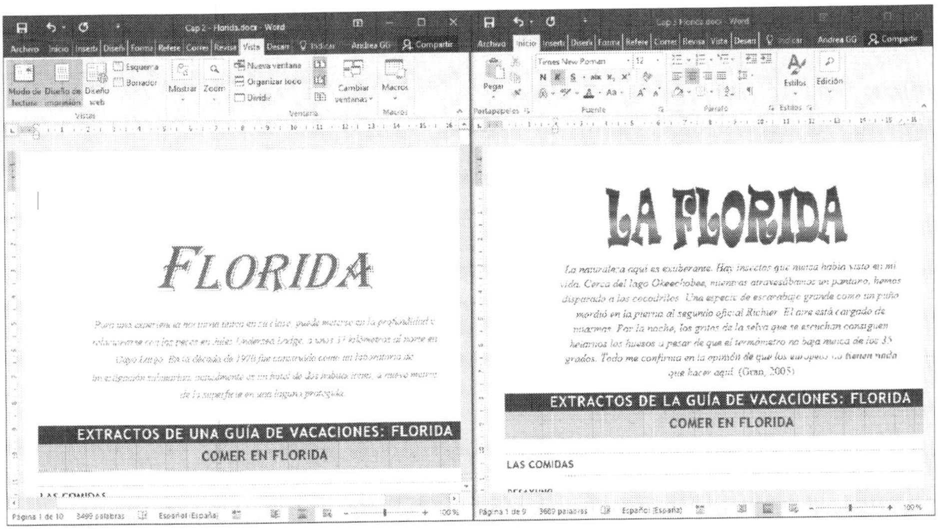

De forma predeterminada, los dos documentos se mueven simultáneamente cuando se desplaza alguno de los documentos. Para desactivar esta opción, en la pestaña **Vista** de uno de los dos documentos y dentro del grupo **Ventana**, pulse el botón **Desplazamiento sincrónico** 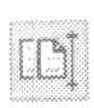.

- Si se han modificado el tamaño y/o la posición de las ventanas de cada documento, en la pestaña **Vista** de uno de los dos documentos y dentro del grupo **Ventana**, pulse el botón **Restablecer posición de la ventana** .
- Una vez terminada la comparación de documentos, en la pestaña **Vista** de uno de los dos documentos y dentro del grupo **Ventana**, pulse el botón **Ver en paralelo** para desactivar la disposición de las ventanas.

Publicar un documento como entrada de blog

En este apartado se trata de crear una entrada (artículo) de blog utilizando el documento activo. Es necesario disponer de una cuenta de blog que puede obtener en algún proveedor de servicios de blog.

- Si todavía no lo ha hecho, cree una cuenta de blog en un proveedor de blogs.

  *Entre los sitos de blog populares compatibles con Microsoft Word, se encuentran **Blog SharePoint**, **WordPress**, **Blogger**, **Telligent Community** o incluso **TypePad**.*
- Abra en Word el documento a partir del cual desea crear la entrada de blog.
- Haga clic en la pestaña **Archivo**, en la opción **Compartir** y luego en la opción **Publicar un blog**.
- Haga clic en el botón **Publicar un blog**.

  *En la pantalla se muestra una copia del documento activo (**DocumentoN**). Las tres únicas fichas activas son: **Archivo**, **Entrada de blog** e **Insertar**.*

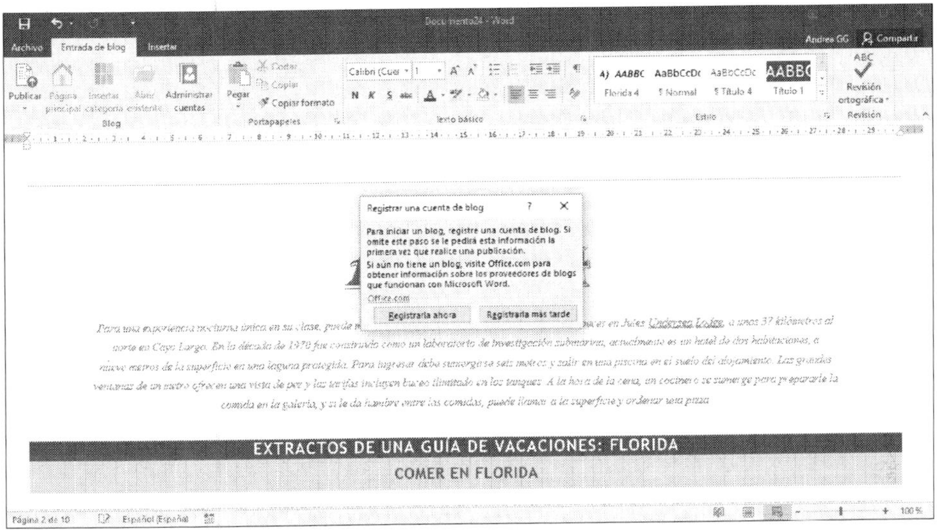

Registrar una cuenta de blog

Para publicar el documento en una cuenta de blog, será necesario que previamente registre la cuenta de blog en Word.

- Si su cuenta de blog no ha sido registrada previamente en Word, el cuadro de diálogo **Registrar una cuenta de blog** se muestra en pantalla. Si éste fuera el caso, haga clic en **Registrarlo ahora**.

  Si dispone de, por lo menos, una cuenta de blog registrada en Word, el cuadro de diálogo **Registrar una cuenta de blog** no se muestra. En este caso, haga clic en el botón **Administrar cuentas** de la pestaña **Entrada de blog** y luego haga clic en el botón **Nuevo**.

  En pantalla se abre el cuadro de diálogo ***Nueva cuenta de blog****.*

- Escoja su proveedor de blogs en la lista **Blog**.

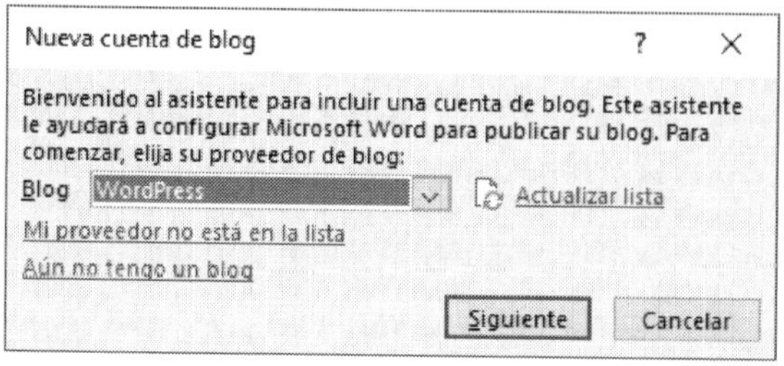

- Haga clic en el botón **Siguiente**.
- Indique la información de la cuenta en las zonas correspondientes.

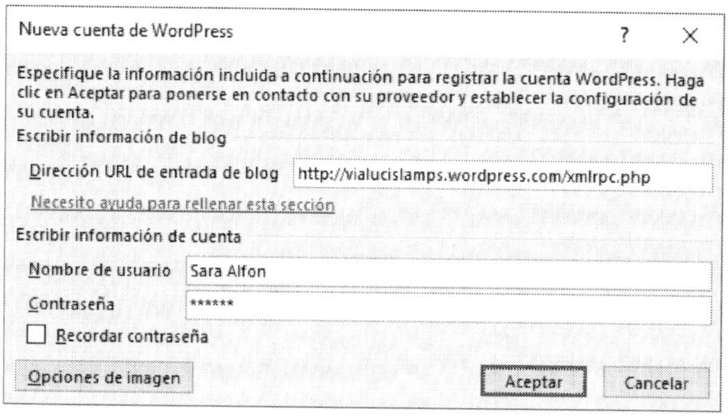

Las opciones pueden ser diferentes en función del proveedor de blog seleccionado; en este caso se trata del proveedor WordPress.

- Haga clic en el botón **Aceptar**.

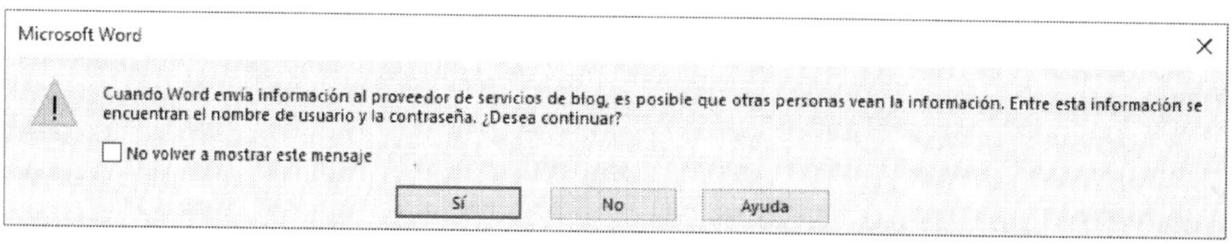

- Haga clic en el botón **Sí** del mensaje informativo que se muestra.

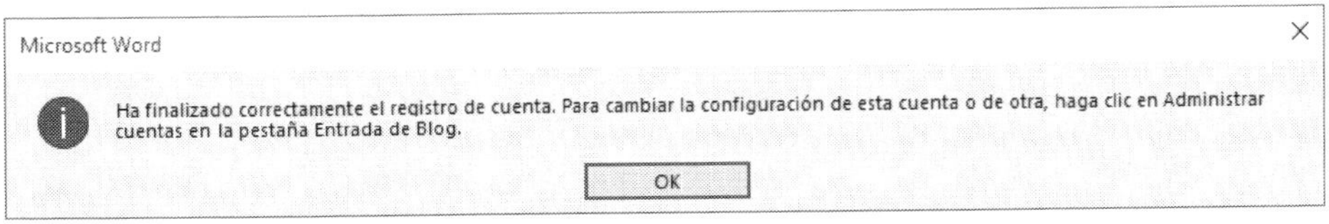

- Haga clic en el botón **Aceptar** del mensaje que le informa de que la cuenta de blog se ha registrado.

  *La cuenta de blog se ha creado y se agrega en el cuadro de diálogo **Cuentas de blog** (pestaña **Entrada de blog** - opción **Administrar cuentas**).*

Para **Cambiar** o **Quitar** una cuenta existente, utilice los botones correspondientes del cuadro de diálogo **Cuentas de blog** (pestaña **Entrada de blog** - botón **Administrar cuentas**).

Publicar una entrada de blog

- Si se han registrado en Word varias cuentas de blog, escoja la que desee utilizar en la lista **Cuenta** que se muestra en la parte superior del documento.

  Esta lista no puede verse si sólo se ha registrado una cuenta en Word.

- En el documento, haga clic en el mensaje **Introducir aquí título de la entrada del blog** y luego escriba el título de la entrada de blog.

- Para clasificar esta entrada en una de las categorías asociadas a su cuenta de blog, haga clic en el botón **Insertar categoría** que se encuentra en la pestaña **Entrada de blog**.

  Conecte con su espacio personal introduciendo sus datos personales en las zonas de texto correspondientes.

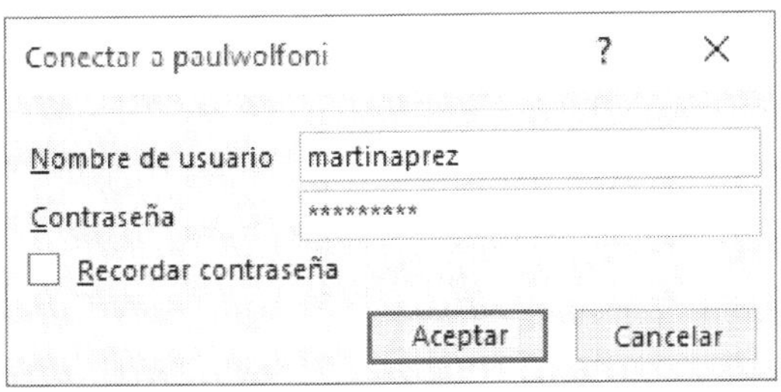

  Haga clic en el botón **Aceptar** y luego en el botón **Sí** del mensaje que aparece.

Si Word no llegara a conectarse con su blog, mostrará un cuadro de diálogo de conexión hasta que se consiga la conexión con su cuenta de blog. En este caso, no dude en volver a escribir sus datos personales tantas veces como sea necesario.

A continuación abra la lista **Categoría**.

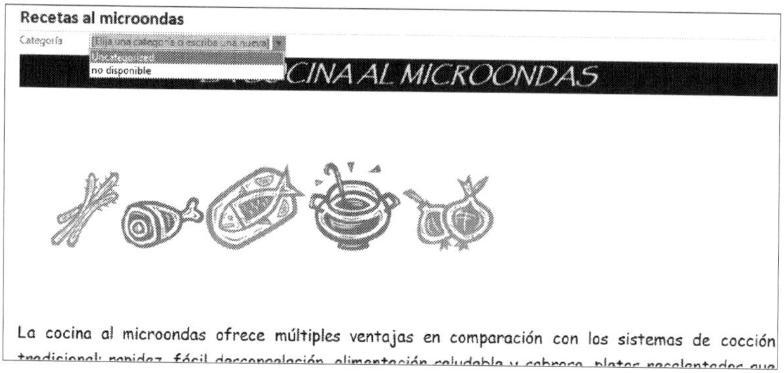

Haga clic en la categoría en la que desea clasificar la entrada.

- Si fuera necesario, modifique el contenido y el formato de su entrada de blog utilizando las opciones de la pestaña **Entrada de blog** o **Insertar**.
- Para publicar el documento en su cuenta de blog, haga clic en la parte superior del botón **Publicar** de la pestaña **Entrada de blog**, introduzca la información para la conexión a su blog y luego haga clic en el botón **Aceptar** y pulse el botón **Sí** del mensaje que aparece.

  Una vez publicada la entrada de blog, aparece una barra en la parte superior de su documento con información sobre la hora y la fecha de la publicación:

- Cierre el documento y guárdelo si lo desea.

Para publicar un documento como borrador, abra la lista **Publicar** haciendo clic en la parte inferior del botón y luego haga clic en la opción **Publicar como borrador**. Si desea que este borrador sea visible para los miembros de su red, deberá publicarlo a partir de su blog.

Puede modificar una entrada de blog existente utilizando Word: haga clic en el botón **Abrir existente** de la pestaña **Entrada de blog**, escriba los datos de conexión a su blog, haga clic en el botón **Aceptar** y en el botón **Sí**. Seleccione la entrada de blog que desea modificar y haga clic en el botón **Aceptar**. Escriba otra vez los datos de conexión a su blog, haga clic en el botón **Aceptar** y en el botón **Sí**. Efectúe los cambios que desee y publique la entrada de blog: en su cuenta de blog la entrada de blog en cuestión se muestra con las modificaciones efectuadas en Word.

Para abrir la **Página principal** de su blog, haga clic en el botón correspondiente en la pestaña **Entrada de blog**.

Reemplazar un formato por otro

- Sitúe el punto de inserción en el lugar en el que deberá empezar la búsqueda o seleccione el texto correspondiente.
- En la pestaña **Inicio**, pulse el botón **Reemplazar** del grupo **Edición** o utilice el método abreviado Ctrl **L**.
- Si es necesario, elimine el texto que pueda haber en las casillas **Buscar** y **Reemplazar con**.
- Pulse el botón **Más** y determine los criterios de búsqueda.
- Haga clic en la casilla **Buscar** y, con las opciones del botón **Formato**, defina los criterios de formato que desea buscar.
- Haga clic en la casilla **Reemplazar con** y, con las opciones del botón **Formato**, defina los criterios de formato que desea reemplazar.
- Pulse el botón **Buscar siguiente** para iniciar la búsqueda.

  Word selecciona la primera cadena de caracteres encontrada.
- Si las sustituciones deben efectuarse una a una, pulse el botón **Reemplazar** para sustituir el formato de la cadena de caracteres seleccionada y buscar la siguiente ocurrencia o pulse el botón **Buscar siguiente** para buscar la ocurrencia siguiente sin reemplazar su formato.

  Si las sustituciones deben efectuarse todas a la vez, pulse el botón **Reemplazar todos**.
- Pulse el botón **Aceptar** del mensaje que informa del número de reemplazos realizados.
- Cierre el cuadro de diálogo con el botón **Cerrar**.

Para eliminar todos los atributos de formato del cuadro de diálogo **Buscar y reemplazar**, haga clic en el botón **Sin formato**. En el caso de algunos comandos, es preferible utilizar los métodos abreviados de teclado en lugar de utilizar las opciones de botón **Formato**.

Buscar/reemplazar caracteres especiales

Esta función permite, por ejemplo, encontrar todas las marcas de tabulación insertadas en un documento.

- Sitúe el punto de inserción en el lugar donde Word debe empezar la búsqueda o seleccione el texto correspondiente.
- En la pestaña **Inicio**, haga clic en el botón **Reemplazar** o utilice el método abreviado de teclado Ctrl **L** y active, según el caso, la pestaña **Buscar** o **Reemplazar**.
- Proceda como en las demás sustituciones (o búsquedas), pero utilice, tras haber pulsado el botón **Más**, el botón **Especial** para elegir el carácter especial correspondiente.

  El carácter aparece con forma de código (^s, por ejemplo, corresponde al espacio de no separación, ^t a la marca de tabulación, etc.).
- Determine cómo debe efectuarse el reemplazo mediante las **Opciones de búsqueda**.

  *En la imagen se reemplazará el texto **SA** por **San Francisco** (con un espacio de no separación entre San y Francisco).*

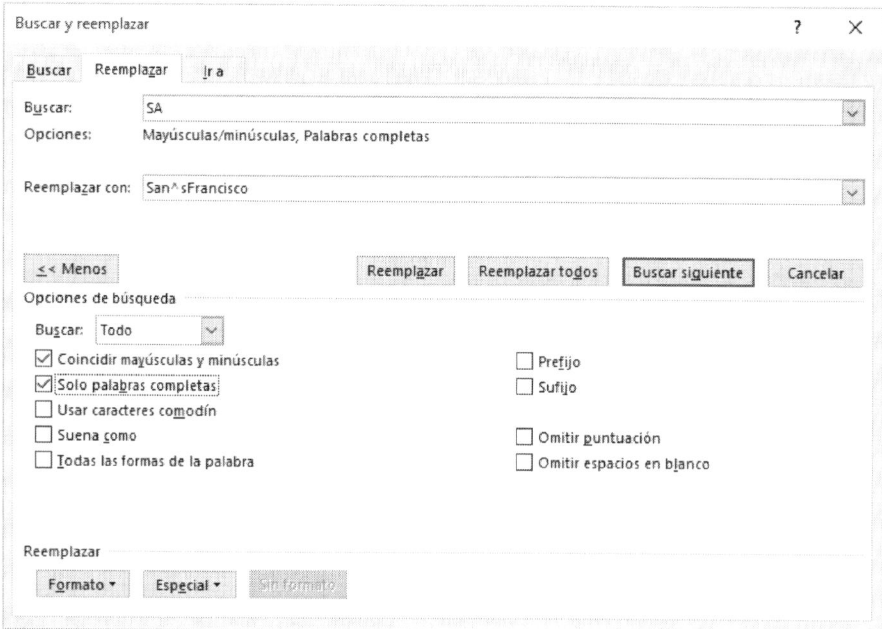

- Pulse el botón **Buscar siguiente**.

  Word selecciona la primera cadena de caracteres encontrada.

- Si los reemplazos deben ser efectuados uno a uno, pulse el botón **Reemplazar** para reemplazar la cadena de caracteres seleccionada y buscar la siguiente ocurrencia o pulse el botón **Buscar siguiente** para buscar la ocurrencia siguiente sin reemplazarla. Si los reemplazos deben efectuarse simultáneamente, pulse el botón **Reemplazar todos**.
- Pulse el botón **Aceptar** del mensaje que informa del número de reemplazos realizados.
- Cierre el cuadro de diálogo con el botón **Cerrar**.

Utilizar criterios de búsqueda avanzada

- Sitúe el punto de inserción en el lugar donde debe empezar la búsqueda o seleccione el texto correspondiente.
- En la pestaña **Inicio**, haga clic en el botón **Reemplazar** o utilice el método abreviado de teclado [Ctrl] **L** y active, según el caso, la pestaña **Buscar** o **Reemplazar**.
- Escriba el texto que desea **Buscar** utilizando los operadores siguientes:

?	Reemplaza un único carácter.
*****	Reemplaza una cadena de caracteres.
[-]	Reemplaza cualquier carácter incluido en el intervalo especificado.
[]	Reemplaza uno de los caracteres especificados.
[!]	Reemplaza cualquier carácter salvo los que están entre los corchetes.
[!x-z]	Reemplaza cualquier carácter salvo los caracteres del intervalo indicado entre corchetes.
{n}	Reemplaza exactamente n veces el carácter o la expresión anterior.
{n,m}	Reemplaza de n a m veces el carácter o la expresión anterior.
@	Reemplaza una o varias veces el carácter o la expresión anterior.
<(comienzo)	Reemplaza el principio de una palabra.
(fin)>	Reemplaza el final de una palabra.

Ejemplo	permite encontrar	pero no encuentra
?asa	pasa - casa - tasa - etc.	casaca
n*s	nosotros - niños - natas - etc.	negar
[b-p]asta	basta - casta- pasta - etc.	vasta
p[!i]ra	para - pera - etc.	pira
[!b-p]asta	vasta	basta - casta - pasta
per{2}o	perro	pero
30{1;3}	30 - 300 - 3000	30000
par@a	para - parra	
<(inter)	internacional - interno - etc.	desinteresado
(as)>	cartas - palas - etc.	caso

- Si fuese necesario, defina el texto de sustitución en la casilla **Reemplazar por**.
- Si fuese necesario, pulse el botón **Más** y active la opción **Usar caracteres comodín**.
- Prosiga con la búsqueda tal y como se hace habitualmente.

Usar la búsqueda inteligente

La búsqueda inteligente es una nueva función de Word 2016 que permite buscar en Internet información sobre un texto del documento usando el motor de búsqueda Bing.

- Si el texto que desea buscar está en el documento, selecciónelo, haga clic con el botón derecho sobre la selección y escoja la opción **Búsqueda inteligente**.

  Si el texto no está en el documento, tecléelo en el cuadro de búsqueda **¿Qué desea hacer?** (a la derecha de la barra de pestañas). Después, en la lista que aparece, seleccione la opción **Búsqueda inteligente en**.

  *A la derecha de la ventana aparecerá el panel **Datos**; la pestaña **Explorer**, activa de forma predeterminada, muestra los resultados encontrados en los diferentes sitios web.*

*En el siguiente ejemplo, los resultados corresponden a la palabra seleccionada **Azúcar**:*

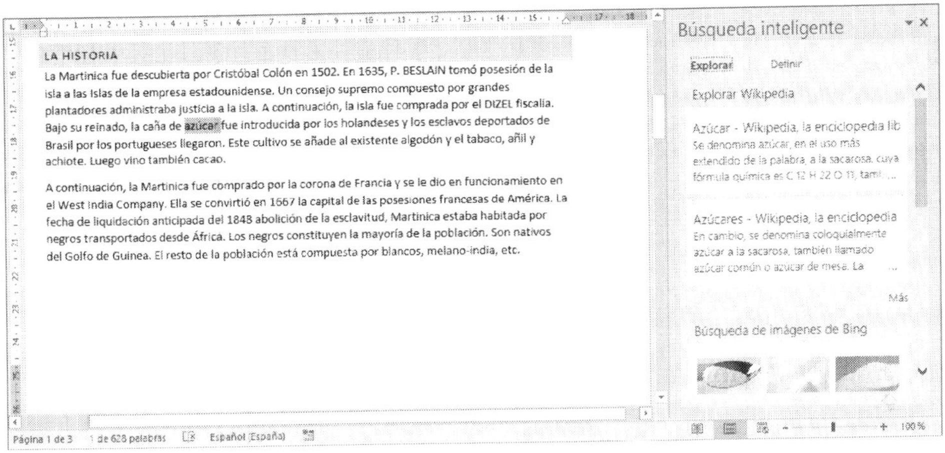

- Para ver la definición del texto, haga clic en la pestaña **Definir** en la parte superior del panel **Búsqueda inteligente**.

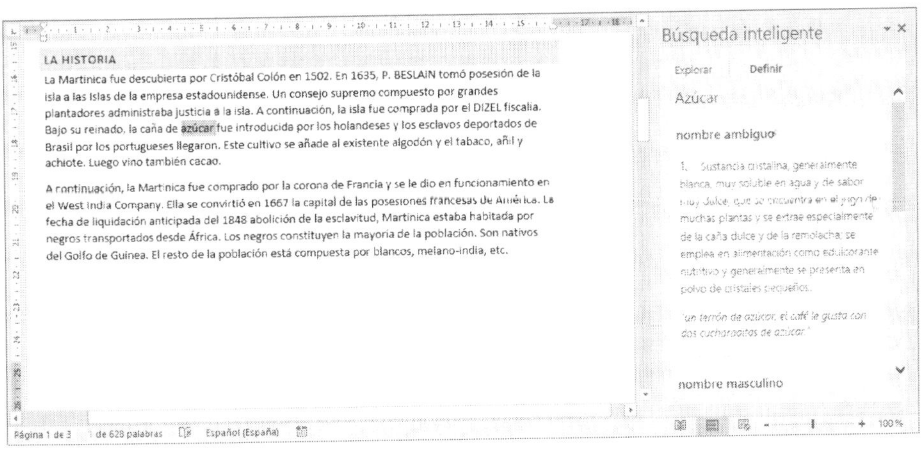

- Para cerrar la ventana **Datos**, haga clic en el botón **Cerrar** ✕ de la ventana.

Crear un elemento rápido

Un elemento rápido permite guardar en la memoria un texto repetitivo (fórmula de cortesía, dirección, abreviatura, etc.).

- Si el elemento rápido afecta a varios documentos creados desde una plantilla concreta, abra un documento basado en dicha plantilla.
- Escriba el contenido del elemento rápido y aplique las posibles modificaciones de formato.
- Seleccione el contenido del elemento rápido; incluya la marca de párrafo ¶ en la selección si desea que el formato del párrafo (sangría, alineación, interlineado, etc.) se almacene como elemento rápido.
- En la pestaña **Insertar**, pulse el botón **Elementos rápidos**  situado en el grupo **Texto**, señale la opción **Autotexto** y luego haga clic en la opción **Guardar selección en galería de autotexto**.

  Puesto que el elemento rápido está considerado como un tipo de bloque de creación (un contenido predefinido), en pantalla aparece el cuadro de diálogo ***Crear nuevo bloque de creación****.*
- Indique el **Nombre** del elemento rápido en la casilla correspondiente.
- Seleccione la opción **Autotexto** en la lista **Galería**.
- Abra la lista **Categoría** y seleccione una de las categorías que se ofrecen en la lista o haga clic en la opción **Crear nueva categoría** para crear una categoría nueva.

  Si se ha optado por crear una nueva categoría, introduzca el **Nombre** en el cuadro de diálogo **Crear nueva categoría** y pulse el botón **Aceptar**.
- Escriba una posible **Descripción** del elemento rápido en la casilla correspondiente.
- Si el documento actual se basa en una plantilla que no es la plantilla Normal.dotm y el elemento rápido tiene que ser guardado en dicha plantilla, seleccione el nombre en la lista **Guardar en**: el elemento rápido sólo estará disponible en los documentos que se basen en esta plantilla.

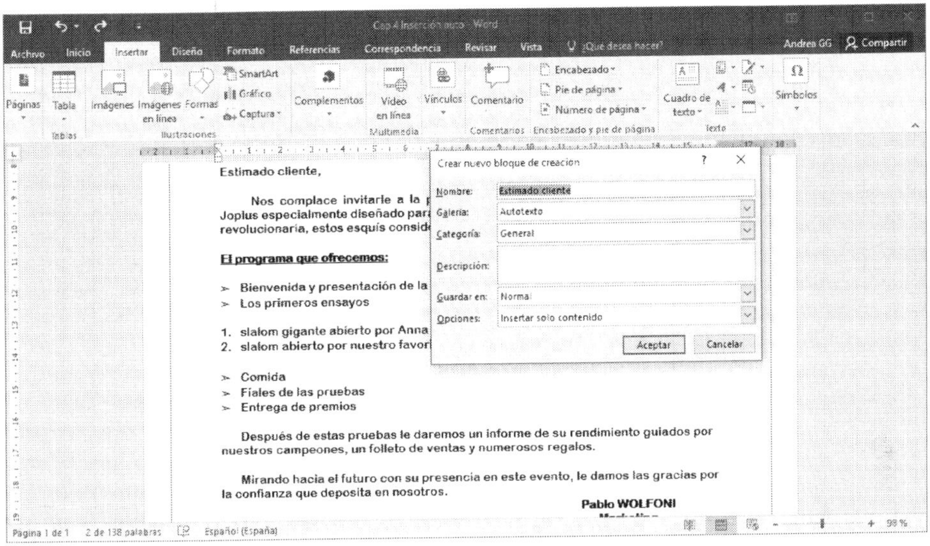

- Abra la lista **Opciones** y seleccione una de las opciones siguientes:

Insertar solo contenido	Sólo será insertado el contenido del elemento rápido cuando se utilice.
Insertar contenido en su propio párrafo	En el nuevo párrafo aparecerá el contenido del elemento rápido: si el punto de inserción se sitúa en medio de un párrafo existente, Word crea párrafos vacíos.
Insertar contenido en su propia página	El contenido del elemento rápido aparece en una página nueva: Word creará un salto de página antes y después del elemento rápido.

- Pulse **Aceptar** para validar el nuevo elemento rápido.

Si los elementos rápidos se han añadido en otra plantilla que no sea Normal.dotm, el programa le propone guardar la plantilla cuando se cierra el documento o en el mismo momento de guardarlo. Guarde la plantilla para que los elementos rápidos creados en la plantilla se creen definitivamente.

Utilizar un elemento rápido

Primer método

- Sitúe el punto de inserción donde desea insertar el contenido del elemento rápido.

- En la pestaña **Insertar**, haga clic en el botón **Elementos rápidos**  que se encuentra en el grupo **Texto** y señale la opción **Autotexto**.

  En pantalla se muestra la galería de autotexto.

  Al señalar con el puntero un elemento rápido, se puede ver su descripción en una información de herramienta.

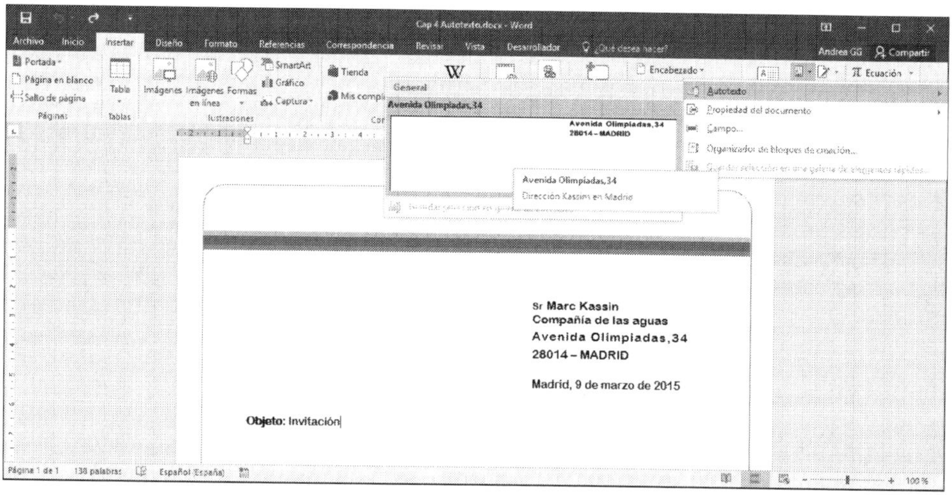

- Para insertar el contenido del elemento rápido en la posición del punto de inserción, haga clic en el elemento rápido que desea insertar.

  Para insertar el contenido del elemento rápido en un punto determinado del documento, haga clic con el botón secundario del ratón en el elemento rápido en cuestión para abrir su menú contextual.

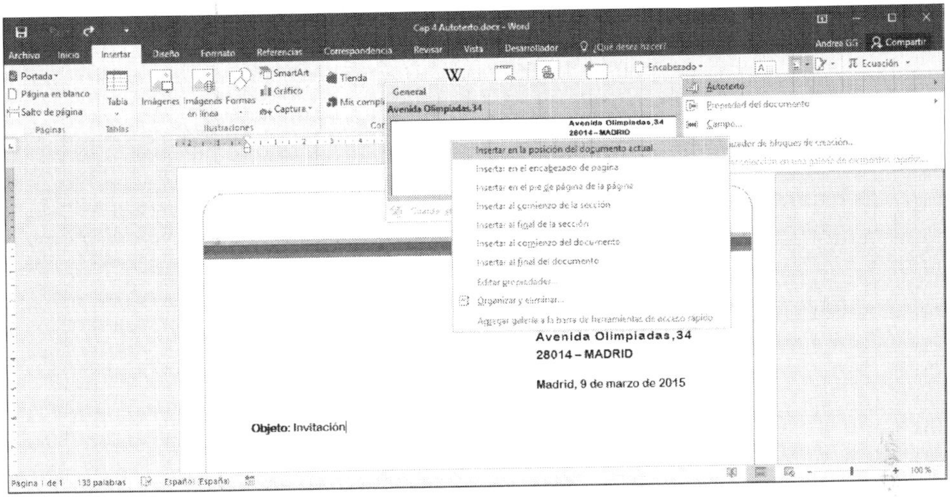

Haga clic en la opción correspondiente al lugar donde desea insertar el elemento rápido: **Insertar en el encabezado de página**, **Insertar al comienzo de la sección**, etc.

En función de la opción seleccionada durante la creación del elemento rápido, su contenido se inserta en el documento en la posición del punto de inserción, en un párrafo nuevo o en una nueva página.

El contenido de un elemento rápido también se puede insertar utilizando el cuadro de diálogo **Organizador de bloques de creación** (pestaña **Insertar** - botón **Elementos rápidos** - opción **Organizador de bloques de creación**): seleccione el nombre del elemento rápido antes de hacer clic en el botón **Insertar**.

Segundo método

Este método no permite insertar el contenido del elemento rápido en un párrafo nuevo o en una nueva página, incluso si la opción correspondiente hubiera sido seleccionada en la lista ***Opciones*** *en el momento de crearlo (véase Crear un elemento rápido).*

- Sitúe el punto de inserción en el documento en el lugar donde desea que aparezca el contenido del elemento rápido.
- Escriba el nombre del elemento rápido que desea utilizar y luego pulse la tecla F3.

El contenido del elemento rápido se inserta en la posición del punto de inserción.

Administrar los elementos rápidos

Modificar las propiedades de un elemento rápido

- En la pestaña **Insertar**, haga clic en **Elementos rápidos** que se encuentra en el grupo **Texto**, y luego haga clic en la opción **Autotexto** para mostrar la galería de elementos rápidos.
- Haga clic con el botón secundario del ratón en el elemento rápido en cuestión y luego haga clic en la opción **Editar propiedades**.
- Realice las modificaciones y pulse el botón **Aceptar**.
- Pulse el botón **Sí** del mensaje que ofrece volver a definir la entrada del bloque de creación.

Modificar el contenido de un elemento rápido

- Introduzca el nuevo texto del elemento rápido y vuelva a crear el elemento rápido dándole el mismo nombre y las mismas características.

  Aparecerá el cuadro de diálogo siguiente:

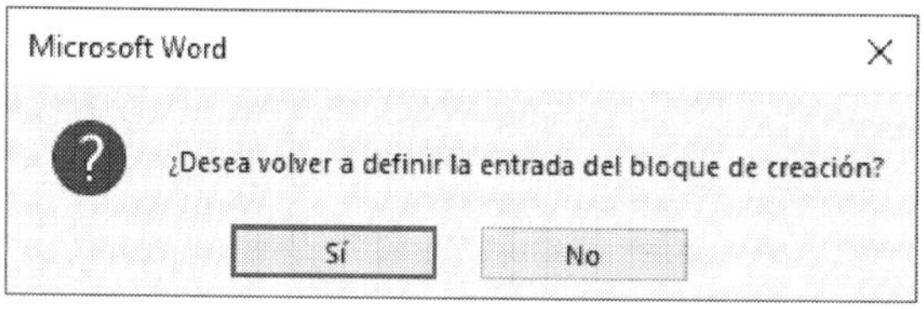

- Pulse el botón **Sí** para volver a definir el elemento rápido.

Eliminar un elemento rápido

- Haga clic en el botón **Elementos rápidos** de la pestaña **Insertar**, y señale la opción **Autotexto** para mostrar la galería.
- Haga clic con el botón secundario del ratón en el elemento rápido que desea eliminar y luego haga clic en la opción **Organizar y eliminar**.

  *El elemento rápido queda seleccionado en el cuadro de diálogo **Organizador de bloques de creación**.*
- Pulse el botón **Eliminar**.

En pantalla aparece un cuadro de diálogo de confirmación:

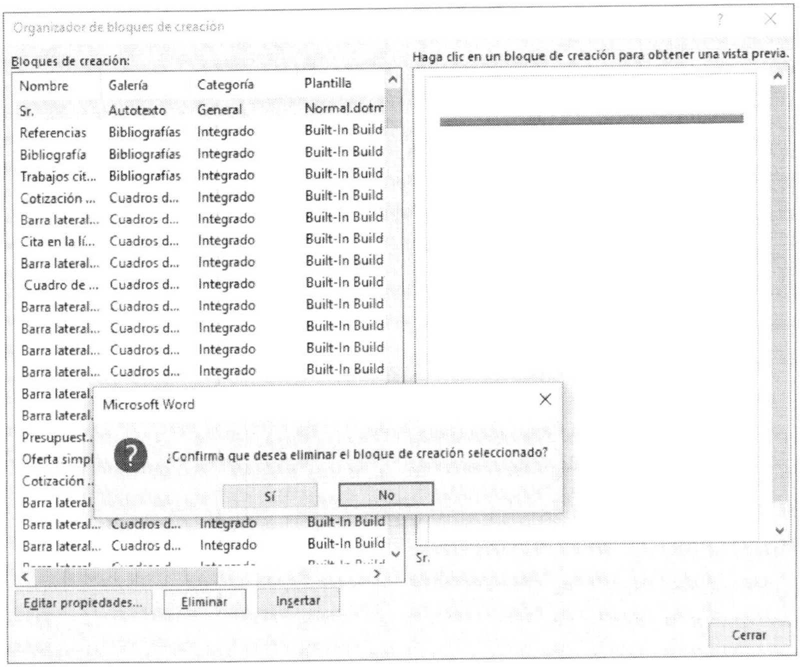

- Pulse el botón **Sí** para que se elimine dicho elemento.

  El nombre del elemento rápido desaparece inmediatamente de la lista.

- Cierre la ventana **Organizador de bloques de creación** haciendo clic en el botón **Cerrar**.

Modificar o eliminar un elemento rápido de una plantilla que no sea Normal.dotm, modifica la plantilla de origen, y deberá, por lo tanto, guardarse de nuevo.

Puede acceder directamente al cuadro de diálogo **Organizador de bloques de creación** (pestaña **Insertar** - botón **Elementos rápidos** - opción **Organizador de bloques de creación**), para administrar los elementos rápidos.

Para añadir la galería de elementos rápidos a la barra de herramientas de **Acceso rápido**, haga clic en el botón **Elementos rápidos** de la pestaña **Insertar** y luego señale la opción **Autotexto**. A continuación haga clic con el botón secundario del ratón en una de las inserciones de la galería y finalmente haga clic en la opción **Agregar galería a la barra de herramientas de acceso rápido**.

Insertar una ecuación predeterminada

Word ofrece varias ecuaciones predeterminadas que el usuario podrá modificar, si es necesario, una vez estén en el documento.

- Sitúe el punto de inserción donde quiera insertar la ecuación.
- En la pestaña **Insertar**, abra la lista asociada al botón **Ecuación** que se encuentra en el grupo **Símbolos**.
- Haga clic en la ecuación que desea insertar.

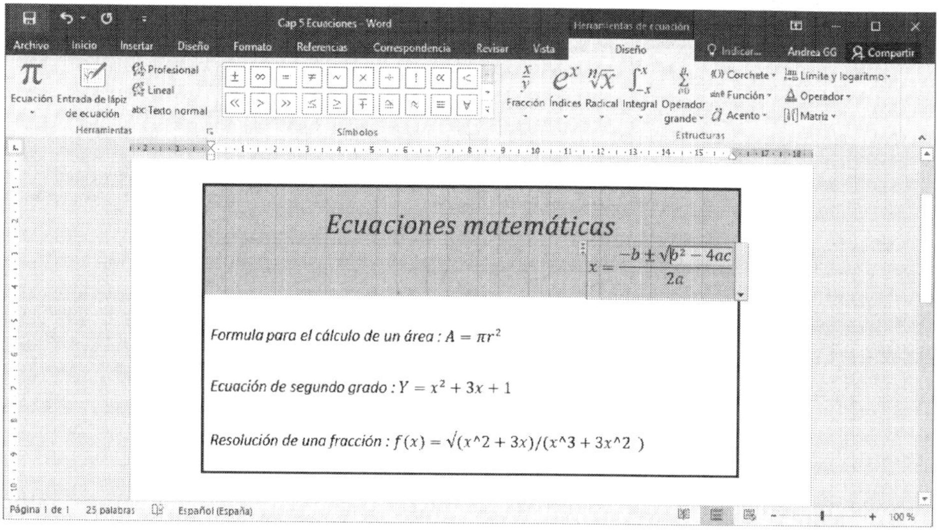

Si la ecuación se inserta en un párrafo vacío, automáticamente se centra según el ancho de página. En caso contrario, la ecuación se inserta donde se encuentra el punto de inserción.

*En la cinta de opciones ha aparecido la nueva pestaña **Diseño** que está asociada a las **Herramientas de ecuación**.*

- Si fuese necesario, introduzca las correspondientes modificaciones a la ecuación.

Crear una ecuación

*Si ninguna ecuación predeterminada le resulta satisfactoria, puede crear su propia ecuación mediante estructuras matemáticas y símbolos asociados a la pestaña **Herramientas de ecuación**.*

- Sitúe el punto de inserción donde quiera escribir la ecuación.
- En la pestaña **Insertar**, pulse el botón **Ecuación** del grupo **Símbolos**.

  *La pestaña **Diseño** asociada a la herramienta contextual **Herramientas de ecuación** aparece activa en la cinta de opciones.*

  *Para crear una ecuación se utilizarán las opciones de los grupos **Estructuras** y **Símbolos**.*

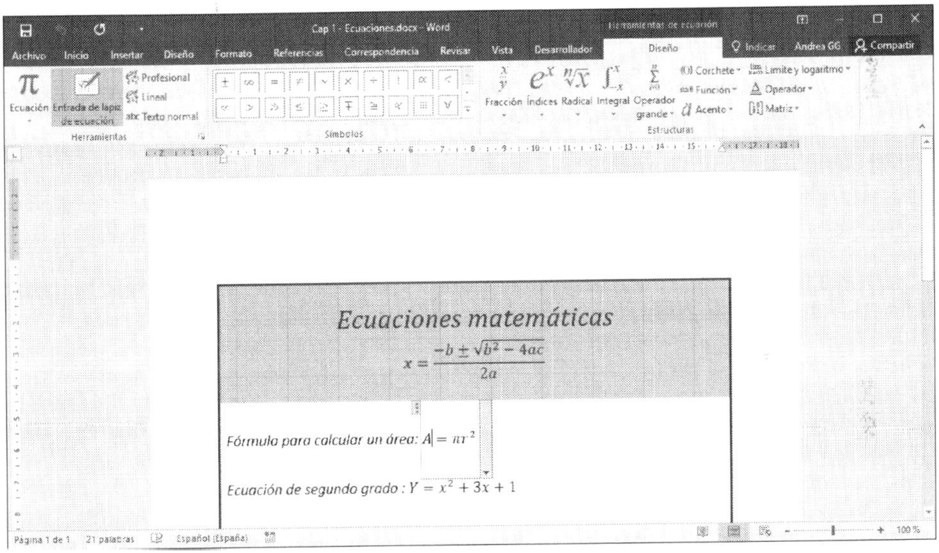

- Para introducir una estructura matemática, en el grupo **Estructuras**, haga clic en el tipo de estructura que desea introducir (**Fracción**, **Índices**, **Radical**, etc.) y a continuación seleccione la estructura.
- Para insertar un símbolo matemático, en el grupo **Símbolos**, pulse el botón **Más**, situado debajo de las flechas de desplazamiento de la galería de símbolos.

Si el conjunto de símbolos que se presentan (por defecto, **Matemáticas básicas**) no es satisfactorio, seleccione otro. Para ello, en la parte superior de la galería, haga clic en la opción que corresponda al conjunto de símbolos que desee ver.

Haga clic en el símbolo que desea insertar.

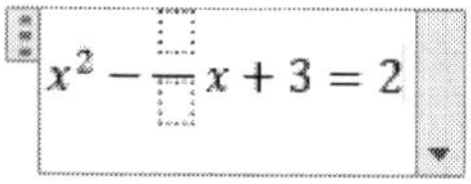

- Si la estructura contiene espacios reservados (⬚), haga clic en el interior para escribir las cifras o los símbolos deseados.

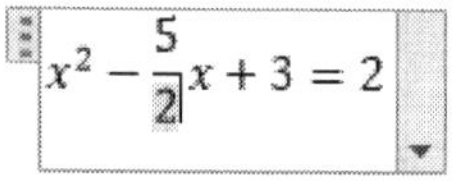

Crear una ecuación manuscrita

Word 2016 ofrece ahora la posibilidad de crear ecuaciones manuscritas con ayuda de un ratón o de un estilete.

- Active la pestaña **Insertar** y abra la lista del botón **Ecuación** y seleccione la opción **Entrada de lápiz de ecuación**.

Se abre el editor de ecuaciones manuscritas:

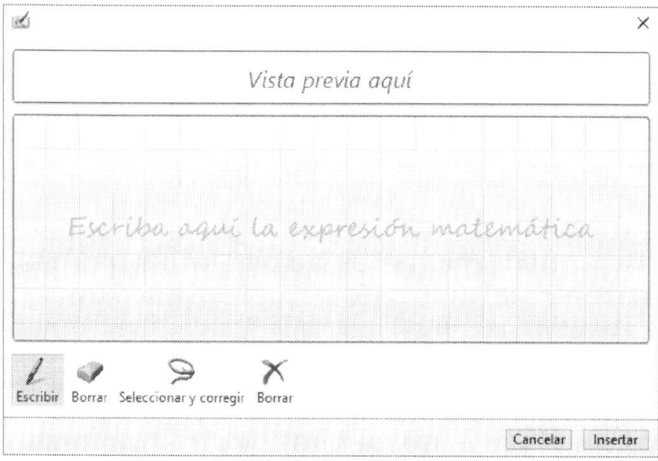

- Con ayuda del ratón o de un estilete, escriba la ecuación en el cuadro **Escriba aquí la expresión matemática**.

  Una vista previa de la ecuación aparece en el cuadro de texto.

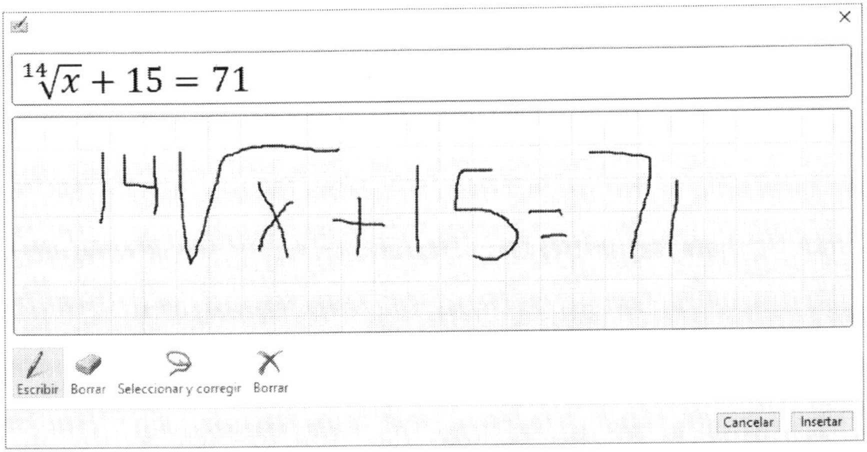

Para modificar la ecuación utilice las siguientes herramientas:

Para borrar una parte de la ecuación; active la herramienta, señale el elemento que desea borrar y haga clic o haga clic sobre la parte que desea eliminar y arrástrela.

Para corregir un carácter mal transcrito, active la herramienta y seleccione el carácter o la parte que desea modificar haciendo un cuadro de selección y luego, en la lista que aparece, seleccione el carácter de sustitución.

La parte seleccionada aparece en rojo:

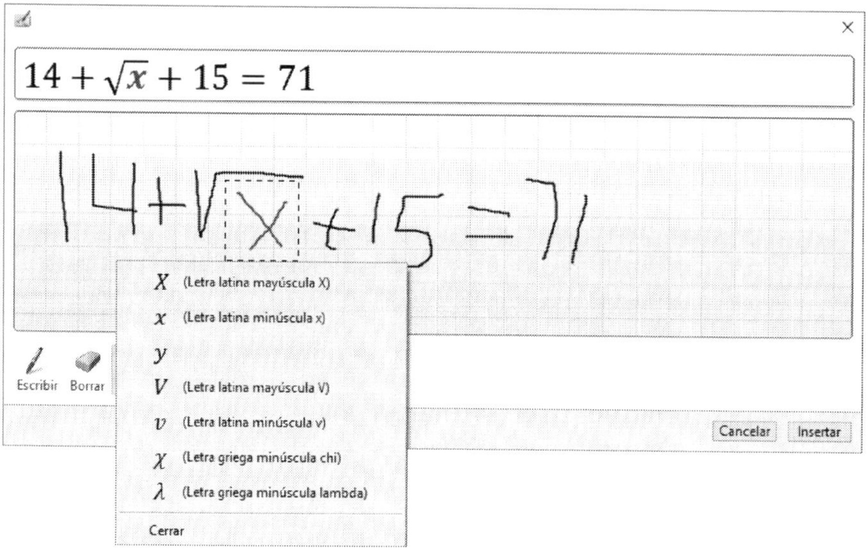

Para borrar todo.

- Cuando termine la ecuación, haga clic en **Insertar**.
- Como para cualquier otra ecuación, utilice las herramientas de la pestaña **Herramientas de ecuación - Diseño** para efectuar modificaciones.

Administrar ecuaciones

- Haga clic en la ecuación en cuestión y asegúrese de que la pestaña **Diseño** se ha activado.
- Para modificar el contenido de la ecuación, si fuese necesario realice las correspondientes modificaciones mediante, las opciones de la pestaña **Diseño**.
- Para modificar la visualización de la ecuación, pulse, según la visualización deseada, el botón **Profesional** o el botón **Lineal** situado en el grupo **Herramientas**.

$x = \frac{-b \pm \sqrt{b^2-4ac}}{2a}$	Visualización Profesional
$x = (-b \pm \sqrt{}(b^\wedge 2 - 4ac))/2a$	Visualización Lineal

*De forma predeterminada, las ecuaciones se muestran en la opción **Profesional**. Estas opciones también están disponibles en la lista asociada a la ecuación.*

- Para mostrar el contenido de la ecuación en **Texto normal** (texto no matemático), pulse el botón correspondiente situado en el grupo **Herramientas**.
- Para poder ver texto en la misma línea que la ecuación, abra la lista asociada a la ecuación y haga clic en la opción **Cambiar a En línea**: la ecuación pasa a ser considerada como un carácter.

> Escriba la ecuación siguiente: $x = \frac{-b \pm \sqrt{b^2-4ac}}{2a}$

- Para mostrar la ecuación sola en una línea, abra la lista asociada a la ecuación y haga clic en la opción **Cambiar a Mostrar**: no se puede introducir texto en la misma línea.

> Escriba la ecuación siguiente:
>
> $$x = \frac{-b \pm \sqrt{b^2 - 4ac}}{2a}$$

- Para modificar la alineación de la ecuación, abra la lista asociada a la ecuación, seleccione la opción **Justificación** y haga clic en la opción que corresponde a la alineación deseada.

  *Esta opción no está disponible si se ha cambiado a en línea (opción **Cambiar a En línea**).*

- Para eliminar una ecuación, haga clic en la barra para seleccionarla y a continuación pulse la tecla Supr.

Para modificar las opciones asociadas a una ecuación, haga clic en una ecuación para activar la pestaña **Diseño**. A continuación pulse el botón situado en el grupo **Herramientas**, modifique las opciones deseadas y luego pulse el botón **Aceptar** para validar los cambios.

Guardar una ecuación

En esta sección se muestra cómo personalizar, y luego guardar en la galería de ecuaciones predefinidas para poder utilizarlas posteriormente.

- Abra la lista asociada a la ecuación y haga clic en la opción **Guardar como nueva ecuación**.

  *Puesto que una ecuación rápida está considerada como un tipo de bloque de creación (un contenido predefinido), en pantalla aparece el cuadro de diálogo **Crear nuevo bloque de creación**.*

- Introduzca el **Nombre** de la ecuación en la casilla correspondiente.
- Asegúrese que en la lista **Galería** se ha activado la opción **Ecuaciones.**
- Abra la lista **Categoría** y seleccione una de las categorías que se ofrecen o haga clic en la opción **Crear nueva categoría** para crear una categoría nueva, escriba el **Nombre** en el cuadro de diálogo **Crear nueva categoría** y a continuación pulse el botón **Aceptar**.

  *Las ecuaciones predefinidas que aparecen en la lista asociada al botón **Ecuación** (pestaña **Insertar**) están clasificadas por categoría.*

- Introduzca, si es necesario, una **Descripción** de la ecuación en la casilla correspondiente.

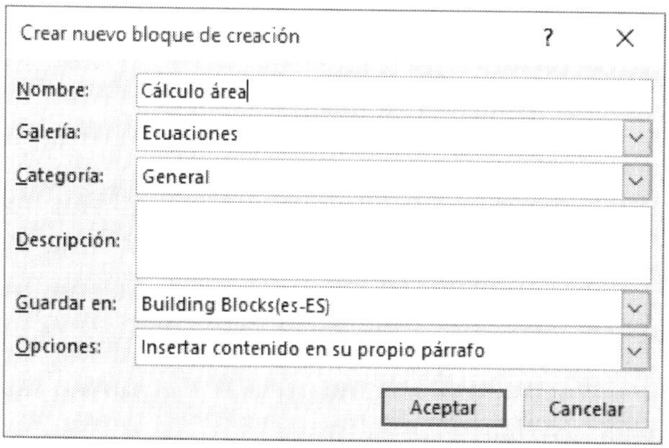

- Si el documento actual no se basa en la plantilla Normal en el momento de su creación y la ecuación debe guardarse en esta plantilla, seleccione el nombre en la lista **Guardar en:** la nueva ecuación estará disponible únicamente en los documentos basados en dicha plantilla.

- Abra la lista **Opciones** y seleccione una de las opciones siguientes:

  Insertar sólo contenido: la ecuación se inserta en la posición del cursor.

  Insertar contenido en su propio párrafo: la ecuación se inserta en un nuevo párrafo; si el cursor se sitúa en medio de un párrafo, Word crea párrafos vacíos.

  Insertar contenido en su propia página: la ecuación se inserta en una nueva página; Word crea un salto de página antes y después de la ecuación.

- Pulse el botón **Aceptar** para guardar y validar la ecuación.

Si la ecuación no se ha agregado a la plantilla Normal.dotm, el programa le ofrece guardar la plantilla cuando se cierra el documento o en el mismo momento de guardarlo. Guarde la plantilla para que la ecuación asociada a la plantilla se cree definitivamente.

Insertar un campo

Este procedimiento permite insertar datos variables como, por ejemplo, el número de una sección, el número de página, el nombre del usuario, etc.

- En la pestaña **Insertar**, pulse el botón **Elementos rápidos** 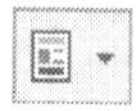, del grupo **Texto**, y a continuación pulse la opción **Campo**.
- En la lista correspondiente, seleccione una de las **Categorías** que se ofrecen.

  *Por ejemplo, el número de la sección y el número de páginas de la sección se encuentran en la categoría **Numeración**.*
- Haga clic en el nombre del campo que desea insertar.

  *Bajo la opción **Descripción** aparece un texto explicativo.*

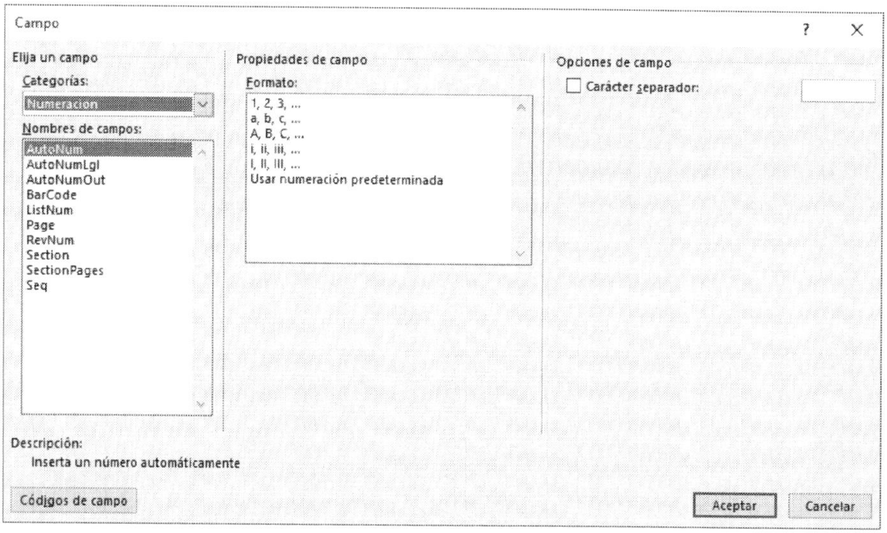

- Seleccione las **Propiedades de campo** en el cuadro correspondiente.

  Dichas propiedades varían, por supuesto, según el campo seleccionado.
- Pulse el botón **Aceptar**.

Se inserta el campo en el documento. Si la vista de los códigos de campo está activada (véase Mostrar/ocultar códigos de campo), aparecerá en la forma {nombre de campo}; si no, aparecerá el valor.

Actualizar un campo

- Sitúe el punto de inserción en el campo que desea actualizar.
- Pulse F9.

Para actualizar un campo, también puede pulsar el botón secundario del ratón en el campo que desee modificar y hacer clic en la opción **Actualizar campos**.

Mostrar/ocultar códigos de campo

- Para mostrar/ocultar un código de campo, sitúe el punto de inserción sobre el campo y pulse Mayús F9.
- Para mostrar/ocultar los códigos de campo de todo el documento, pulse Alt F9.

Las fórmulas escritas aparecen entre corchetes y son memorizadas, lo que significa que cuando un valor se modifica, el resultado podrá ser actualizado.

➢ Circuito aconsejado para visitar los principales enclaves turísticos :

Salida	Llegada	Distancia en kilómetros
Miami	Key West	250
Key West	Naples	350
Naples	Sarasota	170
Sarasota	Orlando	230
Orlando	Cabo Cañaveral	100
Cabo Cañaveral	Miami	350
Distancia recorrida	**en kilómetros**	{ =SUM(C2:C7) \# "0" }
	en millas (1 milla = 1,609 km)	**{ =c8*1,609 \# "0" }**

Insertar y utilizar tabulación en una tabla

- Coloque las tabulaciones como si se tratase de un párrafo de texto.
- Para acceder al marcador de tabulación siguiente dentro de una celda, pulse Ctrl ⇥.

Repetir los títulos de las columnas en varias páginas

Este procedimiento permite imprimir los títulos de las columnas en todas las páginas si la tabla ocupa varias páginas.

- Seleccione las filas que contengan los títulos que desea repetir.

  La selección debe contener obligatoriamente la primera fila de la tabla y debe ser continua si afecta a varias filas.

- En la pestaña **Herramientas de tabla - Presentación**, haga clic en el botón **Repetir filas de título** del grupo **Datos**.

Para anular esta operación, seleccione las filas correspondientes y vuelva a pulsar la opción **Repetir filas de título**.

Dividir una tabla en dos

- Sitúe el punto de inserción en la fila antes de la cual desea insertar la división de la tabla.
- En la pestaña **Herramientas de tabla - Presentación**, pulse el botón **Dividir tabla** del grupo **Combinar** o utilice el método abreviado Ctrl Mayús ↵.

  Obtendrá dos tablas diferentes separadas por un párrafo.

Ordenar una sola columna de una tabla

- Seleccione la columna que desea ordenar.
- En la pestaña **Herramientas de tabla - Presentación**, haga clic en el botón **Ordenar** del grupo **Datos**.
- Si la primera celda de la columna contiene el título de columna y no tiene que ser ordenada, active la opción **Con encabezado**. En caso contrario, active la opción **Sin encabezado**.
- Elija, en la lista **Tipo** de la zona del primer criterio **Ordenar por**, el tipo de datos que desea ordenar: **Texto**, **Número** o **Fecha**.

- Pulse el botón **Opciones**.
- Active la opción **Ordenar sólo columnas** en el apartado **Opciones**.
- Pulse el botón **Aceptar** de las dos ventanas.

También puede ordenar un conjunto de párrafos que contengan textos presentados en columna, separados por tabulaciones o puntos y comas (lista), mediante la herramienta de la pestaña **Inicio** (grupo **Párrafo**); efectúe el orden pertinente como si se tratase de una tabla.

Convertir texto en tabla

Se trata de transformar en tabla un conjunto de párrafos que contengan textos presentados en columna, separados con tabulaciones o con puntos y comas.

- Seleccione el texto que desea convertir.
- En la pestaña **Insertar**, pulse el botón **Tabla** del grupo **Tablas** y haga clic en la opción **Convertir texto en tabla**.

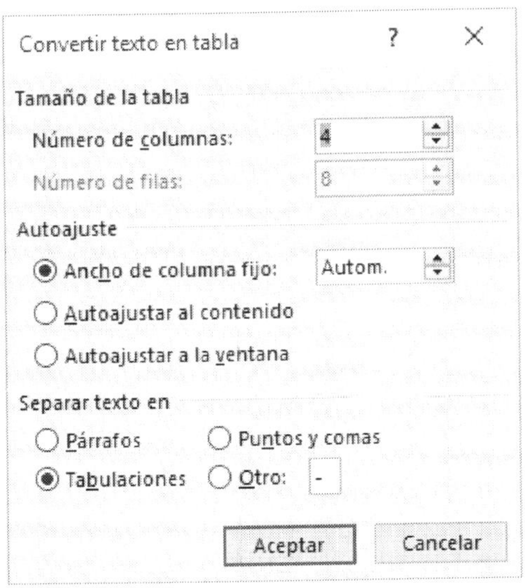

- Escriba, si fuese necesario, el **Número de columnas** que debe tener la tabla.

- Seleccione una de las tres opciones del cuadro **Autoajuste** para definir como debe realizarse el autoajuste de la tabla.
- Seleccione, en el apartado **Separar texto en**, el carácter que debe servir de indicador para generar cada columna.
- Pulse el botón **Aceptar**.

  Si el carácter de separación del texto es la tecla ⭾ entonces, por cada vez que se ha pulsado la tecla ⭾ se ha generado una columna y por cada vez que se ha pulsado la tecla ↵ o Mayús ↵ se ha generado una fila.

También puede efectuar la operación inversa: convertir una tabla en texto. Para ello, seleccione la tabla correspondiente, haga clic en la pestaña **Herramientas de tabla - Presentación**, y luego en el botón **Convertir texto a** del grupo **Datos**. A continuación, seleccione la opción correspondiente al carácter separador que desea utilizar para separar el texto y luego haga clic en **Aceptar**.

Hacer un cálculo

Principios básicos

- Cada columna se identifica con una letra (la primera columna es A, la segunda columna es B, etc.) y cada fila con un número (la primera fila es 1, la segunda fila es 2, etc.).

  La referencia de una celda es, por lo tanto, la asociación entre la letra de la columna y el número de la fila (A2, B5, etc.).
- Para nombrar las celdas adyacentes, indique la referencia de la primera celda, escriba dos puntos (:) y la referencia de la última celda (ej: C2:C4).

  Para nombrar celdas no adyacentes, utilice el punto y coma (;) como separador (ej.: B5;D5).

Introducir una fórmula de cálculo

- Haga clic en la celda que contendrá el resultado.
- En la pestaña **Herramientas de tabla - Presentación**, haga clic en el botón **Fórmula** del grupo **Datos**.
- Elimine, si fuese necesario, todo lo que aparece dentro de la casilla **Fórmula**, salvo el signo =.

- En la casilla **Fórmula**, introduzca la fórmula detrás del signo = mediante las referencias de las celdas y los elementos matemáticos siguientes:

-	Para la resta.
/	Para la división.
*	Para la multiplicación.
%	Para el cálculo de un porcentaje.
^	Para elevar a la potencia.
+	Para la suma.

En este caso, a la cantidad de la celda C7 se le resta la de la celda C6.

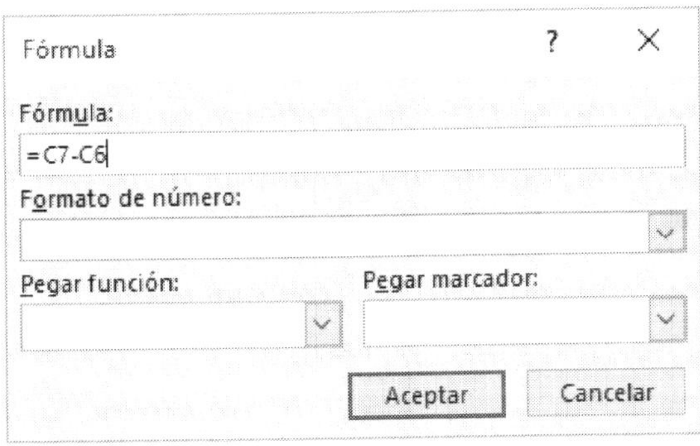

- Seleccione, si lo desea, un **Formato de número** en la lista correspondiente:

# ##0	-3 638
# ##0,00	-3 637,54
# ##0,00 €;(# ##0,00 €)	(3 637,54 €)
0	-3638
0%	-3638%
0,00	-3637,54
0,00%	-3637,54%

- Pulse el botón **Aceptar**.

Utilizar una función de cálculo en una tabla

- Haga clic en la celda que deberá contener el resultado.
- En la pestaña **Herramientas de tabla - Presentación**, haga clic en el botón **Fórmula.**
- Elimine, si es necesario, todo lo que aparece en la casilla **Fórmula** salvo el signo =.
- En la lista **Pegar función**, seleccione la función que corresponde al cálculo que desea realizar.
- En la casilla **Fórmula**, indique a qué elementos debe aplicarse la fórmula insertando entre paréntesis los elementos siguientes:

ABOVE	Para todas las celdas superiores.
BELOW	Para todas las celdas inferiores.
LEFT	Para todas las celdas de la izquierda.
RIGHT	Para todas las celdas de la derecha.
Ref. celda:Ref. celda	Celdas adyacentes.
Ref. celda;Ref. celda	Celdas no adyacentes.

- Seleccione, si fuese necesario, el **Formato de número** que se debe aplicar al resultado.

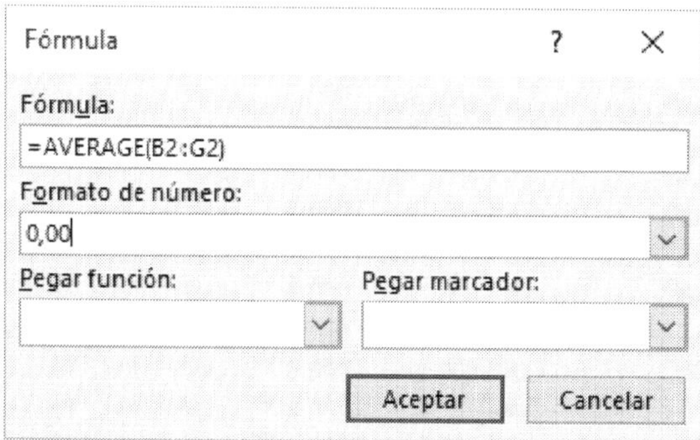

En la imagen, se efectuará el promedio de las celdas B2 a G2.

- Pulse el botón **Aceptar**.

Los resultados del cálculo son, de hecho, los resultados de un **CAMPO**. Los valores sólo se pueden ver cuando está activado el modo de visualización de resultados, pero no se ven cuando la visualización es de códigos de campo (Alt F9).

Después de haber cambiado el valor de una celda implicada en una fórmula, actualice la fórmula haciendo clic en el campo correspondiente y pulsando la tecla F9.

Guardar una tabla en la galería

En esta parte se muestra cómo crear una tabla personalizada y a continuación guardarla en la galería de tablas predefinidas para poder utilizarla posteriormente.

- Si no se ha hecho, cree y aplique un formato a la tabla y, a continuación, selecciónela.
- En la pestaña **Insertar**, pulse el botón **Tabla** del grupo **Tablas**, haga clic en la opción **Tablas rápidas** y seleccione la opción **Guardar selección en galería de tablas rápidas**.

  Como una tabla es un bloque de creación, se abre el cuadro de diálogo ***Crear nuevo bloque de creación****.*
- Indique el **Nombre** de la tabla en la casilla correspondiente.
- Asegúrese de que la opción **Tablas** está seleccionada en la lista **Galería**.
- Abra la lista **Categoría** y seleccione una de las categorías que se ofrecen o haga clic en la opción **Crear nueva categoría** para crear una categoría nueva.

  Si ha elegido crear una nueva categoría, escriba el **Nombre** en el cuadro de diálogo **Crear nueva categoría** y pulse el botón **Aceptar**.

  Las tablas de la lista asociada al botón ***Tabla*** *(pestaña* ***Insertar*** *- botón* ***Tabla*** *- opción* ***Tablas rápidas****) están ordenadas por categoría.*
- Es posible escribir una **Descripción** de la tabla en la casilla correspondiente.

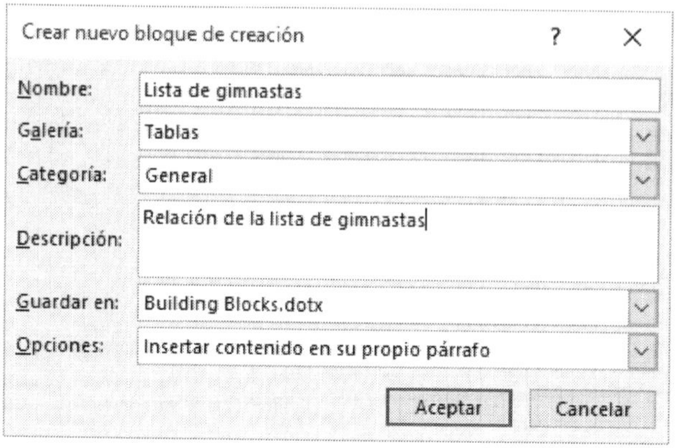

- Si el documento actual se basa en una plantilla que no sea la plantilla Normal y la tabla debe guardarse en esta plantilla, seleccione el nombre en la lista **Guardar en:** la tabla estará disponible únicamente para los documentos basados en esta plantilla.
- Abra la lista **Opciones** y seleccione una de las siguientes opciones:

  Insertar sólo contenido/Insertar contenido en su propio párrafo: con ambas opciones, la tabla se inserta en un nuevo párrafo.

  Insertar contenido en su propia página: la tabla se inserta en una nueva página: Word inserta un salto de página antes y después de la tabla.
- Pulse el botón **Aceptar** para validar el guardado de la tabla.

  *La tabla está, a partir de este momento, disponible en la lista **Tablas rápidas** (pestaña **Insertar** - botón **Tabla**) y puede, pues, insertarse en cualquier documento.*

Si la tabla se ha agregado a una plantilla que no sea Normal.dotm, cuando se cierra el documento o en el mismo momento de guardar, se le propone guardar la plantilla. Guarde la plantilla para que la tabla vinculada a la plantilla se cree definitivamente.

Gestionar la cuadrícula de dibujo

La cuadrícula de dibujo facilita el trazado de los objetos en el documento, así como su alineación.

Mostrar/ocultar la cuadrícula de dibujo

- Para mostrar la cuadrícula de dibujo, en la pestaña **Formato**, haga clic en el botón **Alinear** del grupo **Organizar** y luego en la opción **Ver líneas de división**.

La cuadrícula de dibujo se muestra únicamente en vista Diseño de impresión. Durante el trazado, el desplazamiento o el cambio de dimensiones de un objeto, éste está atraído por las líneas de cuadrícula.

- Para ocultar la cuadrícula de dibujo, haga otra vez clic en la opción **Ver líneas de división** del botón **Alinear** (pestaña **Formato**).

Las guías de alineación no pueden estar activas cuando en pantalla está activada la cuadrícula. Del mismo modo, el hecho de activar la cuadrícula desactiva automáticamente las guías de alineación.

Modificar la configuración de cuadrícula

- En la pestaña **Formato**, haga clic en el botón **Alinear** del grupo **Organizar** y luego en la opción **Configuración de cuadrilla**.
- Para modificar el espaciado entre las líneas verticales y/o líneas horizontales de la cuadrícula, indique los valores de espaciado que prefiera en las áreas asociadas a las opciones **Espaciado horizontal** y **Espaciado vertical**.
- La cuadrícula de dibujo se muestra, de manera predeterminada, en el interior de los márgenes. Para extenderla fuera de los bordes del documento, desmarque la opción **Utilizar márgenes**.
- Para **Mostrar las líneas de la cuadrícula en pantalla**, haga clic en la opción correspondiente.

  *Puesto que las guías de alineación no se pueden utilizan mientras en pantalla se muestra la cuadrícula, cuando se activa la opción **Mostrar las líneas de la cuadrícula en pantalla** se desactiva automáticamente la opción **Mostrar guías de alineación** (naturalmente si esta opción estaba activada).*
- Si únicamente deben mostrarse las líneas horizontales en la cuadrícula, desmarque la opción **Vertical cada**.
- Para cambiar el número de líneas verticales que deben aparecer en la cuadrícula, compruebe que la opción **Vertical cada** esté marcada, y luego especifique el valor que prefiera en el cuadro de texto correspondiente.
- Para cambiar el número de líneas horizontales que deben aparecer en la cuadrícula, indique el valor que prefiera en el cuadro de texto **Horizontal cada**.

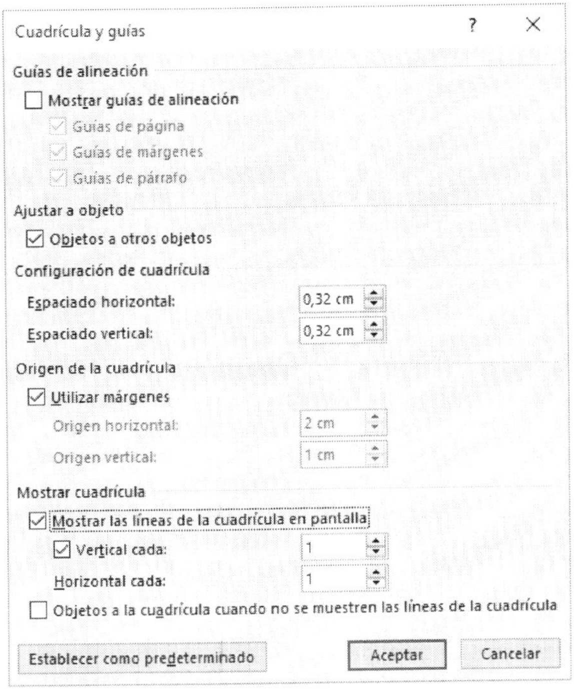

- Si en el momento del trazado, desplazamiento o cambio de dimensiones de un objeto desea que éste sea atraído por los bordes del objeto hacia el cual está trazando, desplazando o cambiando las dimensiones, active la opción **Objetos a otros objetos**.
- Si en el momento del trazado, desplazamiento o cambio de dimensiones de un objeto desea que se alinee a la cuadrícula, aunque no esté visible, marque la opción **Objetos a la cuadrícula cuando no se muestren las líneas de la cuadrícula**.
- Si desea que la configuración que ha definido sea la configuración predeterminada para los siguientes nuevos documentos que va a crear, haga clic en el botón **Establecer como predeterminado**, y luego en el botón **Sí** del mensaje que aparece.
- Para confirmar su selección, haga clic en el botón **Aceptar**.

Si la cuadrícula de dibujo está visible y desea ignorar de manera provisional su configuración, mantenga pulsada la tecla Alt mientras está trazando, desplazando o cambiando el tamaño del objeto.

Modificar el ajuste de un objeto

Ajustar un objeto es elegir la manera en que desea repartir el texto alrededor del objeto. De manera predeterminada los objetos se insertan en la posición del punto de inserción y su estilo de ajuste es ***En línea con el texto****, porque están considerados como caracteres.*

Primer método

Este método, muy rápido, no permite modificar las opciones vinculadas al estilo de ajuste de texto seleccionado.

- Seleccione el objeto en cuestión.
- Haga clic en el icono **Opciones de diseño**  que se encuentra en la parte superior derecha del objeto.

En pantalla aparece el panel ***OPCIONES DE DISEÑO****.*

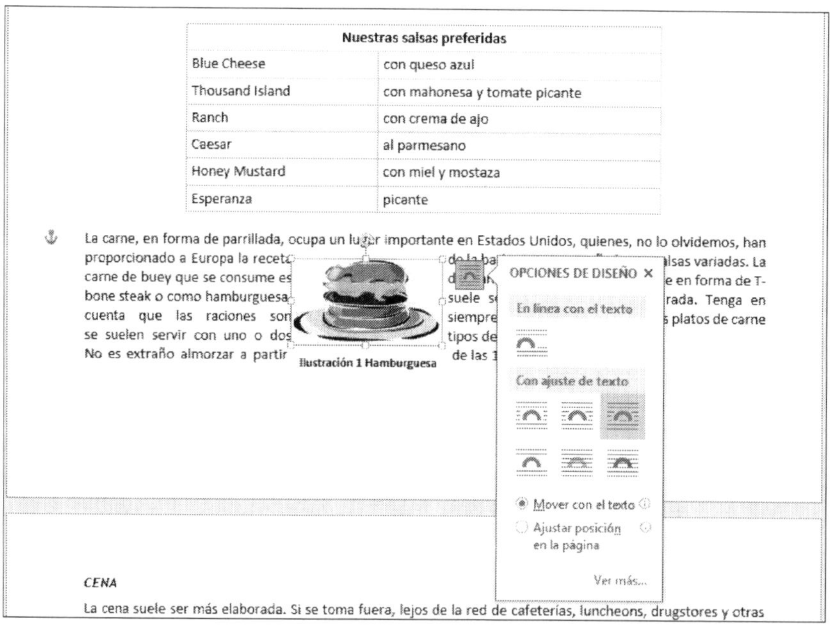

- En el apartado **Con ajuste de texto**, haga clic en el icono que corresponda al estilo de ajuste que prefiera: **Cuadrado**, **Estrecho**, **Transparente**, **Arriba y abajo**, **Detrás del texto** o **Delante del texto**.

  El ajuste que haya escogido se aplica al objeto.

- Haga clic en el botón [X] del panel **OPCIONES DE DISEÑO** para cerrar o pulse en la tecla [esc].

Puede encontrar las opciones de ajuste de texto en la lista **Ajustar texto** de la pestaña **Formato** (grupo **Organizar**).

Segundo método

Este método le permitirá definir con más precisión el ajuste que prefiera.

- Seleccione el objeto en cuestión.
- En la pestaña **Formato**, haga clic en el botón **Ajustar texto** que aparece en el grupo **Organizar** y luego haga clic en la opción **Más opciones de diseño**.

  *También puede hacer clic en el icono **Opciones de diseño** que se muestra en la parte superior derecha del objeto seleccionado, hacer clic en el vínculo **Ver más** y luego en la pestaña **Ajuste de texto**.*

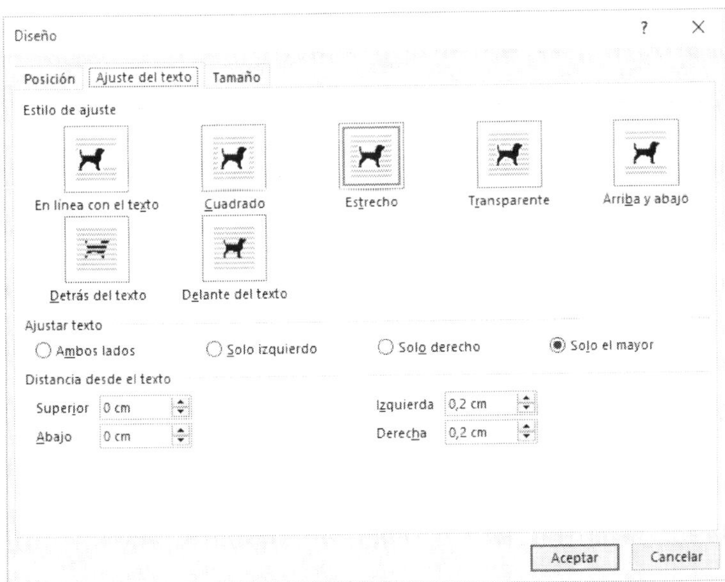

- Indique cómo debe repartirse el texto alrededor del objeto mediante las opciones del cuadro **Estilo de ajuste**.
- En el cuadro **Ajustar texto**, indique cómo el texto debe repartirse en relación al objeto: **Ambos lados**, **Solo izquierdo**, **Solo derecho** o **Solo el mayor** (para repartir el texto alrededor del lado más alto o más ancho del objeto).

  *Estas opciones están disponibles únicamente para los estilos de ajuste **Cuadrado**, **Estrecho** y **Transparente**.*
- Modifique, si fuese necesario, la distancia entre los lados del objeto y el texto con las casillas **Superior**, **Abajo**, **Izquierdo** y/o **Derecho** del cuadro **Distancia desde el texto**.
- Pulse el botón **Aceptar**.

Julio. El 4 de julio es la fiesta nacional de los Estados Unidos. En cada ciudad se celebra según sus medios y tradiciones. En cualquier punto donde se encuentre, si·npre podrá ver fuegos artificiales, petardos y una fiesta
en la que participar o simplemente contemplar. Es posible que consiga
compartir el sacrosanto picnic del 4 de j on alguna familia. En Florida, "las
atracciones", del día permanecen abiertas hasta más tarde y todo el país
resulta más colorido y amistoso. En el Sea World, cerca de Orlando, los
espectáculos con delfines suelen estar asociados a estas celebraciones.
Octubre. El segundo lunes del mes de octubre se celebra el Columbus Day,
para conmemorar el descubrimiento de América por Cristóbal Colón. Se
celebran desfiles y otras atracciones en las grandes ciudades. El 31 de octubre,
en los Estados Unidos, se celebra la fiesta de Halloween. No se pierda los
gais, en Key West, que durante la Fantasy Fest, invaden ruidosamente las calles de la ciudad antigua con extravagantes disfraces... Por otra parte, tanto en Miami como en Tampa, el último sábado de octubre, durante la Okoberfest, se celebra la cerveza y Alemania en todos sus estados.
Noviembre. El último jueves de noviembre es el Thanksgiving Day. Durante este día, Estados Unidos rinde homenaje a los colonos que los fundaron. Se organiza por todas partes una gran comida de convivencia en la que se reúnen los miembros de la familia. El pavo es obligatorio en el menú, cocinado según una receta

Para modificar los puntos de ajuste de un objeto seleccionado, en la pestaña **Formato**, pulse el botón **Ajuste del texto** del grupo **Organizar** y haga clic en la opción **Modificar puntos de ajuste**: el cuadro de ajuste del objeto aparece delimitado por un borde rojo y los puntos de ajuste se representan con pequeños cuadrados negros. Para cada punto que desee cambiar, arrástrelo hacia la nueva posición; para crear un nuevo punto, haga clic en el lugar deseado sobre el borde rojo y haga clic y arrástrelo para situar el punto.

Cambiar el tipo de una forma

En esta parte se muestra cómo modificar la forma del objeto manteniendo el formato que se le ha aplicado.

- Seleccione la forma correspondiente.
- En la pestaña **Formato**, haga clic en el botón **Editar forma** del grupo **Insertar formas**, señale la opción **Editar formas** y luego haga clic en la forma en cuestión.

Guardar un cuadro de texto

En esta parte se muestra cómo crear un cuadro de texto personalizado y guardarlo en la galería de cuadros de texto predefinidos para poderlo reutilizar posteriormente.

- Seleccione el cuadro de texto que desea guardar.
- En la pestaña **Insertar**, pulse el botón **Cuadro de texto** del grupo **Texto** y haga clic en la opción **Guardar selección en galería de cuadros de texto**.

  *Como un cuadro de texto es un bloque de creación, en la pantalla se abre el cuadro de diálogo **Crear nuevo bloque de creación**.*
- Escriba el **Nombre** del cuadro de texto en la casilla correspondiente.
- Asegúrese de que la opción **Cuadros de texto** está seleccionada en la lista **Galería**.
- Abra la lista **Categoría** y seleccione una de las categorías que se proponen o haga clic en la opción **Crear nueva categoría** para crear una nueva categoría. Si ha elegido crear una nueva categoría, escriba el **Nombre** en el cuadro de diálogo **Crear nueva categoría** y pulse el botón **Aceptar**.

  *Los cuadros de texto que aparecen en la lista asociada al botón **Cuadro de texto** (pestaña **Insertar** - grupo **Texto**) se ordenan por categoría.*
- Escriba, si fuese necesario, una **Descripción**.
- Si el documento actual se basa en una plantilla que no es la plantilla Normal y el cuadro de texto debe guardarse en esta plantilla, seleccione el nombre en la lista **Guardar en**: el cuadro de texto estará disponible únicamente para los documentos basados en esta plantilla.

- Abra la lista **Opciones** y seleccione una de las opciones siguientes:

  Insertar sólo contenido/Insertar contenido en su propio párrafo: con estas dos opciones el cuadro de texto se inserta en la página actual en la posición definida cuando éste se guarda.

  Insertar contenido en su propia página: el cuadro de texto se inserta en una nueva página: Word crea un salto de página antes y después del cuadro de texto.

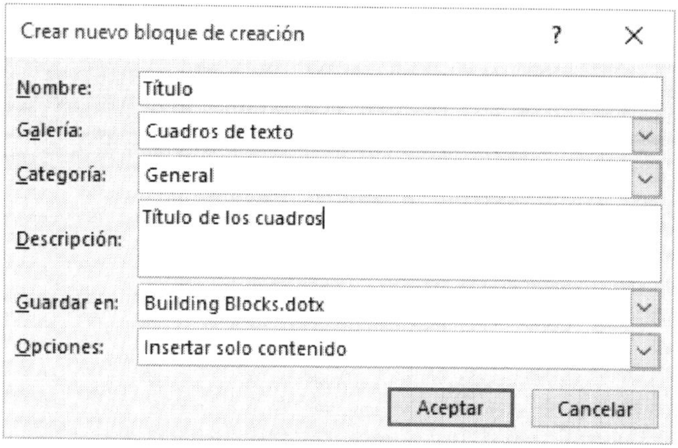

- Pulse el botón **Aceptar** para guardar el cuadro de texto.

  *El cuadro de texto está a partir de ese momento disponible en la lista asociada al botón **Cuadro de texto** (pestaña **Insertar**) y puede, por lo tanto, insertarse en cualquier documento.*

Si el cuadro de texto se ha agregado a otra plantilla que no sea Normal.dotm, Word le propone guardarla cuando se cierra el documento o en el mismo momento de guardarlo. Guarde la plantilla para que el cuadro de texto vinculado a la plantilla se guarde definitivamente.

Recortar una imagen

El recorte de una imagen le permite descartar bordes horizontales y/o verticales que no desea utilizar.

- Seleccione la imagen que quiere recortar.
- En la pestaña **Formato**, haga clic en la parte superior del botón **Recortar** que se muestra en el grupo **Tamaño**.

Alrededor de la imagen aparecen controladores de recorte:

- Para recortar un lado, haga clic en el controlador central del lado que desea recortar y arrastre el controlador hacia el interior de la imagen.

- Para recortar dos lados contiguos de la imagen, haga clic en el controlador en el ángulo correspondiente y arrástrelo hacia el interior de la imagen; para recortar dos lados de forma idéntica, mantenga pulsada la tecla Mayús mientras hace clic y arrastra.
- Para recortar dos lados opuestos de forma idéntica, seleccione el controlador central de uno de los lados, pulse la tecla Ctrl y, sin soltarla, haga clic y arrastre el controlador hacia el interior de la imagen.
- Para recortar los cuatro lados de forma simultánea, sitúe el puntero en uno de los controladores de ángulo, pulse la tecla Ctrl y, sin soltarla, haga clic y arrastre el controlador hacia el interior de la imagen.
- Para recortar la imagen con una forma específica, haga clic en la parte inferior del botón **Recortar**, señale la opción **Recortar a la forma** y haga clic en la forma que desea utilizar para recortar la imagen.

La imagen se recorta para rellenar la forma y las proporciones de la imagen se mantienen.

- Para recortar la imagen siguiendo las proporciones corrientes de fotografía, haga clic en la parte inferior del botón **Recortar**, señale la opción **Relación de aspecto** y haga clic en la proporción que prefiera.
- Para desactivar el procedimiento, haga clic en la parte superior del botón **Recortar** o pulse la tecla esc.

Si después de haber efectuado un recorte comprueba que las proporciones de la imagen no se han conservado, la opción **Relleno** de la lista **Recortar** le permite, mediante un cambio de dimensiones de la imagen en la pantalla, recuperar las proporciones de la imagen.

Si después de haber recortado una imagen desea que aparezca completa en la zona de imagen conservando sus proporciones, utilice la opción **Ajustar** de la lista **Recortar**.

Para desplazar la zona de recorte para resituar la imagen, después de haber seleccionado la imagen, haga clic en el botón **Recortar**, y luego arrastre el área recortada o la zona de imagen.

Para eliminar las áreas recortadas de una imagen es necesario comprimir la imagen correspondiente (véase, en este mismo capítulo, Definir los parámetros de compresión de las imágenes).

Para anular un recorte, arrastre el correspondiente controlador de recorte hacia el exterior de la imagen mientras mantiene, o no, según el caso, la tecla Ctrl pulsada.

Para anular todos los recortes de una imagen y poder recuperar su tamaño original, selecciónela y luego, en la pestaña **Formato**, abra la lista de la herramienta **Restablecer imagen** y haga clic en la opción **Restablecer imagen y tamaño.**

Del mismo modo que para una imagen, puede recortar el tamaño del marco de un vídeo.

Eliminar el fondo de una imagen

Esta función permite eliminar una parte o la totalidad del fondo de una imagen.

- Seleccione la imagen en la que desea eliminar el fondo.
- En la pestaña **Formato**, haga clic en el botón **Quitar fondo** del grupo **Ajustar**.

*La pestaña **Eliminación del fondo** está seleccionada. Aparecen unas líneas de selección que delimitan la parte de la imagen que desea conservar. La parte del fondo que desea eliminar se muestra en tono violeta.*

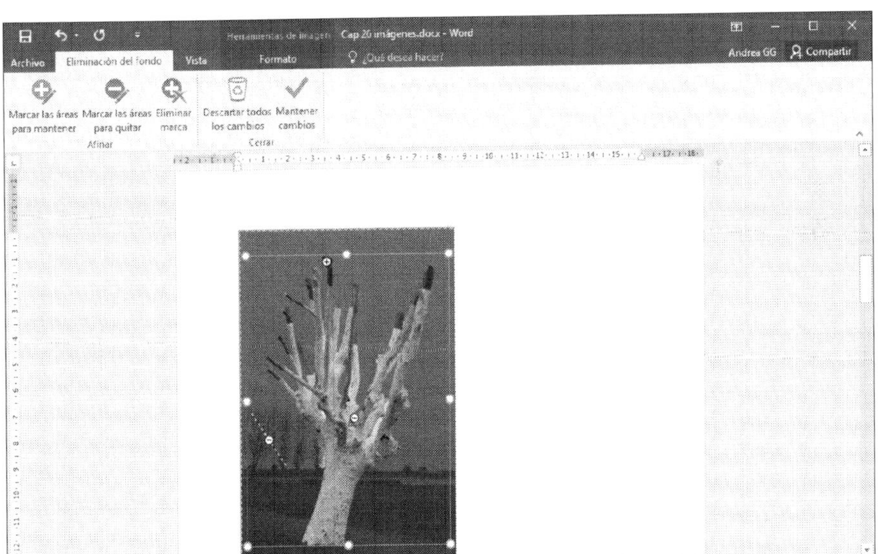

- Para modificar la parte de la imagen que desea conservar, arrastre los controladores de selección.
- Si no desea eliminar alguna zona del fondo, haga clic en el botón **Marcar las áreas para mantener** del grupo **Afinar** y luego dibuje líneas en las zonas de fondo que desea conservar.
- Al contrario, para eliminar zonas de fondo más allá de las que quedan marcadas automáticamente, haga clic en el botón **Marcar las áreas para quitar** en el grupo **Afinar** y luego defina las líneas en las áreas de fondo para quitar.

El símbolo ⊕ indica que se ha marcado la zona como área para conservar, mientras que el símbolo ⊖ indica que la zona se ha marcado como área para eliminar.

- Para eliminar la marca para quitar o para mantener de un área, haga clic en el botón **Eliminar marca** en el grupo **Afinar** y, según el caso, haga clic en el símbolo ⊕ o ⊖ de la línea correspondiente.
- Confirme sus modificaciones haciendo clic en el botón **Mantener cambios** en el grupo **Cerrar**.

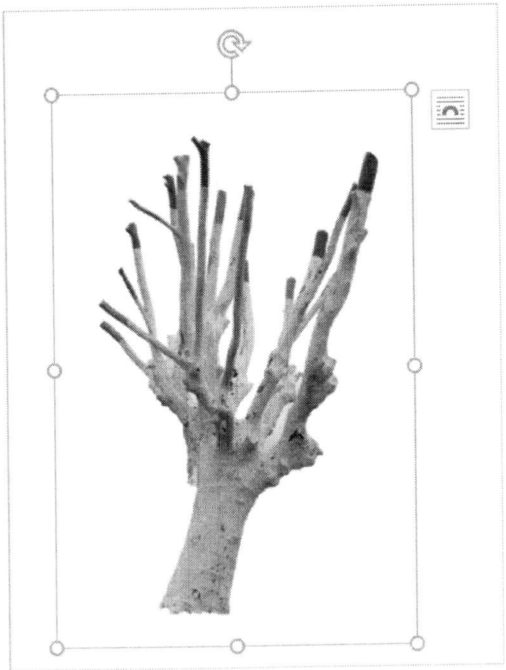

Para hacer modificaciones a la eliminación del fondo de una imagen, seleccione la imagen en cuestión, haga clic en el botón **Quitar fondo** de la pestaña **Formato** y luego efectúe los cambios que prefiera.

Para anular la eliminación del fondo de una imagen, seleccione la imagen en cuestión, haga clic en el botón **Quitar fondo** de la pestaña **Formato** y luego haga clic en el botón **Descartar todos los cambios** del grupo **Cerrar**.

Definir los parámetros de compresión de las imágenes

Comprimir una imagen

- Seleccione la o las imágenes que desea comprimir; si se trata de todas las imágenes del documento, no será necesario seleccionarlas una a una: bastará con seleccionar una imagen.
- En la pestaña **Formato**, haga clic en la herramienta **Comprimir imágenes**  que se encuentra en el grupo **Ajustar**.

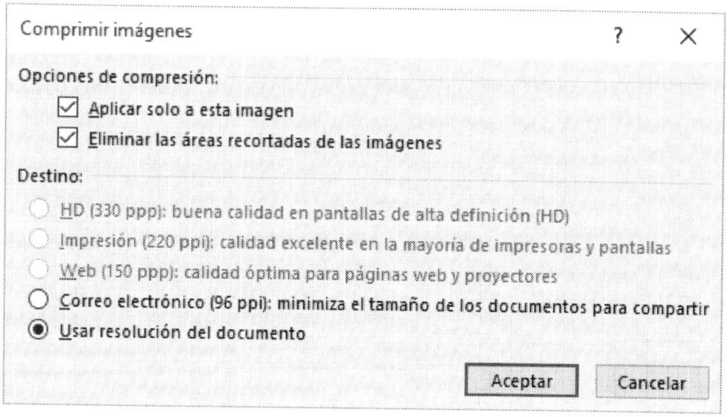

- Si sólo desea cambiar la resolución de las imágenes seleccionadas, compruebe que está activada la opción **Aplicar sólo a esta imagen**; si no se activa, cambiará la resolución de todas las imágenes del documento.
- Si una o más imágenes han sido recortadas, active la opción **Eliminar las áreas recortadas de las imágenes** para reducir el tamaño del documento.

  Para más información sobre las áreas recortadas de una imagen, véase el apartado Recortar una imagen.
- Seleccione la resolución de las imágenes activando una de las opciones del cuadro **Destino: HD**, **Impresión**, **Web**, **Correo electrónico** o **Usar resolución del documento.**

  *La opción **Usar resolución del documento** permite utilizar la resolución definida de manera predeterminada en el cuadro de diálogo **Opciones de Word** (véase el título siguiente).*

  A menor resolución, menor será el peso del documento, pero la calidad de la imagen será inferior.
- Pulse el botón **Aceptar**.

Cambiar los parámetros predeterminados de compresión

- En la pestaña **Archivo**, haga clic en **Opciones** y luego seleccione la categoría **Avanzadas.**
- Abra la lista **Tamaño y calidad de la imagen** y seleccione el archivo cuyos parámetros de compresión desea predefinir por defecto.

*En esta lista se muestra la lista de los documentos abiertos en Word, así como la opción **Todos los documentos nuevos** que permite definir los parámetros para los nuevos documentos que se creen.*

- Si ha realizado cambios en una imagen (recorte, brillo, contraste, etc.) y si desea que estas modificaciones sean permanentes y no puedan ser anuladas, marque la opción **Descartar datos de edición**.
- Si no desea que el tamaño de las imágenes se vea reducido automáticamente al guardar un documento, marque la opción **No comprimir las imágenes del archivo**.
- Escoja la resolución predeterminada de las imágenes en la lista **Establecer salida de destino predeterminada en**.
- Haga clic en el botón **Aceptar**.

Insertar un vídeo a partir de un sitio Internet

Puede insertar un vídeo procedente de una búsqueda en la web (YouTube o Bing) o de su espacio de almacenamiento OneDrive, también puede copiar el código asociado al vídeo si éste tiene otras procedencias.

- En su documento Word sitúe el punto de inserción en el lugar donde desea insertar el vídeo.
- En la pestaña **Insertar**, haga clic en el botón **Vídeo en línea** del grupo **Multimedia**.

*En pantalla se abre la ventana **Insertar vídeo** y en ella están disponibles varias opciones.*

- Para buscar un vídeo en la web utilizando el sitio Bing, haga clic en el apartado **Búsqueda en Bing.**

  Para buscar un vídeo en el sitio YouTube, haga clic en el apartado **Buscar en YouTube.**

- Si ha decidido hacer una búsqueda en Bing o en YouTube, escriba la o las palabras clave que le permitirán encontrar el vídeo que desea y luego haga clic en el botón o pulse la tecla para iniciar la búsqueda.

  La lista de vídeos que responden a los criterios de la búsqueda se muestra en la ventana.

  En el ejemplo que se presenta, a continuación se muestra la búsqueda realizada en el sitio YouTube a partir de las palabras "receta pancakes"; se han encontrado 242414 resultados.

- Para hacer zoom en una miniatura y, si fuera necesario, ver el vídeo antes de descargarlo, señale la miniatura y luego haga clic en el símbolo **Ver más grande** .

  La miniatura escogida se muestra en el centro de la ventana; las otras miniaturas aparecen en gris.

  Para ver el vídeo, haga clic en el botón de lectura .
  Para reducir la visualización de la miniatura, haga clic en el botón .

- Para mostrar el nombre y la duración de un vídeo, así como el vínculo con el sitio web en el que se ha encontrado, haga clic en la miniatura para seleccionarlo: esta información se muestra en la parte inferior izquierda de la ventana; cuando se señala una miniatura, también se puede ver el nombre del vídeo en una información de herramienta.
- Para cambiar la búsqueda, cambie la o las palabras clave de la búsqueda en el cuadro de texto y confirme pulsando la tecla ↵; para borrar el contenido del cuadro de texto, haga clic en él y luego haga clic en el botón ×.

  *También puede hacer clic en el vínculo **VOLVER A LOS SITIOS** para mostrar la ventana principal y realizar así una nueva búsqueda a partir de otra posible fuente en línea.*
- Para insertar uno de los vídeos encontrados, haga clic en él para seleccionarlo y luego haga clic en el botón **Insertar** o haga doble clic en la miniatura del vídeo que desea insertar.

  *El vídeo aparece seleccionado en el documento y la pestaña **Formato** está seleccionada en la cinta de opciones. Además, observe que en la parte superior derecha de la imagen aparece el icono **Opciones de diseño**. Este icono contiene opciones que le permiten modificar rápidamente la manera en que el texto debe ser repartido alrededor de la imagen; para más detalles, véanse el título Modificar el ajuste de un objeto.*

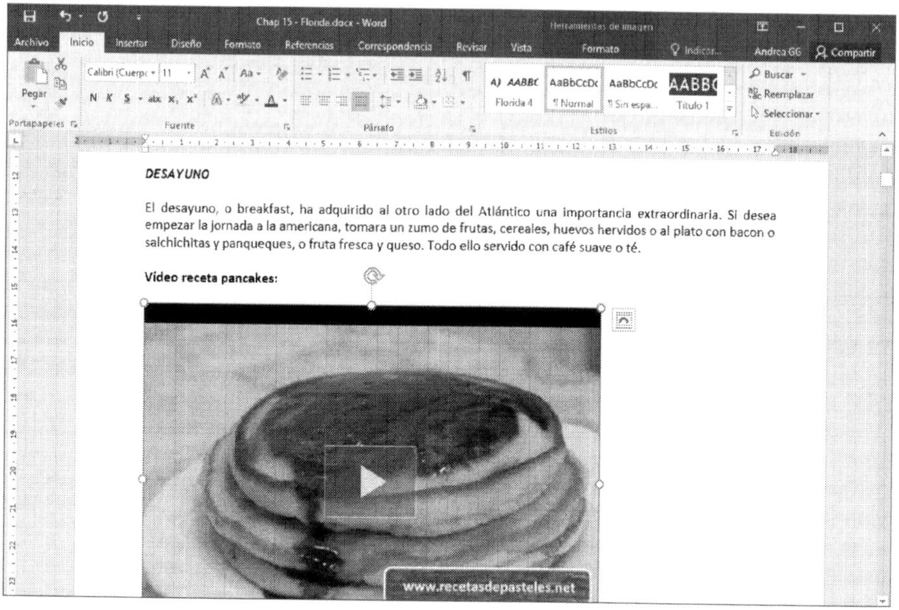

*El vídeo se inserta en la posición del punto de inserción. Puesto que el ajuste predeterminado es **En línea con el texto**, el vídeo está considerado como un carácter. De este modo la posición del vídeo se ve afectada por las manipulaciones que se lleven a cabo en el texto. Si desea que el vídeo sea considerado como un objeto gráfico en lugar de como un carácter, deberá modificar su ajuste en el texto (véase el título Modificar el ajuste de un objeto).*

Para ver el vídeo, haga clic en el botón de lectura que se muestra en el centro del vídeo.

Para insertar vídeos desde cualquier sitio web, entre en la web en cuestión e inicie el vídeo, busque alguna opción del tipo **Copiar código de inserción** (en Dailymotion, por ejemplo, haga clic en la pestaña **Exportar** para que se muestre el código), selecciónelo y pulse Ctrl **C** para copiarlo en el portapapeles. En la ventana **Insertar vídeo** haga clic en el cuadro **Pegue el código para insertar aquí** y pulse Ctrl **V** para pegarlo. Acepte.

Utilizar la función OpenType

Word propone unas funciones avanzadas de aplicación de formato al texto que permiten, por ejemplo, modificar el tipo de ligadura o escoger otro tipo de conjuntos estilísticos. Estas nuevas funciones se pueden utilizar con cualquier fuente OpenType (fuente que utiliza un archivo único de fuentes común a Windows® y Macintosh®) y permiten crear efectos muy interesantes, por ejemplo para los títulos.

- Seleccione el texto en cuestión y compruebe que la fuente del texto sea una fuente OpenType.
  En la lista **Fuente** de la pestaña **Inicio**, el símbolo *O* se muestra a la izquierda de las fuentes OpenType.
- En la pestaña **Inicio**, haga clic en el botón del grupo **Fuente** y luego haga clic en la ficha **Avanzado**.
- Si desea agrupar algunos pares de caracteres (como la f y la i, la f y la l o la t y la h) en un único carácter para crear un texto más legible o más atractivo, abra la lista **Ligaduras** y haga clic en la opción correspondiente al tipo de ligadura o ligaduras que desea aplicar.

Sólo estándar: permite mejorar la legibilidad del texto.

Estándar y contextuales: proporciona un mejor comportamiento de unión entre los caracteres y permite mejorar la legibilidad del texto.

Históricas y discrecionales: ligaduras diseñadas con ánimo decorativo, ornamental.

Todas: aplica todos los tipos de ligaduras.

Microsoft Office

Microsoft Office

En la primera línea no se ha aplicado ningún tipo de ligadura, mientras que en la segunda línea se ha aplicado el tipo de ligadura: ***Estándar y contextuales****.*

- En el caso de las cifras, escoja cómo deben espaciarse utilizando la lista **Espaciado entre números**:

Proporcional: las cifras son tratadas como si tuvieran un ancho distinto (el número 1 es más estrecho que el número 5).

Tabular: las cifras son tratadas como si tuvieran el mismo ancho para que se alineen verticalmente y faciliten su legibilidad.

556,59	556,59
121,12	121,12
espaciado proporcional	espaciado tabular

- Seleccione, en la lista correspondiente, el **Formatos de números** que desea utilizar:

Alineación: se aplica la misma altura a cada una de las cifras que componen el número y cada cifra se alinea con la línea de base.

Estilo antiguo: para mostrar las cifras en estilo antiguo; algunas cifras se desplazan hacia abajo en relación con la línea de base, mientras que las otras se desplazan hacia arriba.

123456789	123456789
Formato de números **Alineación**	Formato de números **Estilo antiguo**

- Si desea mejorar la estética del texto, escoja en la lista correspondiente uno de los **Conjuntos estilísticos** que ofrece Word.

Podrá comprobar, en la ilustración anterior, que el conjunto estilístico 6 es claramente más elaborado que los otros.

- Active la opción **Usar alternativas contextuales** si desea que Word le ofrezca, en el momento de utilizar determinadas fuentes, unos caracteres de substitución para mejorar la unión de las letras.
- Haga clic en **Aceptar** del cuadro de diálogo **Fuente**.

Encontrará la mayoría de funciones OpenType en la lista asociada a la herramienta de la pestaña **Inicio** (grupo **Fuente**): **Estilos de número**, **Ligaduras** y **Conjuntos de estilos**.

Crear una lista multinivel

En esta parte se muestra cómo insertar una lista de viñetas o números a los párrafos definidos a varios niveles; cada nivel está más a la derecha respecto al nivel anterior. En una lista multinivel, cada nivel se asocia a una viñeta o numeración diferente:

- Festuca
    - Festuca glauca
    - Festuca eskia
- Miscanthus
    - Miscanthus sinensis
        - *Zebrinus*
            - *Gracillimus*
            - Miscanthus sacchariflorus

- Escriba los párrafos que deben constituir la lista y atribúyales diferentes niveles: para reducir un nivel en el párrafo, sitúese al inicio del párrafo y pulse la tecla ; si pulsa de nuevo la tecla , el párrafo se reduce dos niveles, etc. Para volver al nivel anterior, pulse la tecla .

  Cabe decir que siempre es posible definir o modificar los niveles de los párrafos una vez creada la lista.

- Seleccione los párrafos que constituirán la lista y a continuación abra la lista asociada a la herramienta .

  Se ofrecen varios estilos de lista.

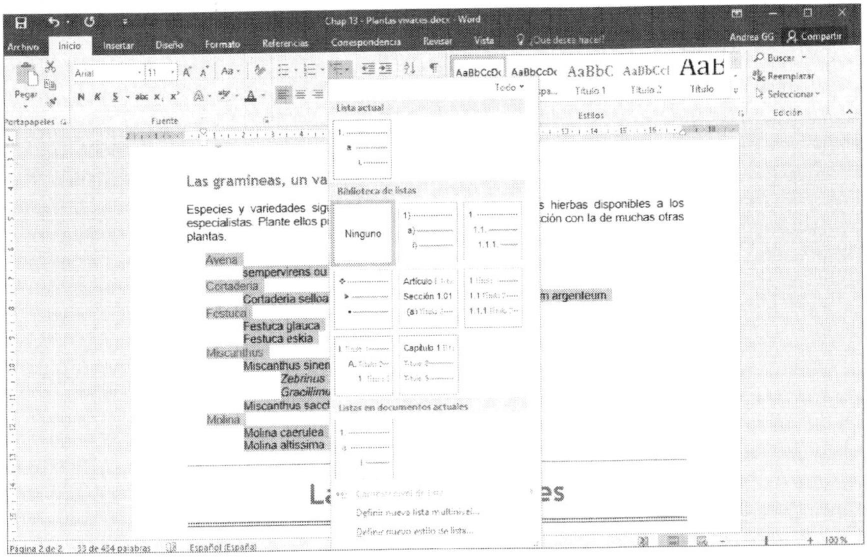

*Si alguno de los documentos actualmente abiertos con la aplicación Word contiene listas multinivel, se pueden ver en el apartado **Listas en documentos actuales**.*

*Si se han creado estilos de lista en el documento (véase Estilos - Crear un estilo de lista), aparecen en el apartado **Estilos de lista**.*

Haga clic en uno de los estilos que se ofrecen, excepto el estilo que contenga la palabra **Título**.

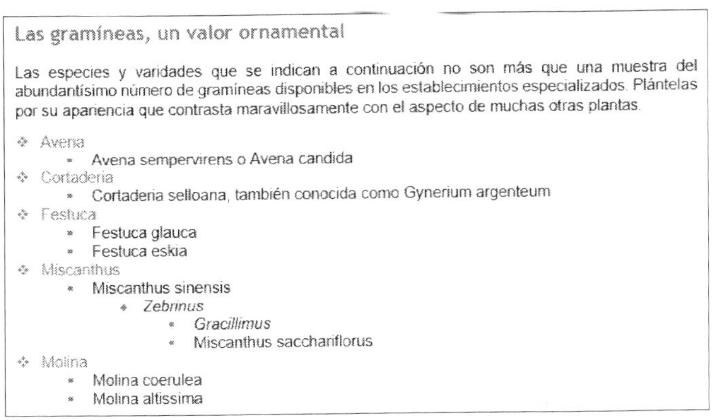

Las gramíneas, un valor ornamental

Las especies y varidades que se indican a continuación no son más que una muestra del abundantísimo número de gramineas disponibles en los establecimientos especializados. Plántelas por su apariencia que contrasta maravillosamente con el aspecto de muchas otras plantas.

- Avena
  - Avena sempervirens o Avena candida
- Cortaderia
  - Cortaderia selloana, también conocida como Gynerium argenteum
- Festuca
  - Festuca glauca
  - Festuca eskia
- Miscanthus
  - Miscanthus sinensis
    - *Zebrinus*
      - *Gracillimus*
      - Miscanthus sacchariflorus
- Molina
  - Molina coerulea
  - Molina altissima

- Para modificar el nivel de un párrafo, haga clic en el correspondiente párrafo, abra la lista asociada a la herramienta , seleccione la opción **Cambiar nivel de lista** y a continuación haga clic en el nivel de lista que desea aplicar.

Otra posibilidad para cambiar el nivel de lista de un párrafo, es situar el punto de inserción delante del texto del párrafo en cuestión y pulsar la tecla para reducir el nivel, o las teclas Mayús para aumentarlo.

A una lista inicialmente creada en un solo nivel se le pueden aplicar varios niveles. Haga clic en cada párrafo correspondiente, y abra, según el caso, la lista asociada al icono o al icono , seleccione la opción **Cambiar nivel de lista** y haga clic en el nivel deseado.

Se puede **Definir nueva lista multinivel** a través de la opción correspondiente, que aparece en la lista asociada al icono . Este procedimiento es similar al que se utiliza para personalizar la numeración de los títulos del esquema; véase el apartado correspondiente en el capítulo Esquemas.

Mostrar el formato de un texto

- Haga clic en el párrafo del que desee mostrar el formato o seleccione el texto correspondiente.
- En la pestaña **Inicio**, pulse el botón del grupo **Estilos** para abrir el panel **Estilos**.

  Este panel muestra una lista de los estilos predefinidos asociados al tema del documento y los que han sido creados por el usuario.

- Pulse el botón **Inspector de estilo** que se encuentra en la parte inferior del panel **Estilos**.

En la pantalla se abre el panel ***Inspector de estilo****. Permite, si los hay, mostrar los atributos de formato agregados al estilo original en el párrafo actual o en el texto seleccionado.*

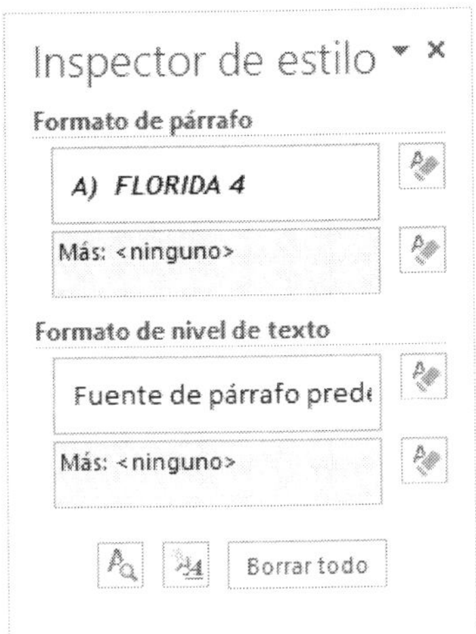

- Pulse el botón  de la parte inferior del panel **Inspector de estilo** para abrir el panel **Mostrar formato**.

  En el cuadro ***Texto seleccionado****, aparece una vista previa. Los detalles del formato, clasificados por las categorías* ***Fuente****,* ***Párrafo*** *y* ***Sección****, aparecen en el cuadro* ***Formato del texto seleccionado*** *del panel* ***Mostrar formato****.*

Puede cerrar los paneles **Estilos** *e* **Inspector de estilo** *haciendo clic en* ✕.

- Para desplegar o reducir el contenido de una categoría (**Fuente**, **Párrafo** o **Sección**), haga clic en el signo ▷ (desplegar) o en ◢ (reducir).
- Para mostrar el nombre del estilo aplicado a un párrafo, active la opción **Distinguir origen de estilo** del cuadro **Opciones**.
- Para aplicar al texto seleccionado el formato de la palabra anterior, sitúe el puntero del ratón en el cuadro **Texto seleccionado**, abra la lista asociada y a continuación haga clic en la opción **Aplicar el formato del texto adyacente**.

- Cierre el panel **Mostrar formato** pulsando ×.

Si se activa la opción **Mostrar todas las marcas de formato** del panel **Mostrar formato**, las marcas especiales (marcas de párrafo, espacios, etc.) se visualizarán en el documento.

Seleccionar todos los textos con un formato idéntico

- Abra el panel **Mostar formato** (véase el apartado Mostrar el formato de un texto).
- Haga clic en el párrafo que contenga el formato que desea seleccionar o seleccione el texto correspondiente.
- Sitúe el puntero del ratón en el cuadro de ejemplo del apartado **Texto seleccionado**, abra la lista asociada y a continuación haga clic en la opción **Seleccionar todo el texto con formato similar**.

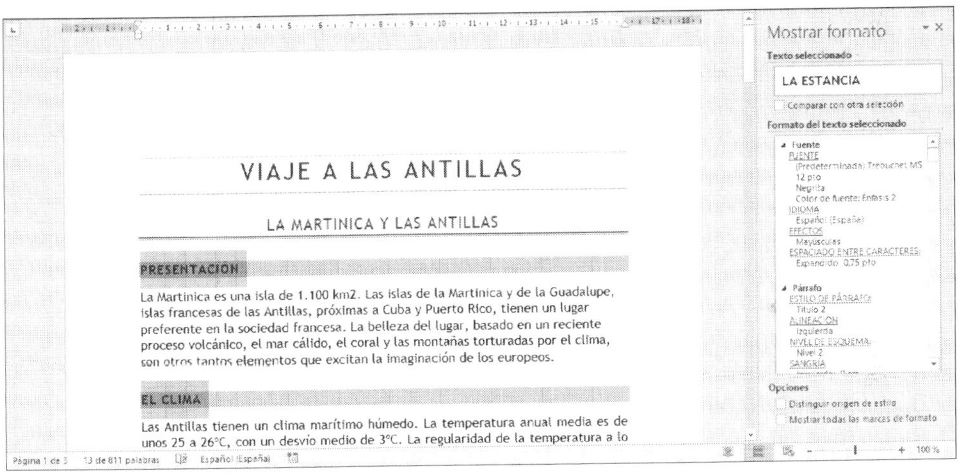

*Todas las partes de texto del documento que disponen del formato que aparece en el cuadro **Formato del texto seleccionado**, quedarán seleccionadas.*

- Modifique, si es necesario, el formato de la selección.
- Cierre el panel **Mostrar formato** pulsando ×.

Comparar el formato de dos textos

- Abra el panel **Mostrar formato** (véase Mostrar el formato de un texto).
- Seleccione el primero de los dos textos que desea comparar; también puede hacer clic en el párrafo si desea comparar el formato de dos párrafos.

  *En el panel **Mostrar formato** se puede ver el formato.*
- Active la opción **Comparar con otra selección.**

  *A partir de ese momento, en la parte superior del panel (en el cuadro **Texto seleccionado**) se pueden ver dos cuadros de ejemplo con el mismo contenido.*
- Seleccione el segundo texto que se comparará o haga clic en el párrafo si se compara el formato de dos párrafos.

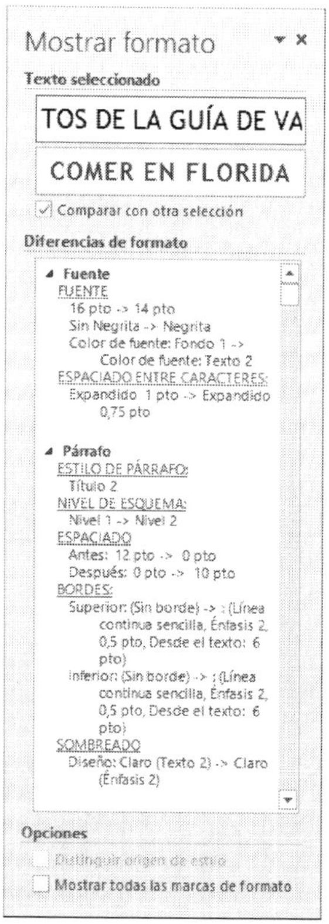

*En la lista **Diferencias de formato** se detallan y aparecen clasificadas por categoría las diferencias. El texto **No hay diferencias de formato** aparece en este cuadro en el caso de que no se detecte diferencia alguna.*

- Para aplicar el formato del primer texto seleccionado (del cual se muestra una vista previa en el primer cuadro de ejemplo del apartado **Texto seleccionado**) a la selección actual, señale el segundo cuadro de ejemplo del apartado **Texto seleccionado**, abra la lista asociada a ese cuadro y haga clic en la opción **Aplicar el formato de la selección original**.
- Cuando termine la comparación de los dos textos, desactive la opción **Comparar con otra selección** y cierre el panel **Mostrar formato** pulsando la opción .

Borrar el formato de un texto

- Seleccione los textos cuyo formato desea borrar; el método presentado en el apartado anterior se puede utilizar para seleccionar todas las partes de texto con el mismo formato.
- En el panel **Mostrar formato**, sitúe el puntero en el cuadro de ejemplo del cuadro **Texto seleccionado**, abra la lista asociada y a continuación haga clic en la opción **Borrar formato**.
- Cierre el panel **Mostrar formato** pulsando .

Personalizar un tema de documento

Se puede personalizar el tema aplicado al documento cambiando los colores, las fuentes y/o los efectos. Más adelante, en este capítulo, se presenta cómo guardar los cambios efectuados en un tema personalizado para poder aplicarlo en otros documentos.

Cambiar los colores del tema

- En la pestaña **Diseño**, haga clic en el botón **Colores** que se muestra en el grupo **Formato del documento**.

  *Los colores que aparecen en el botón **Colores** corresponden a los colores de texto y de fondo del tema activo. Los colores que se muestran en cada barra de colores representan los colores de énfasis y de hipervínculos.*

- Si no está seguro de los colores que desea aplicar, señale sucesivamente los conjuntos de colores que se proponen para visualizar el efecto correspondiente en el documento.

- Si alguno de los conjuntos de colores le conviene, haga clic en él, en caso contrario, haga clic en la opción **Personalizar colores** para crear su propio conjunto de colores.

  Si se ha seleccionado un conjunto de colores, los colores de este conjunto se aplican a los correspondientes elementos del documento.

  *Si ha hecho clic en la opción **Personalizar colores**, se abre en pantalla el cuadro de diálogo **Crear nuevos colores del tema**.*

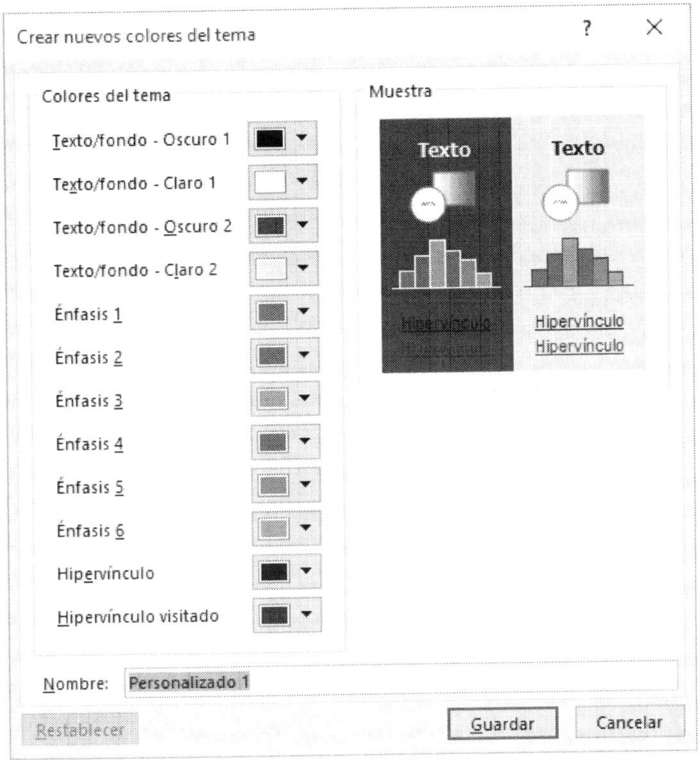

*Cada color del tema tiene asociado un botón: cuatro colores para **Texto/fondo**, seis colores para **Énfasis** y dos colores para **Hipervínculo**.*

- Para cambiar los colores, pulse el botón correspondiente a cada uno de ellos, y seleccione el nuevo color en la lista que se abre.

*En el cuadro **Muestra** aparece la vista previa de la aplicación del color seleccionado.*

- Escriba un **Nombre** para el nuevo conjunto de colores en la casilla correspondiente.
- Pulse el botón **Guardar**.

*El nuevo conjunto de colores aparece en el apartado **Personalizados** asociado al botón **Colores**.*

Cambiar las fuentes del tema

- En la pestaña **Diseño**, haga clic en el botón **Fuentes** que se muestra en el grupo **Formato del documento**.
- Si no está seguro de las fuentes que desea aplicar, señale sucesivamente los conjuntos de fuentes que se proponen para visualizar el efecto correspondiente en el documento.
- Si alguno de los conjuntos de colores le conviene, haga clic en él, en caso contrario, haga clic en la opción **Personalizar fuentes** para crear su propio conjunto de fuentes.

  Si ha hecho clic en un conjunto de fuentes, las fuentes asociadas se aplican a los textos correspondientes del documento.

  *Si ha hecho clic en la opción **Personalizar fuentes**, se abre en pantalla el cuadro de diálogo **Crear nuevas fuentes del tema**.*

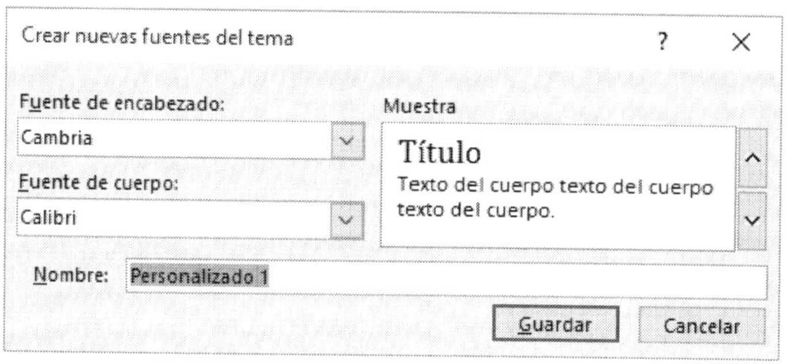

- Modifique la **Fuente de encabezado** y/o la **Fuente de cuerpo** con las correspondientes listas.

  *En el cuadro **Muestra** se visualiza una vista previa de las fuentes seleccionadas.*
- Escriba un **Nombre** para el nuevo conjunto de fuentes en la casilla correspondiente.
- Pulse el botón **Guardar**.

  *El nuevo conjunto de colores aparece en el apartado **Personalizados** asociado al botón **Fuentes**.*

Cambiar los efectos del tema

Los efectos del tema se aplican a los objetos.

- En la pestaña **Diseño**, haga clic en el botón **Efectos** que se muestra en el grupo **Formato del documento**.

- Si no está seguro del conjunto de efectos que desea aplicar, señale sucesivamente los conjuntos que se proponen para visualizar el efecto correspondiente en el documento.
- Cuando haya tomado su decisión, haga clic en el botón correspondiente al conjunto de efectos que desea aplicar.

No es posible, como sucede con los colores y las fuentes, crear un conjunto de efectos personalizados para el tema.

Guardar un tema de documento

Como tema personalizado, se pueden guardar las modificaciones realizadas a los colores, fuentes y/o efectos del tema de un documento. A continuación, podrá aplicar ese tema personalizado a otros documentos.

- Tras personalizar el tema aplicado al documento (véase apartado anterior), pulse el botón **Temas** de la pestaña **Diseño** y seleccione la opción **Guardar tema actual**.

*La carpeta **Document Themes** se abre de forma predeterminada.*

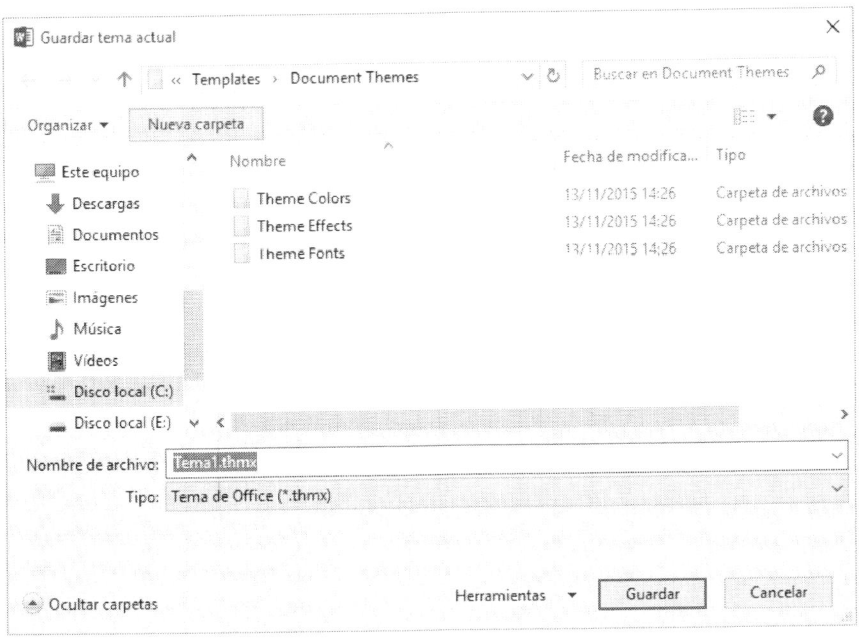

- Asegúrese de que la carpeta **Document Themes** esté seleccionada (C:\Usuarios\nombre_usuario\AppData\Roaming\Microsoft\Templates\Document Themes) si desea que el tema personalizado esté visible en la lista asociada al botón **Temas**.
- Introduzca el **Nombre de archivo** en la casilla correspondiente.

  La extensión de un archivo de tema personalizado es .thmx.
- Pulse el botón **Guardar**.

  *El tema personalizado aparece en el apartado **Personalizados** del botón **Temas**.*

Para eliminar un tema personalizado, pulse el botón **Temas**. En el apartado **Personalizados**, pulse el botón secundario del ratón en el tema que desea quitar y seleccione la opción **Eliminar**. A continuación, confirme la eliminación con el botón **Sí** del mensaje que emerge.

Para modificar o eliminar un conjunto de colores o de fuentes personalizados, haga clic, según el caso, en el botón **Colores** o **Fuentes**. Haga clic con el botón secundario del ratón en el conjunto de colores o fuentes que desea editar o eliminar, y luego haga clic en la opción **Editar** o **Eliminar**.

Crear un estilo

Un estilo contiene características de formato de caracteres, de párrafos y/o de tablas. Al crear un estilo se podrán memorizar estos formatos para poder aplicarlos a cualquier texto. Los estilos se guardan en el documento o en una plantilla cuando deben estar disponibles en todos los documentos basados en dicha plantilla.

Primer método

En esta parte se muestra cómo crear un estilo a partir de un formato existente en el documento. Este procedimiento no permite crear un estilo de caracteres, de párrafos o de tablas sino únicamente un estilo del tipo Vinculado que reúne los atributos de formato de caracteres y párrafos. Este estilo se añadirá a la galería ***Estilos rápidos****, de fácil acceso en la pestaña* ***Inicio****.*

- Si el estilo debe crearse únicamente para un documento, abra el documento.

  Si el estilo se debe crear para todos los documentos basados en una plantilla, abra la plantilla correspondiente (véase Plantillas - Modificar una plantilla de documento).

- Realice las modificaciones de formato que van a guardarse en el estilo.

- En la pestaña **Inicio**, haga clic en el botón **Más** situado en la galería de estilos que se muestra en el grupo **Estilo**, y luego haga clic en la opción **Crear un estilo**.

  Se abre el cuadro de diálogo ***Crear nuevo estilo a partir del formato****.*

  Se muestra una vista previa del formato del estilo.

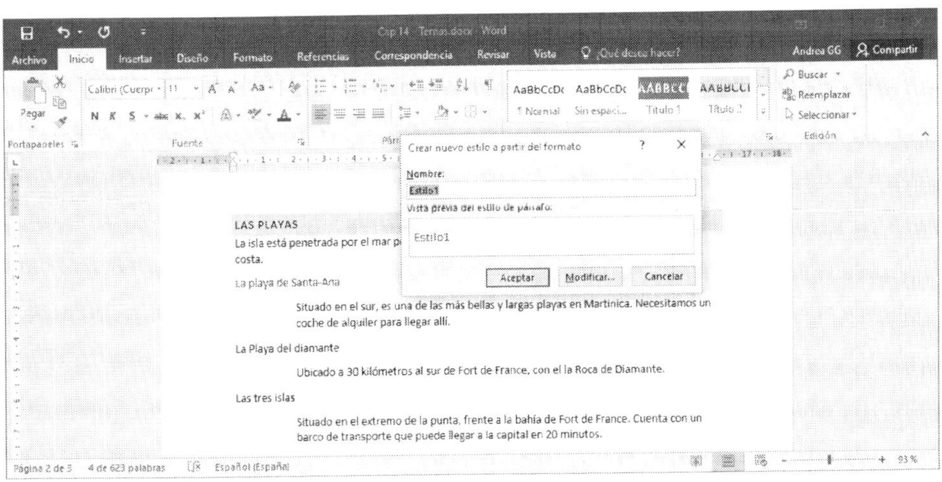

- Introduzca el **Nombre** del estilo en la casilla correspondiente.
- Pulse el botón **Aceptar**.

  *En este ejemplo, el nuevo estilo con el nombre **Sitios**, ya está visible en la galería **Estilos rápidos** y se aplica inmediatamente al párrafo seleccionado.*

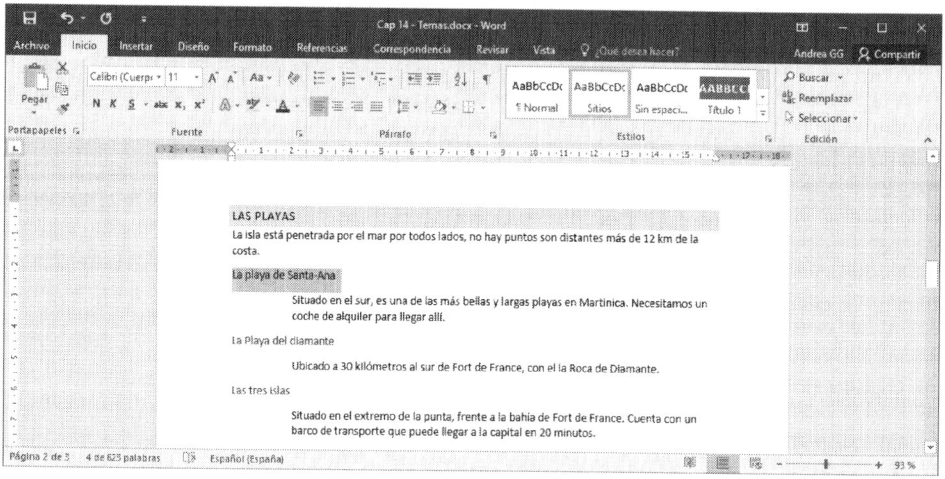

Para poder basar un estilo en un formato ya existente, puede abrir el panel **Estilos** (pestaña **Inicio** - grupo **Estilos** - botón) y hacer clic en el botón **Nuevo estilo** . Basta con escribir el **Nombre** del estilo en la casilla correspondiente, modificar si es necesario el **Tipo de estilo** en la correspondiente lista y pulsar el botón **Aceptar** para crear el nuevo estilo.

Segundo método

*En esta parte se muestra cómo crear un estilo definiendo las diferentes opciones de formato en el cuadro de diálogo **Crear un estilo**.*

- Si el estilo se debe crear únicamente para un documento, abra el documento.

  Si el estilo debe ser creado para todos los documentos basados en una plantilla, abra un documento basado en esa plantilla o abra la plantilla.
- Si el estilo que se va a crear debe reunir, entre otros, el formato de un párrafo existente en el documento o plantilla, haga clic en dicho párrafo. En caso contrario, haga clic en un párrafo con un formato ordinario.

- En la pestaña **Inicio**, haga clic en el botón ⧉ que se muestra en el grupo **Estilos** para que se abra el panel **Estilos**.
- Pulse el botón **Nuevo estilo** situado en la parte inferior del panel **Estilos**.

  Debajo del cuadro de la vista previa, se ofrece una descripción del formato del párrafo activo.
- Escriba el **Nombre** del estilo en la casilla correspondiente.
- En la lista **Tipo de estilo**, seleccione la opción **Carácter** si el estilo creado se refiere a una presentación de caracteres, la opción **Vinculado (párrafo y carácter)** si se refiere a una presentación de párrafo y caracteres, la opción **Tabla** si se refiere a la presentación de una tabla o la opción **Lista** si se refiere a la presentación de una lista.
- En la lista **Estilo basado en**, seleccione el estilo a partir del cual se va elaborar el nuevo estilo.
- En el caso de crear un estilo de **Párrafo** o un estilo **Vinculado**, abra, si fuese necesario, la lista **Estilo del párrafo siguiente** y seleccione el estilo que automáticamente se aplicará al siguiente párrafo: cuando pulse la tecla ↵, al final del párrafo en el que se ha aplicado el nuevo estilo, Word atribuirá, de forma automática, el estilo seleccionado en esta lista al párrafo siguiente.
- Elabore el formato que desea aplicar al estilo utilizando las herramientas que se ofrecen en la zona **Formato** y/o en el botón **Formato**. Si estuviera creando un estilo de tabla, indique, antes de elaborar el formato, la opción correspondiente a la parte de la tabla en la que desea aplicar el formato utilizando, para ello, la lista **Aplicar formato a**.

  A medida que se va modificando el formato, se muestra su descripción en la casilla de la vista previa.

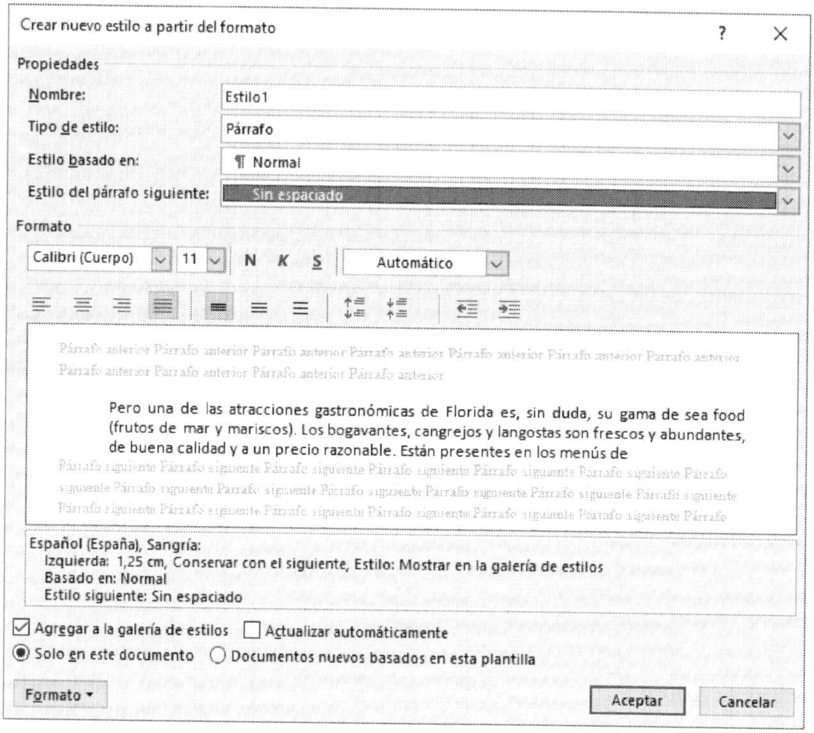

- Desactive la opción **Agregar a la galería de estilos** si no desea que este estilo aparezca en la galería de **Estilos**.
- Active la opción **Documentos nuevos basados en esta plantilla** si no trabaja directamente en una plantilla pero desea que el nuevo estilo se asocie a la plantilla en la que se basa el documento actual.
- Active la opción **Actualizar automáticamente** para que las modificaciones que se efectúen a un párrafo con este estilo se apliquen al estilo.

  Esta opción no está disponible para los estilos de caracteres, de tabla y de lista.
- Pulse el botón **Aceptar**.

*El nombre del estilo aparece, a partir de este momento, en el panel **Estilos** y se aplica al párrafo actual. Los estilos de párrafo se acompañan del símbolo ¶; los estilos de caracteres se acompañan del símbolo a y los estilos de párrafo y caracteres (estilo **Vinculado**), del símbolo ¶a.*

*Los estilos de tabla no aparecen en el panel **Estilos**, sino que se encuentran en la galería de los estilos de tabla en el grupo **Estilos de tabla** de la pestaña **Diseño** vinculada a la herramienta contextual **Herramientas de tabla**; esta herramienta contextual se hace visible cuando el punto de inserción se sitúa en una tabla o cuando una parte o la totalidad de la tabla está seleccionada.*

Para crear un estilo de tabla, también puede hacer clic dentro de una tabla, pulsar el botón secundario del ratón en uno de los **Estilos de tabla** que se ofrecen en el correspondiente grupo (pestaña **Diseño**) y, a continuación, pulsar la opción **Nuevo estilo de tabla**.

Para quitar un estilo de la galería de estilos, pulse el botón secundario del ratón en el nombre del estilo correspondiente de la galería de **Estilos** (pestaña **Inicio** - grupo **Estilos**) y, a continuación, haga clic en la opción **Quitar de la galería de estilos**: el estilo ya no estará visible en la galería; sin embargo, se puede encontrar en el panel **Estilos**. En el caso contrario, puede agregar un estilo a la galería de estilos. Para ello, pulse el botón secundario del ratón en el nombre del correspondiente estilo del panel de **Estilos** y, a continuación, seleccione la opción **Agregar a galería de estilos**.

Crear un estilo de lista

En esta parte se muestra cómo crear un estilo que contenga distintos niveles de formato. Cuando se aplique el estilo de lista, a cada párrafo seleccionado se le atribuirá un formato en función de su nivel.

- Si el estilo se debe crear únicamente para un documento, abra el documento.

  Si el estilo debe ser creado para todos los documentos basados en una plantilla, abra un documento basado en esa plantilla o abra la plantilla.

- En la pestaña **Inicio**, pulse la herramienta del grupo **Párrafo** y a continuación haga clic en la opción **Definir nuevo estilo de lista**.

  *También puede hacer clic en el botón **Nuevo estilo** que se muestra en la parte inferior del panel **Estilos**.*

- Escriba el **Nombre** del nuevo estilo en la casilla correspondiente.

- La opción **Lista** está ya seleccionada en la lista **Tipo de estilo**.

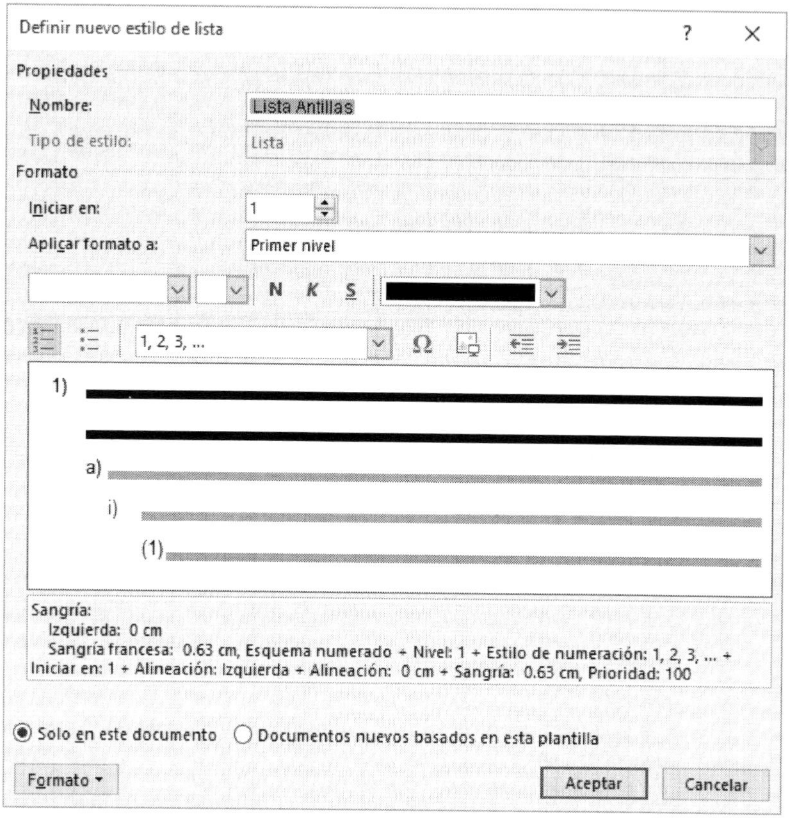

- Para cada nivel en el que desea definir un nuevo formato:
  - Seleccione el nivel correspondiente en la lista **Aplicar formato a**.
  - Seleccione, si fuese necesario, un nuevo número de inicio para cada nivel en la casilla **Iniciar en**.
  - Diseñe el formato que se va aplicar a este nivel mediante las diferentes herramientas que se ofrecen en el cuadro **Formato** y el botón **Formato**.
- Active la opción **Documentos nuevos basados en esta plantilla** si no trabaja directamente en una plantilla pero desea que el nuevo estilo se asocie a la plantilla en la que se basa el documento actual.
- Pulse el botón **Aceptar**.

*El nuevo estilo de lista aparece en el apartado **Estilos de listas** de la lista asociada la herramienta (pestaña **Inicio** - grupo **Párrafo**).*

Aplicar un estilo de caracteres

En esta parte se muestra cómo aplicar a los caracteres la presentación guardada en un estilo. Se encuentran a su disposición dos tipos de estilo: los estilos de caracteres que contienen esencialmente el formato de caracteres y los estilos de tipo Vinculado que contienen el formato de caracteres y de párrafo. El interés de un estilo Vinculado es que se puede aplicar tanto a los caracteres como a los párrafos. Si se aplica un estilo de tipo Vinculado a los caracteres, sólo se aplica el formato de caracteres, ya que el formato de párrafos no puede, naturalmente, aplicarse a los caracteres.

Primer método

*Se utilizará el panel **Estilos**.*

- Seleccione el texto en el que desea aplicar el estilo.
- En la pestaña **Inicio**, pulse el botón visible en el grupo **Estilos** para mostrar el panel **Estilos**.

  *La lista de los estilos asociados al documento aparecerá en el panel **Estilos**.*
- Si fuera necesario, modifique los estilos que desea visualizar en el panel: haga clic en el vínculo **Opciones** que se encuentra en la parte inferior del panel **Estilos**, seleccione la opción que prefiera en la lista **Seleccionar estilos que desea mostrar** y luego haga clic en el botón **Aceptar**.

  *Los estilos de caracteres aparecen con un símbolo **a**, los estilos de párrafo tienen el símbolo **¶** y los estilos vinculados, llevan el símbolo **¶a**.*
- Active la opción **Mostrar vista previa** si desea visualizar la vista previa de cada estilo.

  El formato que se asocia a cada uno de los estilos varía en función del conjunto de estilos que está activo (véase Cambiar el conjunto de estilos).

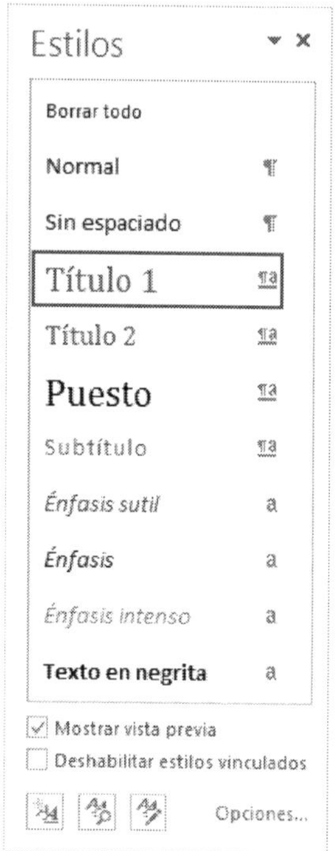

- Haga clic en el estilo de caracteres o en el estilo vinculado que desea aplicar al texto.

  El formato guardado en el estilo de caracteres se aplica inmediatamente al texto. Si se trata de un estilo Vinculado, sólo los formatos de caracteres contenidos en el estilo se aplican a los caracteres seleccionados.

- Se puede cerrar el panel **Estilos** mediante el botón .

Si sitúa el puntero encima del nombre de un estilo, emerge una información de pantalla con una descripción.

Para crear un estilo, consulte el apartado Crear un estilo.

Segundo método

Con este método se utiliza la galería de ***Estilos rápidos****.*

- Seleccione el texto en el que desea aplicar un estilo de caracteres.

- En la pestaña **Inicio**, pulse el botón **Más** situado en la parte inferior de la barra de desplazamiento de la galería de **Estilos rápidos** del grupo **Estilos**: se muestra la galería de forma que se puedan ver más estilos a la vez.

- Si no está seguro del estilo que desea aplicar, sitúe el puntero sucesivamente sobre los estilos de caracteres y los estilos de tipo Vinculado que se presentan para poder ver el efecto en el texto seleccionado.

  En la imagen, el efecto del estilo enmarcado ***Barra color*** *se aplica al texto* ***VIAJE A SICILIA****. El símbolo* **a** *no se visualiza.*

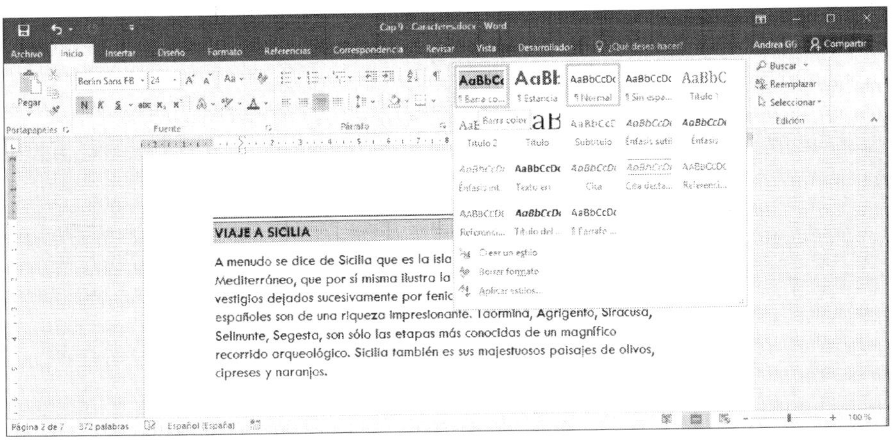

El formato asociado a cada uno de los estilos cambia en función del conjunto de estilos activo (véase Cambiar el conjunto de estilos).

- Cuando haya finalizado su elección, haga clic en el estilo para aplicarlo al texto seleccionado. Le recordamos que en el caso de un estilo de tipo Vinculado, sólo se aplica el formato de caracteres a los caracteres seleccionados.

La galería de **Estilos rápidos** no contiene todos los estilos predefinidos.

Sea cual sea el método utilizado, el hecho de aplicar un estilo no limita el formato asignado al texto. Siempre se puede seguir agregando formatos de caracteres.

Para anular todos los formatos aplicados a los caracteres (estilo de caracteres y otros formatos), seleccione el texto y a continuación, desde el panel **Estilos**, haga clic en la opción **Borrar todo**, que se encuentra en la parte superior de la lista.

Aplicar un estilo de párrafo

En esta parte se muestra cómo aplicar a los párrafos el formato guardado en un estilo. Los estilos de párrafo, y los estilos de tipo Vinculado que contienen formatos de caracteres y de párrafo, se pueden aplicar a los párrafos. Al contrario de lo que ocurre con los estilos de párrafo, los estilos de tipo Vinculado se pueden aplicar además a los caracteres.

Primer método

*Se utilizará el panel **Estilos**.*

- Seleccione los párrafos o haga clic en el párrafo correspondiente.
- En la pestaña **Inicio**, pulse el botón del grupo **Estilo** para abrir el panel **Estilos**.

  *De manera predeterminada, en el panel **Estilos** sólo se muestra una parte de los estilos.*
- Si fuera necesario, modifique los estilos que desea visualizar en el panel: haga clic en el vínculo **Opciones** que se encuentra en la parte inferior del panel **Estilos**, seleccione la opción que prefiera en la lista **Seleccionar estilos que desea mostrar** y haga clic en el botón **Aceptar**.
- Active la opción **Mostrar vista previa** si desea que en el panel aparezcan las vistas previas de cada estilo.

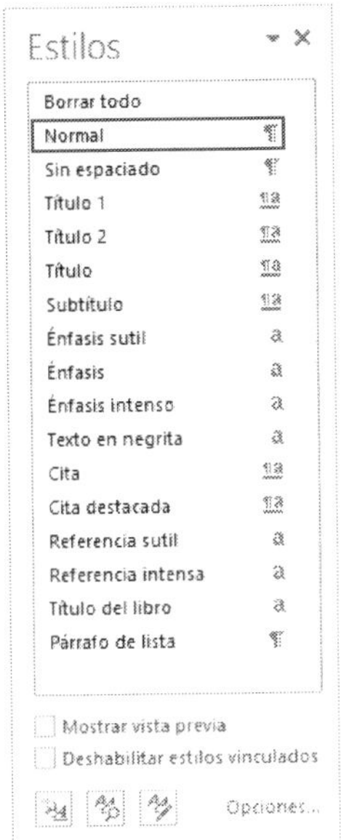

El formato de cada estilo cambia según el conjunto de estilos activo (véase Cambiar el conjunto de estilos).

- Haga clic en el estilo de párrafo que desea aplicar al párrafo: el símbolo ¶ se asocia a los estilos de párrafo y el símbolo ¶a se asocia a los estilos de tipo **Vinculado**.

El formato de estilo guardado se aplica inmediatamente al o a los párrafos.

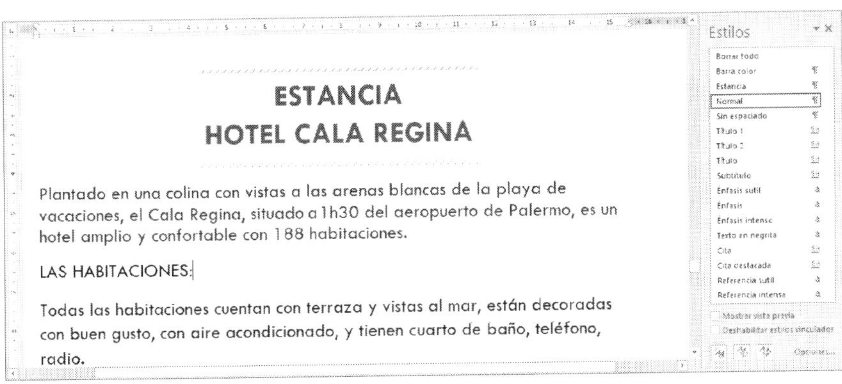

- Cierre, eventualmente, el panel **Estilos** mediante el botón .

Si sitúa el puntero encima del nombre de un estilo, emerge una información de pantalla con su descripción.

Para crear un estilo, consulte el apartado Crear un estilo.

Segundo método

*Aquí se utilizará la galería de **Estilos rápidos**.*

- Seleccione los párrafos o haga clic en el párrafo correspondiente.
- En la pestaña **Inicio**, pulse el botón **Más** situado en la parte inferior de la barra de desplazamiento de la galería **Estilos rápidos**, que se encuentra en el grupo **Estilos**: la galería que se despliega permite ver más estilos a la vez.
- Si no está seguro del estilo de párrafo que desea aplicar, sitúe el puntero sobre los diferentes estilos de párrafo y de tipo Vinculado que se ofrecen y se visualizará el efecto en el texto seleccionado.

*En la imagen, el efecto del estilo **Barra color** se puede ver en el párrafo que se encuentra debajo del título del documento.*

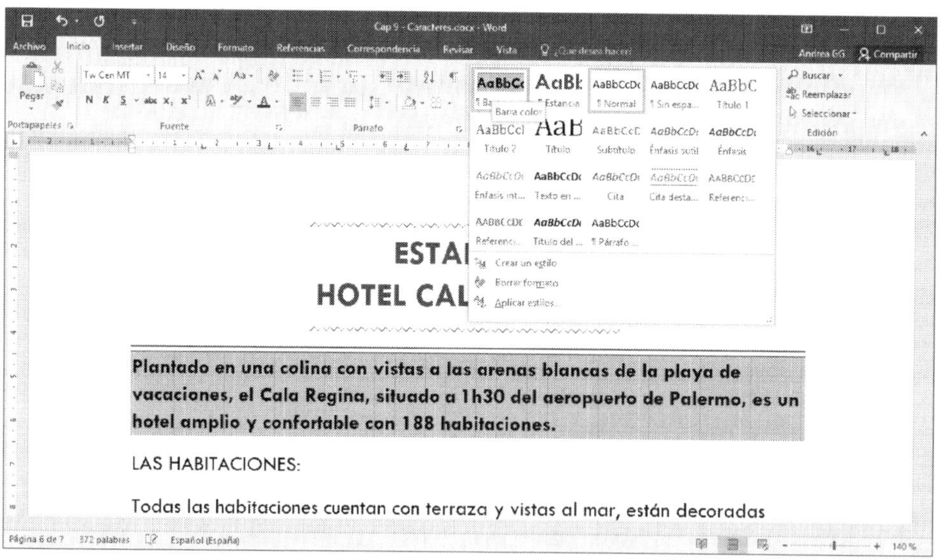

*El símbolo ¶ aparece a la izquierda de los nombres de estilo de párrafo; en el caso de los estilos de tipo **Vinculado**, no se muestra ningún símbolo.*

El formato de cada estilo cambia según el conjunto de estilos activo (véase Cambiar el conjunto de estilos).

- Cuando haya elegido, haga clic en el estilo de párrafo para aplicarlo al o a los párrafos seleccionados.

No todos los estilos aparecen en la galería de **Estilos**.

Sea cual sea el método utilizado, el hecho de aplicar un estilo no limita el formato aplicado al párrafo. Siempre podrá seguir agregando otros formatos de caracteres y/o de párrafo.

Para eliminar todos los formatos aplicados a los párrafos (estilos de párrafo y otros formatos), seleccione los párrafos o haga clic en el párrafo correspondiente y, en el panel **Estilos**, haga clic en la opción **Borrar todo** situada en la parte superior de la lista.

Seleccionar textos con el mismo estilo

Por varias razones puede ser interesante seleccionar todos los textos del documento a los que se ha aplicado el mismo estilo. Esta operación no se puede llevar a cabo con los estilos de listas y de tabla.

- Abra el panel **Estilos** pulsando el botón en el grupo **Estilos**, de la pestaña **Inicio**.

*También puede mostrar el contenido de la galería **Estilos** pulsando el botón **Más** situado en la parte inferior de la barra de desplazamiento de la galería.*

- Pulse el botón secundario del ratón sobre el estilo que desea seleccionar en el documento y a continuación haga clic en la opción **Seleccionar las n veces que aparece** (n es el número de partes del texto con este estilo).

Todos los textos con el estilo correspondiente se seleccionan.

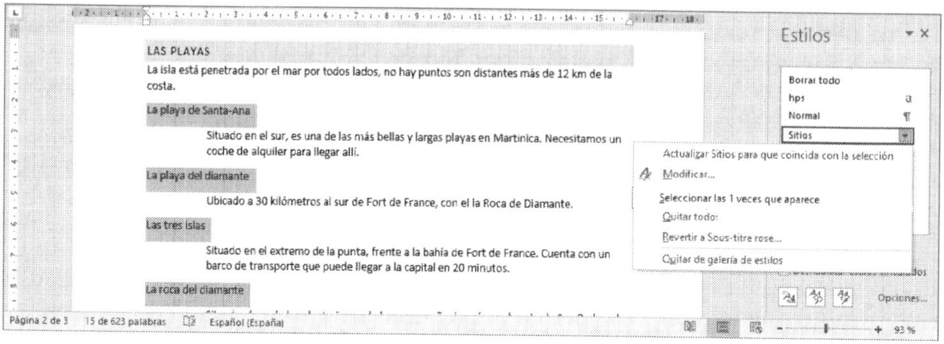

- Cierre el panel **Estilos** con el botón ☒.

Administrar los estilos

Modificar un estilo

Primer método

Este primer método sólo se puede utilizar para modificar estilos de caracteres y de párrafo.

- Si las modificaciones afectan únicamente al documento actual, efectúelas en el documento. En caso contrario, si desea que las modificaciones se apliquen a los nuevos documentos asociados a una plantilla, efectúelas en la plantilla correspondiente.
- Modifique el formato del texto con el estilo en cuestión (únicamente estilos de caracteres o de párrafo).
- Si este estilo se ha agregado a la galería de **Estilos**, pulse el botón secundario del ratón en el nombre de dicho estilo.

  *Para abrir la galería y poder ver más estilos al mismo tiempo, pulse el botón **Más** situado en la parte inferior de la barra de desplazamiento de la galería de estilos.*

  Si el estilo no se encuentra visible en la galería de **Estilos**, abra el panel **Estilos** (pestaña **Inicio** - grupo **Estilos** - botón) y pulse en el botón secundario del ratón en el nombre del correspondiente estilo.
- Seleccione la opción **Actualizar "nombre del estilo" para que coincida con la selección**.

La o las modificaciones de un estilo se aplican automáticamente a todos los párrafos o caracteres a los que anteriormente se había aplicado este estilo.

Segundo método

- Abra el documento o la plantilla que contiene el estilo que desea modificar.
- Para modificar un estilo de caracteres o párrafo, a partir de la galería de **Estilos** o del panel **Estilos**, pulse el botón secundario del ratón en el nombre del correspondiente estilo y haga clic en la opción **Modificar**.

  Para modificar un estilo de tabla, haga clic en la tabla para activar la herramienta contextual **Herramientas de tabla** y a continuación haga clic en la pestaña **Diseño**. Pulse el botón secundario del ratón en el estilo de tabla que desea modificar del grupo **Estilos de tabla** y seleccione la opción **Modificar estilo de tabla**.

  *Para abrir más estilos de tabla al mismo tiempo, haga clic en el botón **Más** que se muestra en la parte inferior de la barra de desplazamiento de la galería de estilos de tabla.*

  Para modificar un estilo de lista, en la pestaña **Inicio**, haga clic en el icono del grupo **Párrafo**. Pulse el botón secundario del ratón en el estilo de lista correspondiente del apartado **Estilos de listas** y seleccione la opción **Modificar**.
- Modifique las características del estilo seleccionado mediante las herramientas que se ofrecen en el cuadro **Formato** y/o el botón **Formato**.
- Si no trabaja en una plantilla sino en un documento vinculado a una plantilla y, sin embargo desea que las modificaciones de estilo se apliquen a la plantilla, active la opción **Documentos nuevos basados en esta plantilla**.
- Pulse el botón **Aceptar**.

  Las modificaciones efectuadas en el estilo se aplican automáticamente a todos los párrafos, caracteres, listas o tablas a los que anteriormente se había aplicado este estilo.

Para modificar el formato estándar de los caracteres y de los párrafos, modifique el estilo llamado **Normal**.

Eliminar un estilo

- Abra el documento o la plantilla con el estilo que desea eliminar.
- En la pestaña **Inicio**, pulse el botón del grupo **Estilos** para abrir el panel correspondiente.
- Pulse el botón **Administrar estilos** situado en la parte de inferior del panel **Estilos** y asegúrese de que la ficha **Modificar** está activada.
- Modifique eventualmente el **Criterio de ordenación** de la lista de estilos mediante la correspondiente lista para facilitar la selección del estilo que desea eliminar.
- Para **Mostrar solo estilos recomendados** (estilos principales), active la opción correspondiente.
- Seleccione el estilo que desea eliminar de la lista y pulse el botón **Eliminar**.

  Se abre en pantalla un cuadro de diálogo de confirmación.

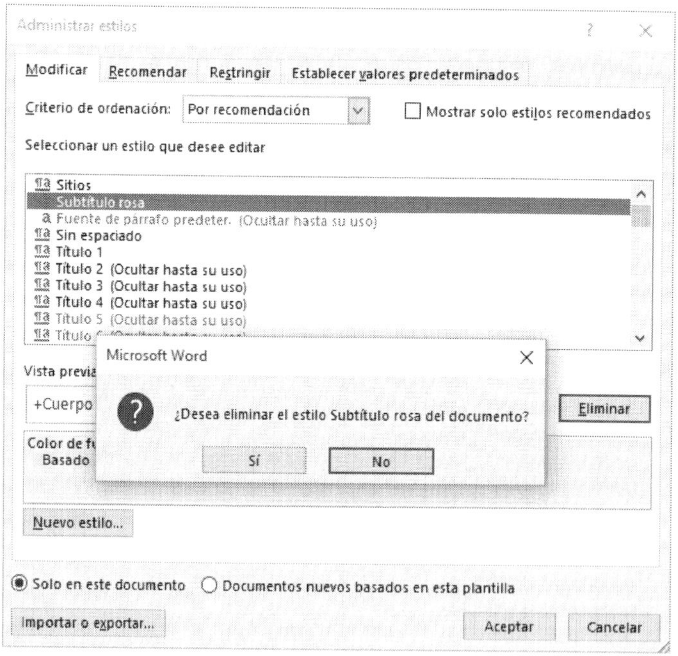

- Confirme la supresión del estilo con el botón **Sí**.

- Pulse el botón **Aceptar** del cuadro de diálogo **Administrar estilos**.

  Los párrafos, caracteres, listas, etc. que contienen el estilo adoptan el estilo Normal.

Para eliminar un estilo de caracteres o párrafo, también puede abrir el panel **Estilos** (pestaña **Inicio** - grupo **Estilos** - botón), pulsar el botón secundario del ratón en el nombre del estilo correspondiente y a continuación seleccionar la opción **Eliminar "nombre del estilo"**.

Si elimina el estilo de una plantilla, el estilo no se eliminará de los documentos creados a partir de esta plantilla (y viceversa).

Los estilos predeterminados de Word como **Normal**, **Título 1**, **Título 2**, etc. (incluidos en la plantilla asociada al documento) no se pueden eliminar.

Para eliminar un estilo de tabla, también puede hacer clic en la tabla para activar la herramienta contextual **Herramientas de tabla** y a continuación hacer clic en la pestaña **Diseño**. Pulse el botón secundario del ratón en el estilo de tabla que desea eliminar del grupo **Estilos de tabla** y, a continuación, seleccione la opción **Eliminar estilo de tabla**.

Las opciones del grupo **Restringir** permiten indicar las disponibilidades de los estilos cuando un documento está protegido contra las modificaciones (véase Trabajo en grupo - Limitar el formato de un documento).

Administrar la lista de estilos recomendados

*En el panel **Estilos**, se muestran, de manera predeterminada, los estilos "recomendados" por Word. Puede, si lo desea, añadir otros estilos a esa lista o, por el contrario, puede quitarlos. También puede cambiar el orden en el que se muestran los estilos en el panel.*

- Abra el documento o la plantilla en el que desea administrar la lista de estilos recomendados.
- En el panel **Estilos**, haga clic en el botón que se encuentra en la parte inferior del panel y luego haga clic en la ficha **Recomendar**.
- Si fuera necesario, desactive la opción **Mostrar solo estilos recomendados** para que todos los estilos se muestren en la lista.

Los estilos que no forman parte de la lista de estilos recomendados se muestran en sombreado.

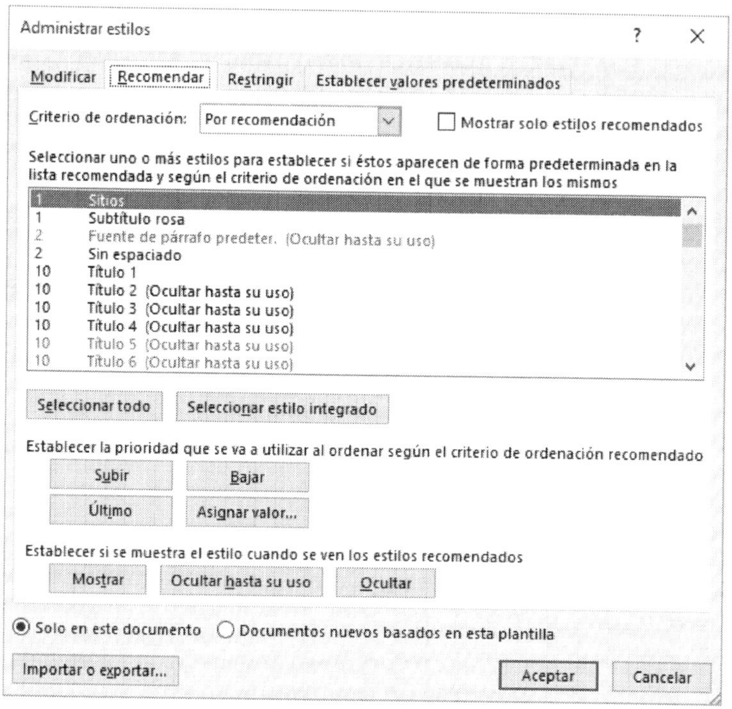

- Seleccione el estilo en cuestión en la lista; para seleccionar varios estilos, utilice la tecla Ctrl si es una selección discontinua y/o la tecla Mayús si se trata de una selección continua.

  *El botón **Seleccionar todo** permite seleccionar la totalidad de los estilos de la lista, mientras que el botón **Seleccionar estilo integrado**, selecciona todos los estilos salvo los que ya han sido agregados a la lista de estilos recomendados.*

- Para añadir un estilo a la lista de estilos recomendados de manera que esté siempre visible en esa lista, haga clic en el botón **Mostrar**.
- Para añadir un estilo a la lista de estilos recomendados sólo después de que este estilo haya sido utilizado por primera vez, haga clic en **Ocultar hasta su uso**.

  *El mensaje **(Ocultar hasta su uso)** aparece a la derecha del nombre de los estilos correspondientes.*

- Para quitar un estilo de la lista de estilos recomendados, selecciónelo en la lista y luego haga clic en el botón **Ocultar**.

  *El mensaje **(Siempre oculto)** se muestra a la derecha del nombre de los estilos correspondientes.*

- Para cambiar la posición de un estilo en la lista, selecciónelo y haga clic en el botón **Subir**, **Bajar** o **Último**; el botón **Asignar valor** permite indicar con precisión la posición del estilo en la lista.

  *Si únicamente desea cambiar la posición de los estilos recomendados, no dude en optar por **Mostrar solo estilos recomendados** activando la casilla correspondiente.*

- Active la opción **Documentos nuevos basados en esta plantilla** si no está trabajando en una plantilla pero desea aplicar los cambios realizados a la plantilla asociada al documento activo.
- Haga clic en el botón **Aceptar**.

Imprimir la lista de estilos

- Abra la plantilla o el documento que contenga los estilos que desea imprimir.
- Haga clic en la pestaña **Archivo** y luego en la opción **Imprimir**.
- Abra la primera lista del apartado **Configuración** y haga clic en la opción **Estilos**.
- Pulse el botón **Imprimir**.

  Los estilos se imprimen por orden alfabético con todas sus características.

Para ver los nombres de los estilos en el documento, active la vista **Borrador**, haga clic en la pestaña **Archivo** y luego en **Opciones**. En la categoría **Avanzadas**, indique un valor en el apartado **Ancho del panel del área de estilo en vistas Borrador y Esquema** y pulse el botón **Aceptar**: el nombre de los estilos aplicados a cada párrafo aparece a la izquierda de la pantalla.

Importar estilos

En esta parte se muestra cómo importar, en el documento o plantilla actual, estilos desde otro documento o plantilla.

- Abra el documento o la plantilla en la que desea importar estilos.
- En la pestaña **Inicio**, pulse el botón del grupo **Estilos** para abrir el correspondiente panel.

- Pulse el botón **Administrar estilos**  situado en la parte inferior del panel **Estilos** y pulse el botón **Importar o Exportar**, que se encuentra en la parte inferior del cuadro de diálogo **Administrar estilos**.
- Sitúese en la pestaña **Estilos** del cuadro de diálogo **Organizador**.

  En el cuadro izquierdo se muestran los estilos de la plantilla o del documento actual, mientras que a la derecha se muestran los estilos de la plantilla Normal.dotm.

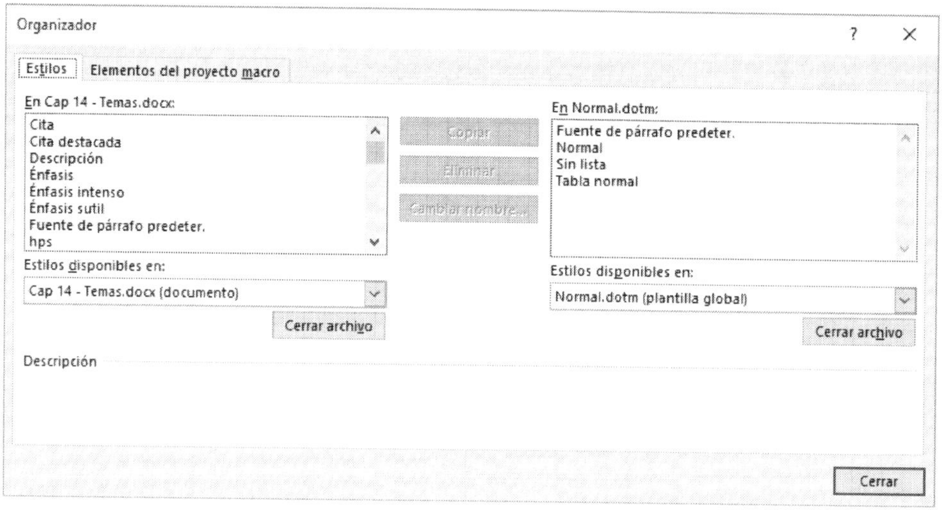

- Si los estilos que desea importar no se encuentran en la plantilla **Normal.dotm**, ciérrela y abra el documento o plantilla que contenga los estilos:
  - Pulse el botón **Cerrar archivo** situado debajo del cuadro derecho: el botón **Cerrar archivo** se reemplaza por el botón **Abrir archivo**.
  - Pulse el botón **Abrir archivo**.
  - Seleccione el documento o plantilla que contenga los estilos que desea importar; de forma predeterminada, sólo las plantillas se muestran en el cuadro de diálogo **Abrir**. Si desea visualizar los documentos, seleccione la opción **Todos los documentos de Word** en la lista que se encuentra a la derecha del apartado **Nombre de archivo**.
  - Pulse el botón **Abrir**.

  Los estilos de la plantilla o documento que se acaba de abrir se muestran en el cuadro derecho.

- Seleccione, en el cuadro derecho, los estilos que desea importar; utilice la tecla Mayús para una selección continua y/o la tecla Ctrl para una selección discontinua.

  *Cuando se selecciona un estilo, su **Descripción** aparece en el cuadro correspondiente. Este cuadro aparece vacío cuando hay varios estilos seleccionados.*

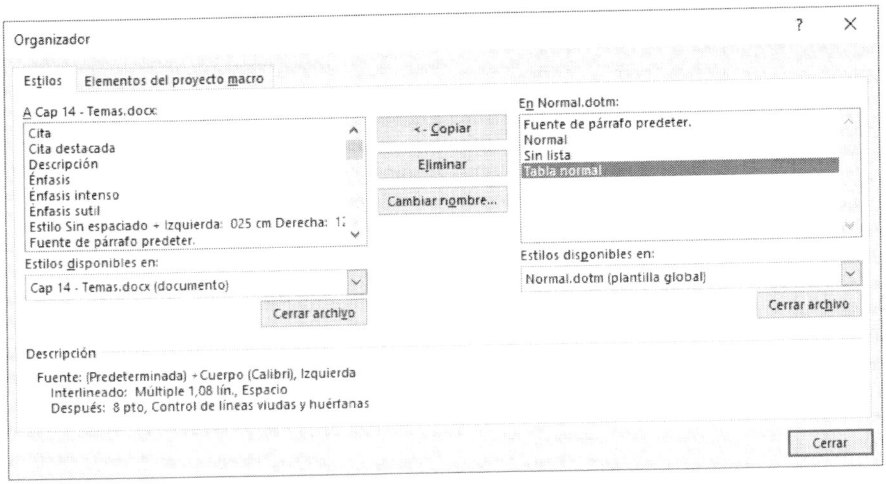

- Pulse el botón **Copiar**.

  Si el documento o plantilla de destino contiene un estilo con el mismo nombre que uno de los estilos que se importan, se abre un mensaje que ofrece reemplazar el estilo ya existente.

- En este caso, haga clic en:

Sí	Para reemplazar el estilo existente por el estilo importado.
Sí a todo	Para reemplazar todos los estilos existentes por los estilos importados.
No	Para conservar el estilo ya existente (el estilo no se importa).
Cancelar	Para cancelar la importación.

  Si decide importar estilos, los textos con los estilos reemplazados adoptarán el formato de los estilos importados.

  Los estilos importados aparecen a partir de ese momento en la lista de la izquierda.

- Una vez efectuada la importación de todos los estilos deseados, pulse el botón **Cerrar** del cuadro de diálogo **Organizador**.

Los estilos importados aparecen en el panel ***Estilos*** *del documento o de la plantilla activa.*

- Guarde las modificaciones efectuadas en la plantilla o el documento.

Cambiar el conjunto de estilos

Todos los conjuntos de estilos contienen los mismos estilos a los cuales se les ha aplicado diferentes formatos. De este modo, si modifica el conjunto de estilos de un documento, el formato de los textos que contienen los estilos cambia en función del conjunto de estilos elegido.

- En la pestaña **Diseño**, haga clic en el botón **Más** de la galería de conjuntos de estilos que se encuentra en el grupo **Formato del documento**.
- Si no tiene claro el conjunto de estilos que desea aplicar, sitúe el puntero en los distintos conjuntos de estilos que se proponen para ver el efecto correspondiente en el documento.

En la imagen se muestra el efecto del conjunto de estilos ***Sombreado*** *en los textos del documento.*

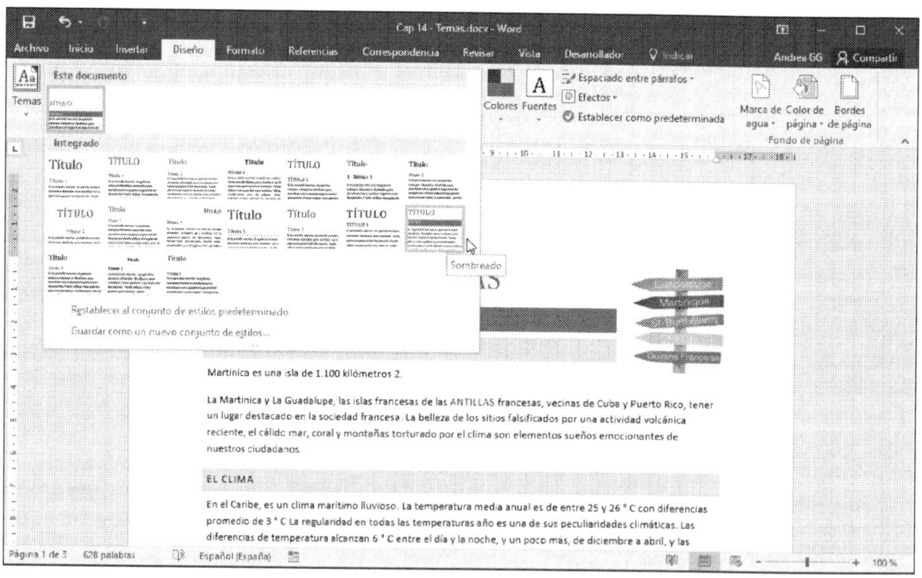

- Una vez elegido, haga clic en el nombre del conjunto de estilos que desea activar.

Los textos que tienen un estilo se verán afectados por los formatos asociados al conjunto de estilos seleccionado.

Para volver al conjunto de estilos asociado a la plantilla en la que se basa el documento, en la pestaña **Diseño**, abra la galería de los conjuntos de estilos y luego haga clic en la opción **Restablecer al conjunto de estilos predeterminados**.

Guardar un nuevo conjunto de estilos

Tras agregar las modificaciones al conjunto de estilos (creación, modificación o eliminación de estilos), puede guardar este conjunto de estilos como un nuevo conjunto de estilos. De este modo, podrá aplicarlo a otros documentos.

Una vez personalizado el conjunto de estilos aplicado al documento, haga clic en el botón **Más** de la galería de los conjuntos de estilos que se encuentra en el grupo **Formato de documento** y luego haga clic en la opción **Guardar como un nuevo conjunto de estilos**.

De forma predeterminada, se selecciona la carpeta ***QuickStyles****.*

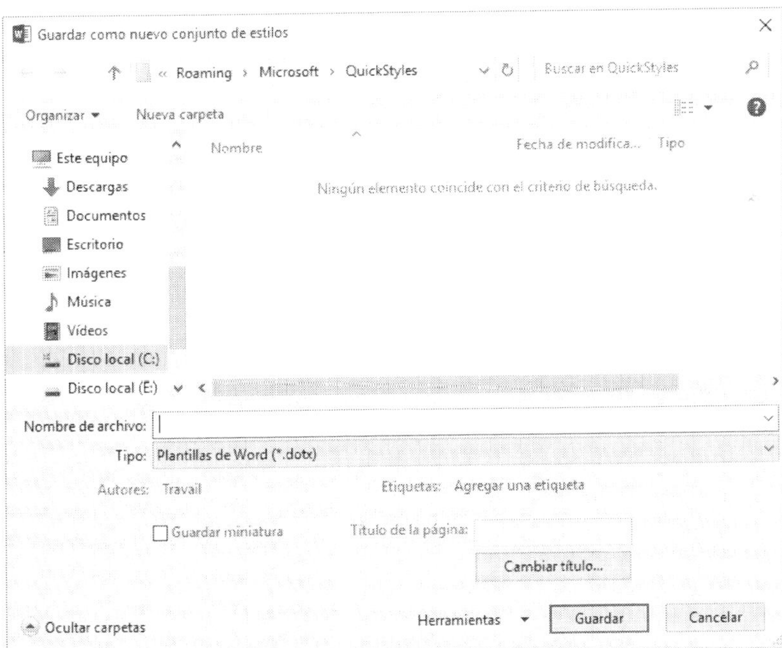

- Asegúrese de que la carpeta **QuickStyles** está seleccionada (C:\Users\Administrador\AppData\Roaming\Microsoft\QuickStyles) para que el nuevo conjunto de estilos se agregue a la lista de estilos que ya existen.
- Indique el **Nombre de archivo** en la casilla correspondiente.

  *Un archivo de conjunto de estilos es un tipo de archivo **Plantillas de Word** y su extensión es **.dotx**.*
- Pulse el botón **Guardar**.

  *El nombre del nuevo conjunto de estilos aparece a partir de este momento en el apartado **Personalizado** en la lista de los conjuntos de estilos (pestaña **Diseño** - grupo **Formato del documento**).*

Para eliminar un conjunto de estilos personalizado, abra la galería de los conjuntos de estilos (pestaña **Diseño**), haga clic con el botón secundario del ratón en el conjunto de estilos en cuestión que se encuentra en el apartado **Personalizado** y a continuación haga clic en la opción **Eliminar**.

Crear una plantilla

Todo nuevo documento se basa en una plantilla que es, por defecto, la plantilla normal.dotm. Si lo desea, puede crear directamente una nueva plantilla en la que elaborar sus estilos, textos, etc. Pero también puede crear una plantilla a partir de un documento o de una plantilla que contengan estilos o textos.

Crear una plantilla basada en una plantilla existente

- Haga clic en la pestaña **Archivo** y luego en la opción **Nuevo**.
- Para basar la nueva plantilla en la plantilla predeterminada **Normal.dotm**, haga clic en la plantilla **Documento en blanco** en el panel derecho.

  Para basar la nueva plantilla en una plantilla del sitio Office.com, haga clic en su miniatura si alguna de las plantillas en línea que se proponen le conviene. En caso contrario, busque la plantilla adecuada, haga clic en su miniatura, luego en el botón **Crear**.

  Para basar la nueva plantilla en una plantilla personalizada (plantilla que previamente ha sido creada por el usuario), haga clic en la opción **PERSONAL** que se encuentra en el apartado **Búsquedas sugeridas**, y haga clic en la plantilla a partir de la cual desea crear la nueva plantilla; si la plantilla que desea utilizar está guardada en una subcarpeta, haga clic en la subcarpeta para abrirla y luego haga clic en la plantilla.

  *La opción **PERSONAL** no aparece si previamente no se ha creado alguna plantilla.*

  Sea cual sea la plantilla utilizada para crear la nueva plantilla, su contenido aparece en un documento nuevo.

- Elabore los estilos, los textos predefinidos, etc. de la plantilla.
- Haga clic en la pestaña **Archivo** y luego en la opción **Guardar**.
- Seleccione la opción **Este PC** en el panel central y haga clic en la carpeta **Documentos** del panel derecho; si esta carpeta no está visible, seleccione **Examinar** en el panel central.
- Abra la lista **Tipo** y seleccione la opción **Plantilla de Word (*.dotx)**.

  *Word selecciona la carpeta **Plantillas personalizadas de Office** (C:\Usuarios\nombre_usuario\Documentos\Plantillas personalizadas de Office). Las plantillas personalizadas deben guardarse en esa carpeta, o en alguna de sus subcarpetas, si desea que estén visibles en la lista de plantillas **PERSONAL**.*

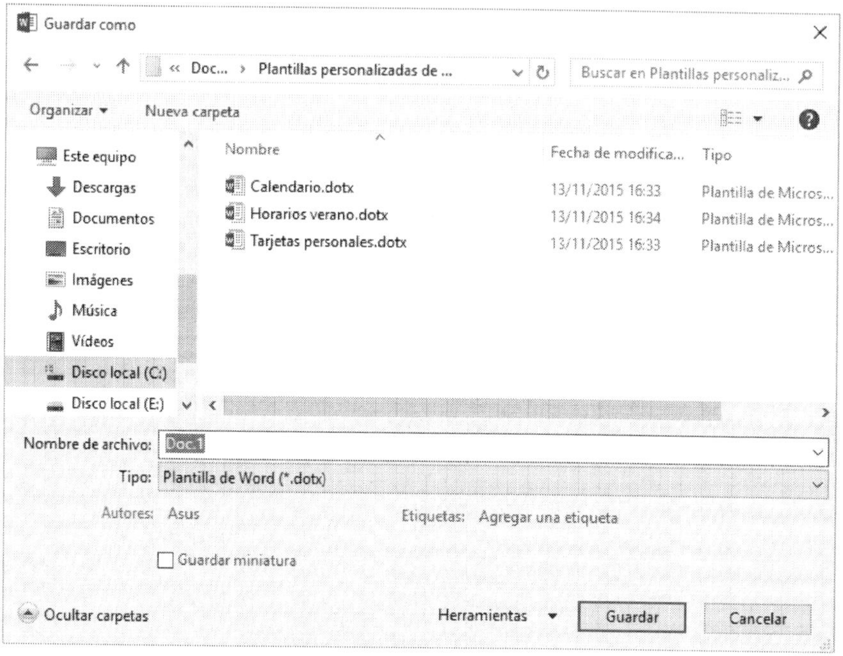

- Si desea guardar su plantilla en una subcarpeta de la carpeta **Plantillas personalizadas de Office**, haga doble clic en ella para seleccionarla; si todavía no ha sido creada, haga clic en el botón **Nueva carpeta**, escriba el nombre de la nueva carpeta y haga clic en la tecla ↵ para validar.
- Escriba el nombre de la plantilla en la casilla **Nombre de archivo.**

  La extensión de las plantillas es .dotx.
- Pulse el botón **Guardar.**
- Cierre la plantilla.

Para guardar una plantilla también puede hacer clic en la opción **Exportar** de la pestaña **Archivo**, en la opción **Cambiar el tipo de archivo** y luego hacer doble clic en la opción **Plantillas** que se muestra en el apartado **Cambiar el tipo de archivo.** A continuación, deberá abrir la carpeta **Plantillas personalizadas de Office** para guardarla.

Crear una plantilla basada en un documento existente

- Abra el documento a partir del cual desea crear una plantilla.

- Modifique, si fuera necesario, el contenido del documento: realice cambios en los estilos, textos, borre todo lo que no deba ser guardado en la plantilla, cambie el formato de la página, etc.
- Haga clic en la pestaña **Archivo** y luego en la opción **Guardar como**.
- Seleccione la opción **Este PC** en el panel central y haga clic en la carpeta **Documentos** del panel derecho; si esta carpeta no está visible, seleccione **Examinar** en el panel central.
- Abra la lista **Tipo** y seleccione la opción **Plantilla de Word (*.dotx)**.

  *Word selecciona la carpeta **Plantillas Office personalizadas** (C:\Usuarios\nombre_usuario\Documentos\Plantillas Office personalizadas).*
- Si desea guardar su plantilla en una subcarpeta de la carpeta **Plantillas personalizadas de Office**, haga doble clic en ella para seleccionarla; si todavía no ha sido creada, haga clic en el botón **Nueva carpeta**, escriba el nombre de la nueva carpeta y haga clic en la tecla ↵ para validar.
- Escriba el nombre de la plantilla en el cuadro de texto **Nombre de archivo** y haga clic en el botón **Guardar**.
- Cierre la plantilla.

Modificar una plantilla de documento

Esta operación consiste en abrir la plantilla para poder modificarla.

- Haga clic en la pestaña **Archivo** y luego en la opción **Abrir**.
- Seleccione la opción **Este PC** en el panel central y haga clic en la carpeta **Documentos** del panel derecho; si esta carpeta no está visible, seleccione **Examinar** en el panel central.

  *La carpeta **Documentos** está seleccionada y en ella se muestra la carpeta **Plantillas personalizadas de Office**.*
- Haga doble clic en la carpeta **Plantillas personalizadas de Office** para seleccionarla y, si la plantilla está guardada en una subcarpeta, haga doble clic en ella para abrirla; si no consigue ver las plantillas, seleccione la opción **Todos los documentos de Word** de la lista que se muestra a la derecha de la opción **Nombre de archivo**.
- Haga doble clic en el nombre de la plantilla que desea abrir.
- Efectúe las modificaciones en la plantilla, guárdela y ciérrela.

De forma predeterminada, los documentos Word se basan en la plantilla **Normal.dotm**. Puede abrir y modificar esta plantilla como cualquier otra plantilla. Las personalizaciones se aplicarán a todos los nuevos documentos creados. La plantilla **Normal.dotm** se guarda en la carpeta C:\Usuarios\nombre_usuario\AppData\Roaming\Microsoft\Templates.

Si la plantilla Normal.dotm se elimina, se le cambia el nombre o se mueve, Word la volverá a crear de forma automática en la siguiente ocasión que se abra la aplicación. En ese caso, las posibles personalizaciones se habrán perdido.
Para eliminar una plantilla de documento, selecciónela en el cuadro de diálogo **Abrir** o en el Explorador de Windows y pulse la tecla Supr; no se puede eliminar una plantilla que está siendo utilizada por un documento abierto en Word. La eliminación de la plantilla no tiene consecuencias en los documentos creados a partir de esta plantilla.

Cambiar la plantilla asociada a un documento

A pesar de que el documento actual se base en una plantilla, se pueden utilizar los estilos de otra plantilla.

- Abra el documento en el que desea enlazar otra plantilla.
- Haga clic en la pestaña **Archivo**, en **Opciones** y seleccione la categoría **Complementos**.
- Seleccione la opción **Plantillas** de la lista **Administrar** y pulse el botón **Ir...**.
- Haga clic en el botón **Adjuntar** que se encuentra en el apartado **Plantilla de documento**.

  *Word le propone la carpeta **Plantillas** como carpeta de almacenamiento.*
- Si la plantilla que desea utilizar se encuentra en una subcarpeta de la carpeta **Templates**, haga doble clic en la subcarpeta correspondiente para abrirlo.

  Si la plantilla que desea utilizar es una plantilla personalizada (que usted ha creado), haga clic en la carpeta **Documentos** (debajo de **Bibliotecas**) en el panel de la izquierda y haga doble clic en la carpeta **Plantillas personalizadas de Office**; si la plantilla se ha guardado en una subcarpeta, haga doble clic en ella para abrirla.
- Haga doble clic en el nombre de la plantilla que desea utilizar.
- Active la opción **Actualizar los estilos automáticamente**.
- Pulse el botón **Aceptar**.

  *A partir de ese momento la lista **Estilos** contiene los estilos enlazados a la plantilla.*
- Aplique los estilos de la plantilla como prefiera.

Crear y aplicar formato a una sección

Una sección es una parte del documento que posee un formato específico (por ejemplo, una disposición en columnas, una orientación diferente, etc.). Para diferenciar las secciones, primero debe separarlas mediante saltos de sección y, a continuación, aplicarles un formato.

Insertar un salto de sección

- Sitúe el punto de inserción al inicio de la sección que desea crear.
- En la pestaña **Formato**, pulse el botón **Saltos** del grupo **Configurar página**.

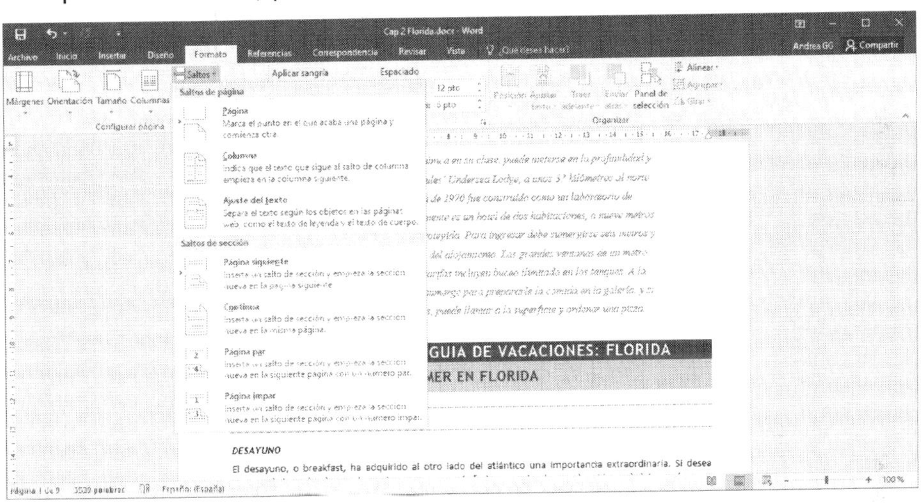

- En el apartado **Saltos de sección** de la lista desplegable, elija el tipo de salto de sección que desea aplicar:

Página siguiente Se inserta un salto de sección precedido de un salto de página; de esta forma, la nueva sección empieza en la parte superior de la página siguiente a la actual.

Continua Se inserta un salto de sección y la nueva sección empieza justo al final de la sección anterior sin insertar un salto de página.

Página par Se inserta un salto de sección y la nueva sección empieza en la primera página par que sigue.

Página impar Se inserta un salto de sección y la nueva sección empieza en la primera página impar que sigue.

*Si se activa la visualización de las marcas de párrafo (pestaña **Inicio** - ¶), Word muestra un texto con la indicación **Salto de sección** y el tipo de salto de sección en cuestión.*

Para mostrar el número de la sección actual, pulse con el botón secundario del ratón en la barra de estado y a continuación haga clic en la opción **Sección**; para ocultar de nuevo el número de la sección, repita la operación y vuelva a hacer clic en la opción **Sección**.

Aplicar formato a una sección

- Sitúe el punto de inserción en la sección a la que quiere aplicar un nuevo formato.
- Realice las modificaciones de formato convenientes: configuración de la página, columnas, bordes de la página, etc.

  La presentación se aplica únicamente a las páginas de la sección actual.

Presentar un texto en varias columnas

- Seleccione el texto correspondiente o, si el documento está dividido en secciones, sitúe el punto de inserción en la sección correspondiente.
- En la pestaña **Formato**, pulse el botón **Columnas** del grupo **Configurar página**.
- Haga clic en una de las presentaciones que se ofrecen en la lista o haga clic en la opción **Más columnas** si desea personalizar las columnas.

  *Si elije una de las presentaciones de la lista, el texto seleccionado se muestra en columnas. Si selecciona la opción **Más columnas**, se abre el cuadro de diálogo **Columnas**.*

- En el cuadro **Preestablecidas**, seleccione la presentación general deseada.

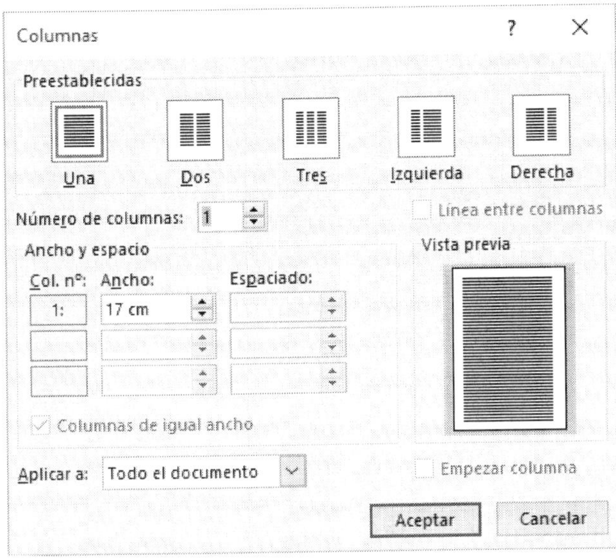

- Para indicar si las columnas deben ser idénticas o no, active o desactive, respectivamente, la opción **Columnas de igual ancho**.
- Modifique, si es necesario, para cada columna o para todas, el **Ancho** y/o el **Espaciado** (espacio entre columnas).
- Indique si desea insertar una **Línea entre columnas** mediante la activación de la correspondiente opción.
- A continuación indique en qué parte del texto se deben aplicar las diversas columnas con la lista **Aplicar a**.
- Pulse el botón **Aceptar**.

Para poder ver el texto en varias columnas, debe activar la vista **Diseño de impresión**.

Si se ha seleccionado el texto que se presentará en columnas sin haber previsto los saltos de sección, el propio Word insertará antes y después de la selección los correspondientes saltos de sección.

Insertar un salto de columna

- Sitúe el punto de inserción al inicio de la línea antes de la cual se desea insertar el salto de columna.
- En la pestaña **Formato**, haga clic en el botón **Saltos** que se encuentra en el grupo **Configurar página** y luego haga clic en la opción **Columna**; también puede utilizar el método abreviado de teclado Ctrl Mayús ↵.

  El texto se sitúa al principio de la siguiente columna.

Si se muestran las marcas de formato ¶, el salto de columna se indica con una línea de puntos en la que aparece escrito **Salto de columna**.

Alinear texto verticalmente

- Seleccione el texto que desee alinear verticalmente o haga clic en la sección correspondiente.
- En la pestaña **Formato**, pulse el botón del grupo **Configurar página** para abrir el cuadro de diálogo correspondiente.
- Haga clic en la ficha **Diseño**.
- Abra la lista **Alineación vertical** y seleccione la opción **Superior**, **Centrada**, **Justificada** (para repartir el texto a lo alto de la página) o **Abajo**.

  *De forma predeterminada, la alineación vertical seleccionada es **Superior**.*
- Abra la lista **Aplicar a** y elija la parte del documento a la que desea aplicar la alineación:

Todo el documento	Aplica la alineación a todas las secciones del documento.
Texto seleccionado	Aplica la alineación a la parte de texto seleccionado e inserta un salto de sección antes y después de la selección.
De aquí en adelante	Aplica la alineación desde la posición del punto de inserción hasta el final del documento e inserta un salto de sección antes del punto de inserción.
Secciones seleccionadas	Aplica la alineación a todas las secciones de la selección.
Esta sección	Aplica la alineación a la sección en la que se encuentra el punto de inserción.

Las opciones que se ofrecen en esta lista dependen del contexto.

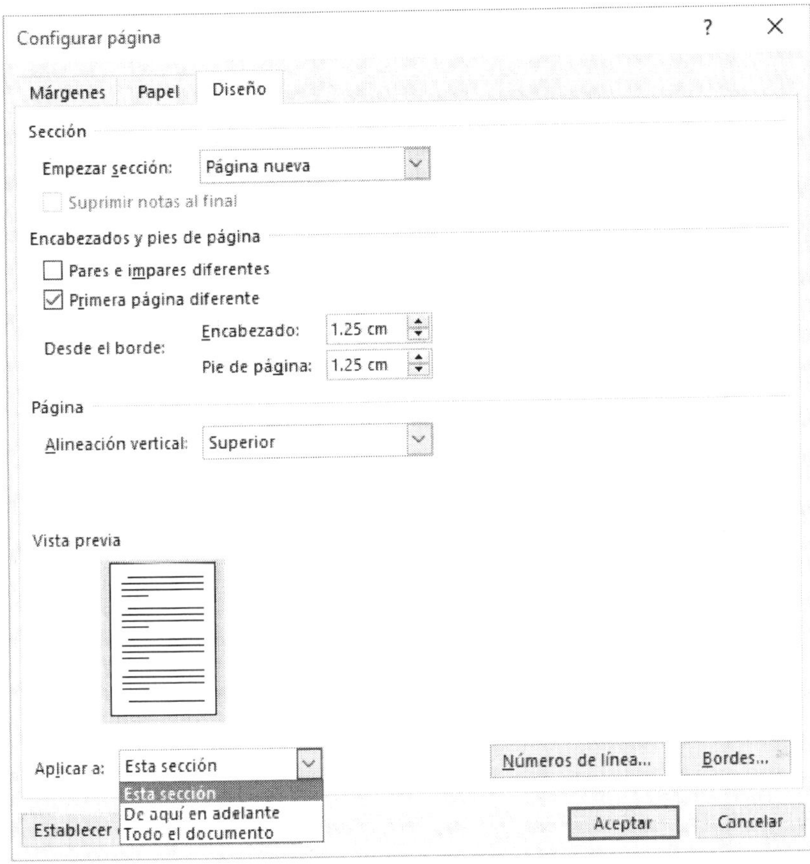

⊡ Pulse el botón **Aceptar**.

Crear un encabezado o un pie de página personalizado

Crear un encabezado y/o un pie de página idéntico para todas las páginas del documento

- En la pestaña **Insertar**, pulse el botón **Encabezado** o el botón **Pie de página** del grupo **Encabezado y pie de página** y luego haga clic en la opción **Editar encabezado** o **Editar pie de página**; si está trabajando en vista Diseño de impresión, también puede hacer un doble clic en el margen superior o inferior de una de las páginas del documento.

  El texto del documento aparece sombreado y el punto de inserción parpadea en el encabezado o en el pie de página. En la cinta de opciones se activa la pestaña ***DISEÑO*** *asociada a la herramienta contextual* ***Herramientas para encabezado y pie de página****. Si está trabajando en vista Diseño de impresión, también puede hacer un doble clic en el margen superior o inferior de una de las páginas del documento.*

  Si el documento contiene varias secciones, el nombre del marco es ***Encabezado - Sección n*** *o* ***Pie de página - Sección n*** *(n es el número de sección).*

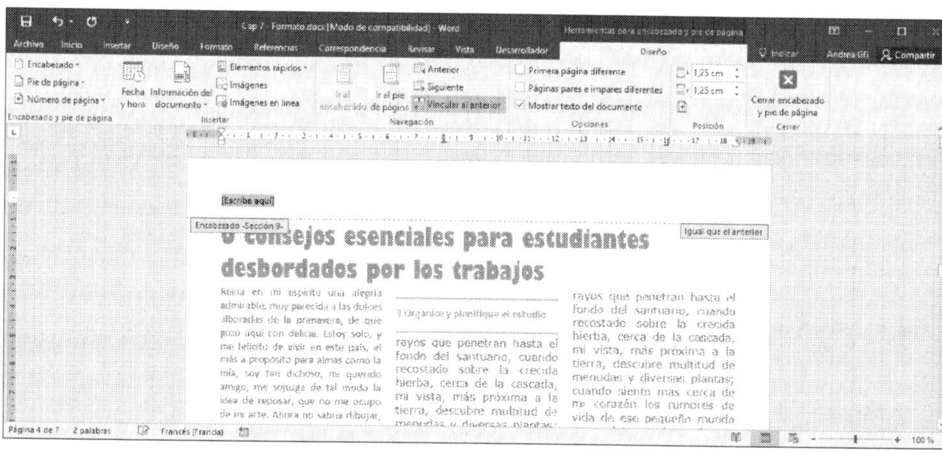

- Escriba el texto del encabezado (pie de página) y realice los cambios de formato de párrafo y/o de caracteres deseados.

  Los nuevos datos aparecen por encima de la línea de puntos. En el encabezado y el pie de página se pueden insertar campos (véase Campo - Insertar un campo).

- Para saltar del encabezado al pie de página, pulse el botón **Ir al pie de página** del grupo **Navegación**. Para saltar del pie de página al encabezado, pulse el botón **Ir al encabezado** del grupo **Navegación**.

Encabezados y pies de página

Una vez ha escrito y dado formato a todo el contenido, pulse el botón **Cerrar encabezado y pie de página** situado en el grupo **Cerrar** de la pestaña **Diseño** o haga doble clic en el documento, en una zona fuera del encabezado o pie de página.

Los encabezados y pies de página sólo son visibles con la vista Diseño de impresión o en la Vista preliminar antes de imprimir.

Si no se modifica, los encabezados se imprimen a 1,25 cm del límite superior de la hoja y los pies de página a 1,25 cm del límite inferior de la hoja. Se pueden modificar estos valores mediante el grupo **Posición** de la pestaña **Diseño**; recuerde que esta ficha es únicamente visible cuando se crea o se modifica un encabezado o un pie de página (véase Administrar encabezados y pies de página).

Word reajusta automáticamente los márgenes superiores e inferiores para que los encabezados y pies de página se impriman correctamente.

Si está creando un encabezado o un pie de página, el texto del documento aparece sombreado de forma predeterminada. Este texto se puede ocultar desactivando la opción **Mostrar texto del documento** situada en el grupo **Opciones** de la pestaña **Diseño**.

Para mostrar el número de sección en la que se encuentra el punto de inserción, haga clic con el botón secundario del ratón en la barra de estado y escoja la opción **Sección**: el número de la sección se muestra a la izquierda en la barra de estado.

Crear un encabezado o un pie de página diferente para la primera página

Se crearán un encabezado y/o un pie de página diferentes en la primera página de la sección activa.

Si el documento se compone de una sola sección (de forma predeterminada en los documentos nuevos), sitúe el punto de inserción en la primera página del documento.

Si el documento dispone de varias secciones, sitúelo en la primera página de la sección en cuestión.

En la pestaña **Insertar**, pulse el botón **Encabezado** o el botón **Pie de página** del grupo **Encabezado y pie de página** y a continuación haga clic en la opción **Editar encabezado** o **Editar pie de página**.

*El texto del documento aparece sombreado y el punto de inserción parpadea en el encabezado o el pie de página. En la cinta de opciones se activa la pestaña **Diseño** asociada a la herramienta contextual **Herramientas para encabezado y pie de página**.*

En la pestaña **Diseño**, active la opción **Primera página diferente** del grupo **Opciones**.

- Si fuera necesario, utilice los botones **Anterior** o **Siguiente** del grupo **Navegación** para situar el punto de inserción en la zona de encabezado **Primer encabezado** (o **Primer pie de página - Sección n**).
- Introduzca el contenido del encabezado (pie de página) y modifique según sus necesidades el formato de párrafo y/o de caracteres; utilice los botones **Ir al encabezado** e **Ir al pie de página** del grupo **Navegación** para saltar del encabezado al pie de página.

  En la imagen se ha creado un encabezado distinto para la primera página de la sección 2 del documento.

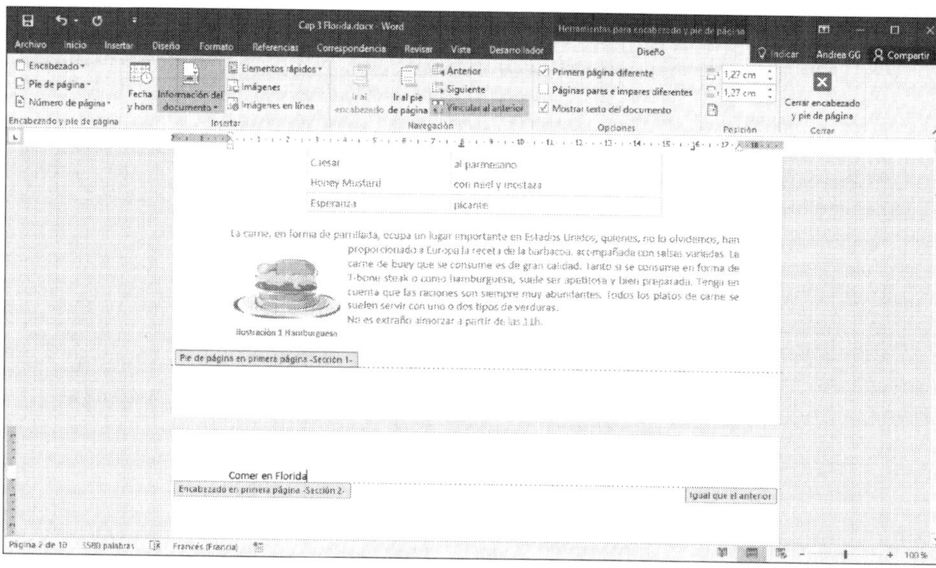

- Una vez escrito y aplicado un formato a todo el contenido, pulse el botón **Cerrar encabezado y pie de página** situado en el grupo **Cerrar**, o haga doble clic en el documento, fuera del encabezado o el pie de página.

Como se ha visto con los márgenes, el usuario puede aplicar esta función en una parte concreta del documento mediante el cuadro de diálogo **Configurar página** (opción **Primera página diferente** de la ficha **Diseño**).

Encabezados y pies de página

Crear un encabezado o pie de página diferente para las páginas pares e impares

Esta función permite que, por ejemplo, si se realiza una impresión a doble cara, el número de páginas se imprima a la derecha de los anversos y a la izquierda de los reversos.

- Haga clic en cualquier parte en el documento. Esta función se aplica, en efecto, a todas las secciones del documento y, por lo tanto, no es necesario situar el punto de inserción en una determinada sección.
- En la pestaña **Insertar**, pulse el botón **Encabezado** o en el botón **Pie de página** del grupo **Encabezado y pie de página** y haga clic en la opción **Editar encabezado** o **Editar pie de página**; también puede hacer un doble clic en la zona de encabezado o de pie de página de una página cualquiera del documento.

  El texto del documento aparece sombreado y el cursor parpadea en el encabezado o pie de página. En la cinta de opciones se activa la pestaña ***Diseño*** *asociada a la herramienta contextual* ***Herramientas para encabezado y pie de página****.*

- En la pestaña **Diseño**, active la opción **Páginas pares e impares diferentes** del grupo **Opciones**.

  En función de la página activa al empezar la operación, el punto de inserción se sitúa en una zona de encabezado, o de pie de página, par o impar.

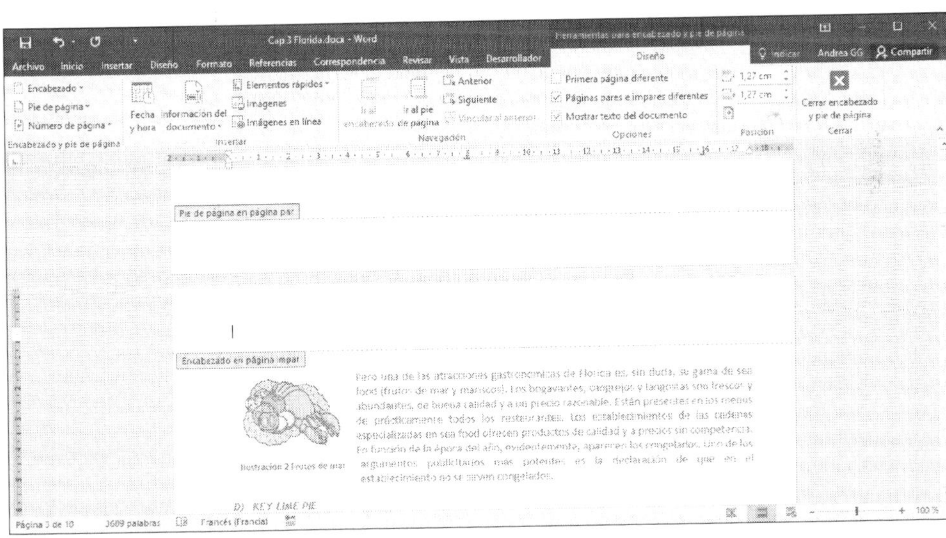

- Escriba el contenido del encabezado (pie de página) par o impar y modifique si es necesario el formato de párrafo y/o de caracteres; utilice los botones **Ir al encabezado** e **Ir al pie de página** del grupo **Navegación** para cambiar de la zona de encabezado a la zona de pie de página.
- A continuación, haga clic en el botón **Siguiente** o **Anterior** para ir, según el caso, a la zona de encabezado o de pie de página impar o par.
- Escriba el contenido del encabezado (pie de página) que debe aparecer en las páginas pares (reverso) o impares (anverso).
- Una vez ha escrito y dado formato a todo el contenido, pulse el botón **Cerrar encabezado y pie de página** situado en el grupo **Cerrar** o haga doble clic en el documento, en una zona fuera del encabezado o del pie de página.

Crear varios encabezados o pies de página

Se pueden crear varios encabezados y pies de página en un mismo documento si éste está dividido en varias secciones.

- Sitúe el punto de inserción al principio de la sección a partir de la cual los encabezados y/o pies de página deben ser diferentes.
- En la pestaña **Insertar**, pulse el botón **Encabezado** o **Pie de página** del grupo **Encabezado y pie de página** y a continuación haga clic a la opción **Editar encabezado** o **Editar pie de página.**

*A partir de la sección 2 del documento, el texto **Igual que el anterior** aparece en la parte inferior derecha del encabezado y del pie de página (debajo de la línea de puntos).*

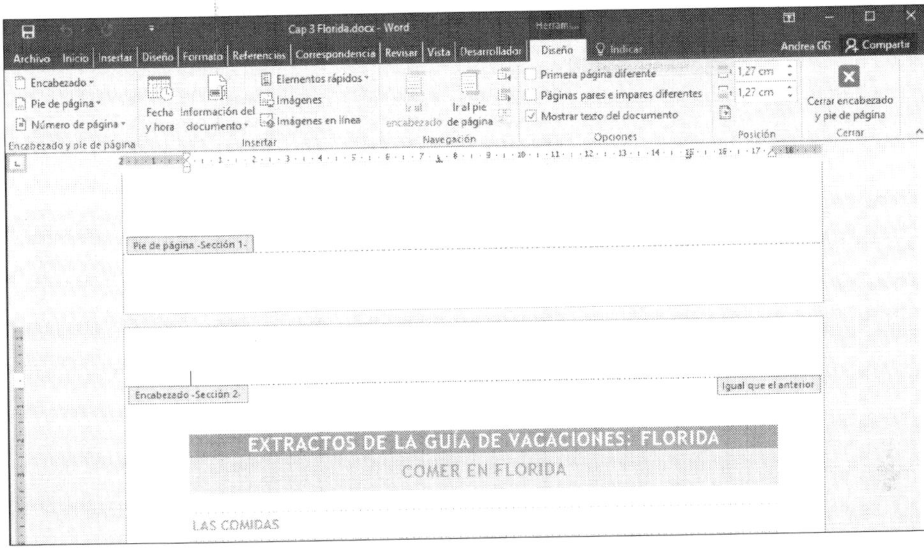

De forma predeterminada, cada sección se asocia a la anterior: el contenido del encabezado o pie de página de la sección activa es idéntico al de la sección anterior.

- Si fuera necesario, utilice los botones **Anterior** o **Siguiente** del grupo **Navegación** para situarse en la zona de encabezado o pie de página que desea modificar; los botones **Ir al encabezado** e **Ir al pie de página** le permiten cambiar de una zona de encabezado a una zona de pie de página.
- En el grupo **Navegación**, haga clic en el botón **Vincular al anterior** para desactivarlo. Así podrá definir el encabezado (pie de página) específico para esa sección.

  Esta sección y las siguientes tendrán un encabezado (pie de página) distinto a las secciones anteriores.
- Si las secciones siguientes no han de tener el mismo encabezado, sitúese en la sección y desactive la opción **Vincular al anterior** antes de modificar el nuevo encabezado (pie de página).
- Una vez ha escrito y dado formato a todo el contenido, pulse el botón **Cerrar encabezado y pie de página** situado en el grupo **Cerrar** o haga doble clic en el documento en una zona fuera del encabezado o el pie de página.

Si se vuelve a activar la opción **Vincular al anterior**, en la sección activa se vuelve a aplicar el encabezado (pie de página) de la sección anterior.

Administrar encabezados y pies de página

Modificar encabezados o pies de página

- En la pestaña **Insertar**, pulse el botón **Encabezado** o **Pie de página** del grupo **Encabezado y pie de página** y a continuación haga clic en la opción **Editar encabezado** o **Editar pie de página**.

  Si trabaja con la vista Diseño de impresión, también puede hacer doble clic en el margen superior o inferior de una de las páginas del documento.

- Si fuera necesario, utilice los botones **Anterior** o **Siguiente** del grupo **Navegación** para situarse en la zona de encabezado o pie de página que desea modificar; los botones **Ir al encabezado** e **Ir al pie de página** le permiten cambiar de una zona de encabezado a una zona de pie de página.
- Efectúe las modificaciones que desee en el texto y el formato.
- Pulse el botón **Cerrar encabezado y pie de página** situado en el grupo **Cerrar** o haga doble clic en el documento, en una zona fuera del encabezado o del pie de página.

Eliminar el contenido de un encabezado o de un pie de página

- Haga clic en una página que contenga el encabezado o el pie de página que desea eliminar; si la eliminación concierne al contenido de un encabezado o pie de página de la primera página, haga clic en la primera página; si se trata de eliminar el contenido de los encabezados o pies de página de las páginas pares o impares, según el caso, haga clic en una página par o impar.

  *Recuerde que los encabezados y los pies de página son visibles en vista **Diseño de impresión**.*

- En la pestaña **Insertar**, pulse el botón **Encabezado** o **Pie de página** y a continuación seleccione la opción **Quitar encabezado** o **Quitar pie de página**.

Desactivar las zonas de encabezado y pie de página de la primera página y de las páginas pares/impares diferentes

- Acceda a una de las zonas de encabezado o pie de página en cuestión y elimine, si fuera necesario, su contenido.

  El hecho de desactivar las zonas de encabezado o pie de página de la primera página y/o de las páginas pares e impares diferentes, provoca la ocultación de las zonas de encabezado y pie de página correspondientes, pero si existe contenido en esas zonas, no lo elimina. En efecto, esos textos vuelven a aparecer al activar otra vez esas zonas.

- Si ya no desea que la primera página tenga un encabezado o pie de página diferente, desactive la opción **Primera página diferente** que se encuentra en el grupo **Opciones** (pestaña **Diseño**).
- Si ya no desea que las páginas pares e impares tengan encabezados o pies de página diferentes, desactive la opción **Páginas pares e impares diferentes** que se encuentra en el grupo **Opciones** (pestaña **Diseño**): a partir de ese momento, los encabezados y/o los pies de página recuperan el contenido de los encabezados y/o pies de página de las páginas impares.
- Para terminar, pulse el botón **Cerrar encabezado y pie de página** situado en el grupo **Cerrar** o haga doble clic en el documento, en una zona fuera del encabezado o el pie de página.

Guardar un encabezado o un pie de página

En esta parte se muestra cómo crear un encabezado o un pie de página personalizado y cómo guardarlo en la lista de encabezados/pies de página predefinidos para poder volver a utilizarlo posteriormente.

- Cree el encabezado o el pie de página que desea guardar (véase Crear un encabezado o un pie de página personalizado).
- Sitúese en el encabezado o en el pie de página y seleccione el contenido.
- Pulse el botón **Encabezado** o **Pie de página** del grupo **Encabezado y pie de página** y haga clic en la opción **Guardar selección en galería de encabezados** o en la opción **Guardar selección en galería de pies de página**.

  *Como un encabezado/pie de página predefinido es un bloque de creación, en pantalla se abrirá el cuadro de diálogo **Crear nuevo bloque de creación**.*
- Indique el **Nombre** del encabezado o del pie de página predefinido en la casilla correspondiente.
- Asegúrese de que en la lista **Galería** esté activa la opción **Encabezados** o **Pies de página**.
- Abra la lista **Categoría** y seleccione una de las categorías que se ofrecen en la lista o haga clic en la opción **Crear nueva categoría** para crear una categoría nueva.

  Si ha optado por crear una categoría, introduzca el **Nombre** en el cuadro de diálogo **Crear nueva categoría** y pulse el botón **Aceptar**.

  *Los encabezados y pies de página predefinidos que aparecen en la lista asociada a los botones **Encabezado** y **Pie de página** se clasifican por categorías. Por defecto, los encabezados y pies de página predeterminados que ofrece la aplicación Word se clasifican en la categoría **Integrados**.*

- Introduzca si es necesario una **Descripción**.
- Si el documento activo está basado en una plantilla que no es la plantilla Normal y dicho encabezado o pie de página debe guardarse en esta plantilla, seleccione el nombre correspondiente en la lista **Guardar en**: el encabezado o pie de página estará disponible únicamente en los documentos basados en esta plantilla.

  *En la imagen, se ha creado la nueva categoría **EC/PP Perso**.*

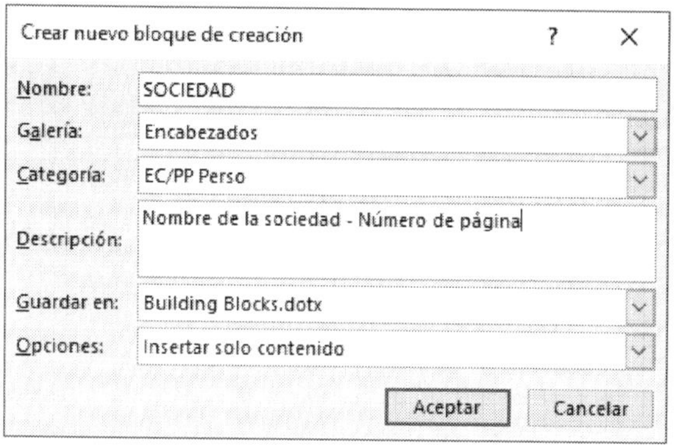

  *La lista **Opciones** no es operativa cuando se guarda un encabezado o pie de página.*

- Pulse el botón **Aceptar** para validar.

Si el encabezado o pie de página ha sido añadido en una plantilla que no es la plantilla Normal.dotm, el programa le propone guardar los cambios cuando se cierre el documento o cuando se guarde. Para que el encabezado o el pie de página quede definitivamente asociado a la plantilla, guárdela.

Marcadores y referencias cruzadas

Trabajar con marcadores

Un marcador permite localizar un punto en un texto para poder, por ejemplo, ir a él de forma rápida.

Crear un marcador

- Si al situarse en el marcador también desea que el texto quede seleccionado, seleccione dicho texto. Si al situarse en el marcador sólo desea que se desplace el punto de inserción, sitúe el punto de inserción en la ubicación adecuada.
- En la pestaña **Insertar**, pulse el botón **Marcador** del grupo **Vínculos** o utilice el método abreviado Ctrl Mayús F5.
- Escriba el **Nombre del marcador**.

  Un nombre de marcador puede contener hasta 50 caracteres, debe empezar con una letra y no puede contener espacios.
- Pulse el botón **Agregar**.

Para **Mostrar marcadores** en el documento, active la opción correspondiente que se encuentra en el apartado **Mostrar contenido de documento** del cuadro de diálogo **Opciones de Word** (pestaña **Archivo** - **Opciones** - categoría **Avanzadas**). De esta forma, si el marcador contiene un texto, éste se muestra entre corchetes; si concierne a una ubicación, una barra vertical se muestra en dicha ubicación. Los corchetes y las barras verticales no se imprimirán.

Eliminar un marcador

- En la pestaña **Insertar**, pulse el botón **Marcador** del grupo **Vínculos** o utilice el método abreviado Ctrl Mayús F5.
- Seleccione el nombre del marcador que desea eliminar de la lista **Nombre del marcador**.
- Pulse el botón **Eliminar** y a continuación el botón **Cerrar**.

Utilizar un marcador

- En la pestaña **Insertar**, pulse el botón **Marcador** del grupo **Vínculos** o utilice el método abreviado Ctrl Mayús F5.
- Con la opción **Ordenar por**, la lista de marcadores existentes se clasifica por **Nombre** o por la **Posición** que ocupan en el documento.
- Seleccione, si lo desea, mostrar los **Marcadores ocultos**.

- Haga doble clic en el nombre del marcador al que desea ir o selecciónelo y pulse el botón **Ir a**.
- Cierre el cuadro de diálogo **Marcador** pulsando el botón **Cerrar**.

Los marcadores también se pueden localizar mediante la opción **Ir a** asociada a la lista del botón **Buscar** de la pestaña **Inicio** o con el método abreviado Ctrl **B**.

Crear referencias cruzadas

Una referencia cruzada hace referencia a un elemento (título, nota al pie de página, marcador, leyenda, etc.) que se encuentra en otra parte del documento.

- Escriba el texto de introducción de la referencia cruzada en el lugar deseado del documento y mantenga el punto de inserción justo después de este texto.
- En la pestaña **Insertar**, pulse el botón **Referencia cruzada** del grupo **Vínculos**.
- En la lista **Tipo**, haga clic en el tipo de elemento al que quiere hacer referencia: **Título**, **Marcador**, **Nota al pie**, **Tabla**, etc.
- En la lista **Referencia a**, seleccione la información que desea insertar en el documento (la referencia cruzada).

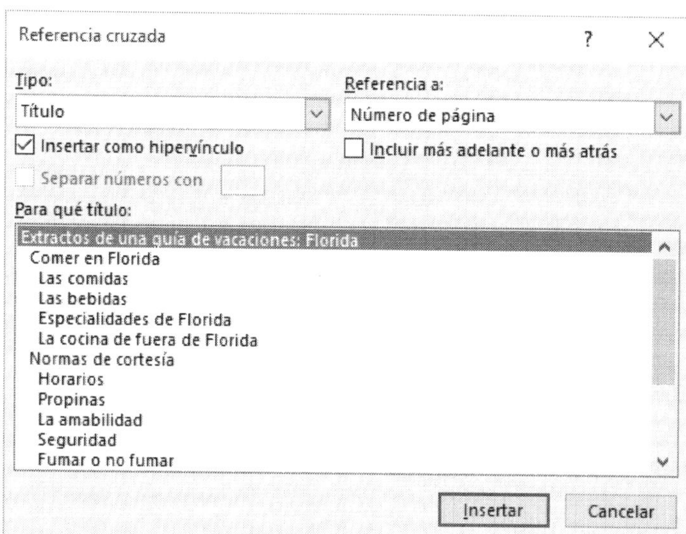

El contenido de esta lista depende del tipo seleccionado.

- En la lista **Para qué "elemento numerado"**, seleccione el elemento al que debe efectuarse la referencia cruzada.
- Active la opción **Insertar como hipervínculo**, si desea acceder al elemento de referencia haciendo clic en la referencia cruzada.
- Active la opción **Incluir más adelante o más atrás**, si desea agregar a la referencia cruzada las palabras **Más adelante** o **Más atrás** en función de la posición del elemento referenciado.
- Pulse el botón **Insertar**.
- Si fuese necesario, indique las otras referencias de referencia cruzada.
- Cierre el cuadro de diálogo **Referencia cruzada** pulsando el botón **Cerrar**.

Para modificar una referencia cruzada, selecciónela, abra el cuadro de diálogo **Referencia cruzada**, haga clic en el nuevo elemento de la lista **Referencia a** y pulse el botón **Insertar**.

Para actualizar las referencias cruzadas, seleccione la referencia cruzada correspondiente, o todo el documento en el caso de que la actualización deba aplicarse a todas, pulse el botón secundario del ratón en la selección y, a continuación, haga clic en la opción **Actualizar campos**.

Crear notas al pie de página y notas al final del documento

Las notas al pie y las notas al final del documento permiten explicar, comentar o proporcionar indicaciones relativas a una palabra o grupos de palabras.

- Sitúe el punto de inserción justo detrás de la expresión o la palabra a la que se vinculará la nota.
- Haga clic en la pestaña **Referencias**.
- Para **Insertar nota al pie**, haga clic en el botón correspondiente que se muestra en el grupo **Notas al pie**.

  Para **Insertar nota al final**, haga clic en el botón correspondiente que se muestra en el grupo **Notas al pie**.

  Con la Vista Diseño de impresión (tipo de vista activa por defecto), el punto de inserción aparece en la parte inferior de la página (nota al pie) o en la última página del documento (nota al final), por encima del pie de página.

  Con la Vista Borrador, el punto de inserción aparece en el panel de notas en la parte inferior de la ventana.

- Escriba el contenido de la nota.

  Los estilos previstos para escribir el contenido de las notas se llaman "Texto nota pie" o "Texto nota al final"; los estilos de las referencias se llaman "Ref. de nota al pie" y "Ref. de nota al final".

- Haga clic en el área de trabajo, o haga clic en el botón **Cerrar** ✕ que se muestra a la derecha del panel de notas si está activada la vista **Borrador**.

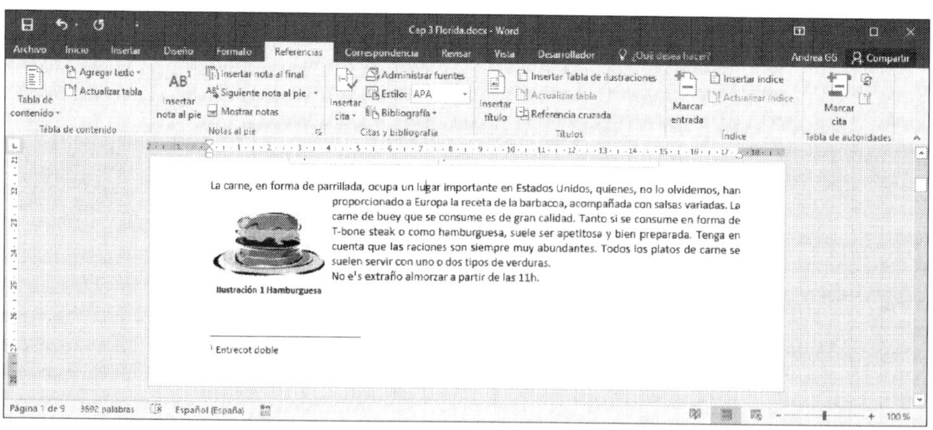

- Siga este método para introducir todas las notas que desee al pie de página y/o al final del documento.

  Las notas se numeran automáticamente según su posición en el documento.

- Para ver el contenido de una nota, sitúe el puntero del ratón sobre la referencia (sin hacer clic). Con la vista **Borrador**, también puede utilizar el panel de notas (pestaña **Referencias** - grupo **Notas al pie** - botón **Mostrar notas**).

Modificar la posición y/o el formato de las notas

- Si las modificaciones deben aplicarse a una sección del documento, sitúe el punto de inserción en una de las páginas de la sección pertinente.
- En la pestaña **Referencias**, pulse el botón del grupo **Notas al pie** para abrir el cuadro de diálogo **Notas al pie y notas al final**.
- Para modificar la ubicación de la impresión de las notas, seleccione el tipo de nota que desea mediante la opción **Notas al pie** o **Notas al final** del cuadro **Posición** y, a continuación, seleccione la opción correspondiente a la ubicación deseada.

	Posición	Notas impresas
Para las notas al pie	**Final de página** **Por debajo de la selección**	Encima del margen inferior Debajo de la última línea de la página
Para las notas al final	**Final de la sección** **Final del documento**	Al final de una sección Al final del documento

- Para modificar el **Formato de número**, abra la lista correspondiente y haga clic en el formato que desea aplicar.
- Modifique, si fuese necesario, en la casilla **Iniciar en**, el número o el carácter con el que Word debe empezar la numeración.
- Abra la lista **Numeración** para indicar si la numeración debe ser **Continua** en todo el documento, si debe **Reiniciar cada sección** o si debe **Reiniciar cada página**.
- En la lista **Aplicar cambios a**, seleccione la opción correspondiente a la parte del documento en la que desea aplicar las modificaciones.
- Pulse el botón **Aplicar**.

El cuadro de diálogo **Notas al pie y notas al final** también puede utilizarse para crear notas. Para ello, tras haber definido el tipo de nota que va a crear, pulse el botón **Insertar**. La **Marca personal** de este cuadro de diálogo permite crear la referencia de nota (por ejemplo, un * o un **Símbolo**, seleccionado con el correspondiente botón).

El botón **Convertir** del cuadro de diálogo **Notas al pie y notas al final**, permite convertir las notas al pie de página en notas al final y viceversa.

Word reserva un espacio en la parte inferior de las páginas para que el contenido de las notas al pie de página quede impreso en la misma página que la referencia de dicha nota.

Con la Vista **Borrador**, para abrir el panel de notas, pulse el botón **Mostrar notas** (pestaña **Referencias** - grupo **Notas al pie**).

Para ir a la siguiente nota al pie, pulse el botón **Siguiente nota al pie** (pestaña **Referencias** - grupo **Notas al pie**). Para ir a la **Nota al pie anterior**, a la **Siguiente nota al final** o a la **Nota al final anterior**, pulse la opción correspondiente en la lista asociada al botón **Siguiente nota al pie**.

Administrar las notas existentes

Para administrar las notas, deberá trabajar con las referencias y no con el texto de las notas.

- Para modificar el contenido de una nota, haga doble clic en la referencia de la nota correspondiente para situarse en el texto de la nota y, a continuación, realice los cambios que desee.
- Para situarse en la referencia de la nota en el documento, haga doble clic en el número (o el símbolo) de la nota situado a la izquierda del texto de la nota.
- Para eliminar una nota, seleccione la referencia de la nota correspondiente y pulse la tecla Supr.
- Para mover una nota, desplace la referencia de la nota correspondiente tal y como se realiza con una parte de texto.

En el caso de eliminar o mover una nota, enseguida se vuelven a numerar automáticamente todas las notas en función de su posición en el documento.

Crear una marca de agua

Una marca de agua es un texto, una imagen o un objeto que aparece en el fondo del texto principal de un documento.

Agregar una marca de agua predefinida

De forma predeterminada, las marcas de agua predefinidas de Word están constituidas únicamente por textos. Sin embargo, más adelante, se muestra cómo guardar marcas de agua personalizadas que pueden estar constituidas por texto, imágenes u objetos.

- En la pestaña **Diseño**, pulse el botón **Marca de agua** del grupo **Fondo de página**.

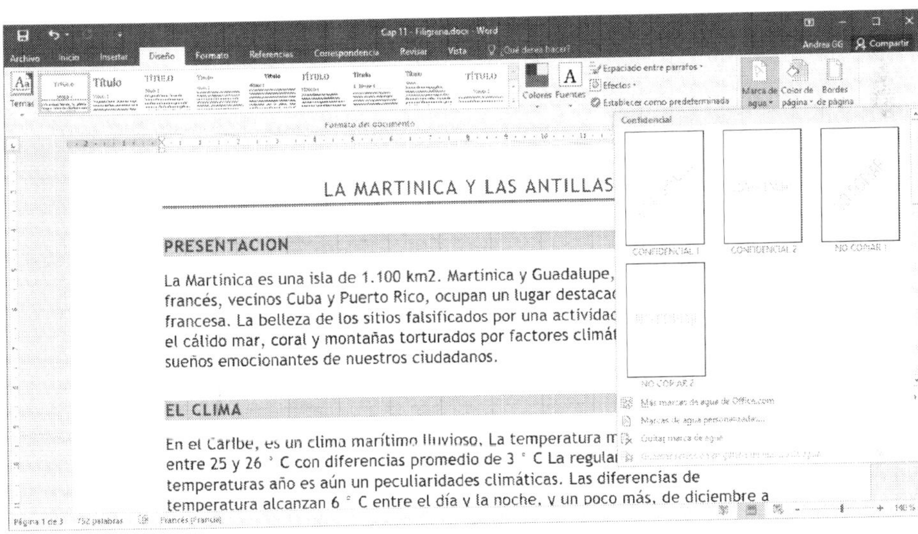

- Si fuese necesario, despliegue la lista y pulse la marca de agua predefinida que desee.

  La marca de agua predefinida se inserta en todas las páginas del documento.

Encontrará la lista de marcas de agua predefinidas en el cuadro de diálogo **Organizador de bloques creación** (pestaña **Insertar** - botón **Elementos rápidos**  - opción **Organizador de bloques de creación**).

El botón **Color de página** del grupo **Fondo de página** (pestaña **Diseño**) permite aplicar un color, motivos o efectos de relleno al fondo de las páginas del documento. Además de ser visible con la Vista Diseño de impresión, el fondo también será visible con la Vista Diseño Web; es decir, tal y como se visualizará con un navegador Web y no se imprimirá.

Para descargar una marca de agua en línea desde el sitio Office.com, en la pestaña **Diseño**, haga clic en el botón **Marca de agua** del grupo **Fondo de página**, señale la opción **Más marcas de agua de Office.com** y luego, entre las marcas de agua que se ofrecen, haga clic en la que desea aplicar en su documento; si no hay ninguna marca de agua disponible, aparece el mensaje **No hay contenido en línea disponible.**

Agregar una marca de agua personalizada de texto

Si ninguna de las marcas de agua predefinidas del tipo texto le convence, puede crear una.

- En la pestaña **Diseño**, pulse el botón **Marca de agua** del grupo **Fondo de página** y a continuación haga clic en la opción **Marcas de agua personalizadas.**

  *En pantalla se abre el cuadro de diálogo **Marca de agua impresa**.*

- Active la opción **Marca de agua de texto.**

  Las opciones de esta zona estarán disponibles.

- Seleccione el **Idioma** que desea utilizar.
- Escriba el **Texto** que desee en la casilla correspondiente o abra esta lista y seleccione uno de los textos que se ofrecen.

Marca de agua

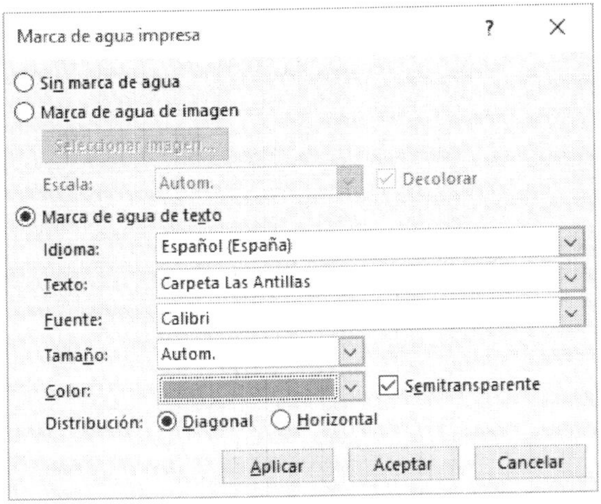

- Modifique eventualmente la **Fuente** y/o el **Tamaño** del texto mediante las correspondientes listas.
- Seleccione, si es necesario, otro **Color** de la lista correspondiente y asegúrese de que la opción **Semitransparente** está activa si desea atenuar el color del texto. En caso contrario, desactive esta opción.
- Active la opción de **Distribución** que desee para el texto: **Diagonal** u **Horizontal**.
- Pulse el botón **Aplicar** para agregar la marca de agua al documento y mantener abierto el cuadro de diálogo **Marca de agua impresa** o pulse el botón **Aceptar** para cerrar el cuadro de diálogo **Marca de agua impresa**.

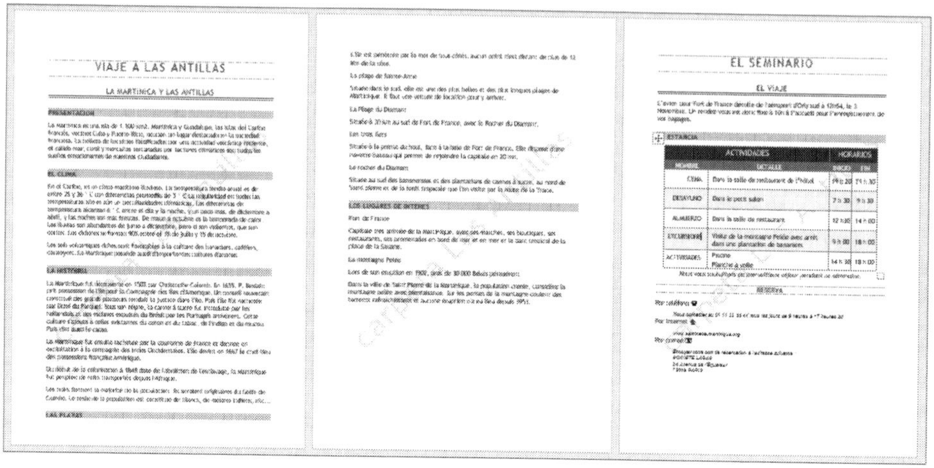

Agregar una marca de agua personalizada de imagen

- En la pestaña **Diseño**, pulse el botón **Marca de agua** del grupo **Fondo de página** y a continuación haga clic en la opción **Marcas de agua personalizadas.**
- Active la opción **Marca de agua de imagen.**
- Pulse el botón **Seleccionar imagen**, seleccione la imagen que debe aparecer como marca de agua y pulse el botón **Insertar.**

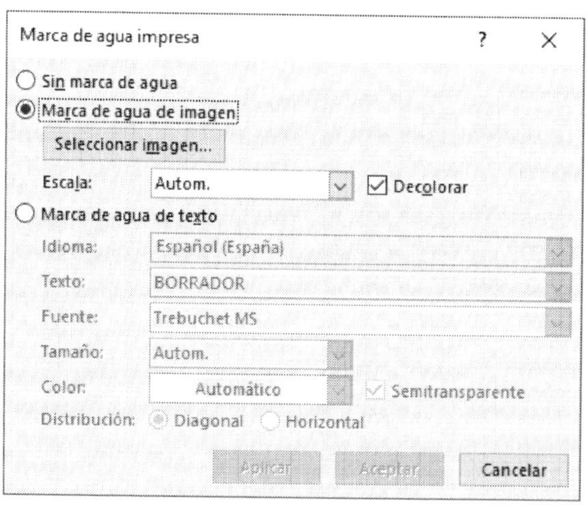

*La ruta de acceso y el nombre de la imagen se pueden ver a la derecha del botón **Seleccionar imagen**.*

- Modifique si es necesario el tamaño de la imagen mediante un porcentaje de la lista **Escala**.
- Mantenga activada la opción **Decolorar** si desea atenuar los colores de la imagen para que no impida la legibilidad del texto. En caso contrario, desactive esta opción.
- Pulse el botón **Aplicar** para agregar la marca de agua al documento y mantener abierto el cuadro de diálogo **Marca de agua impresa** o pulse el botón **Aceptar** para cerrar el cuadro de diálogo **Marca de agua impresa**.

Para que una marca de agua aparezca sólo en determinadas páginas del documento, deberá integrar esas páginas en una sección para luego crear la marca de agua a partir del encabezado: elimine el vínculo entre esa sección y las anteriores o siguientes, cree el objeto que desea utilizar como marca de agua fuera de la zona de encabezado (puede tratarse de un texto, un objeto WordArt, etc.) escoja, si fuera necesario, la opción de ajuste **Detrás del texto** para ese objeto y salga de la zona de encabezado.

Administrar las marcas de agua

Modificar una marca de agua de texto o imagen

- En la pestaña **Diseño**, pulse el botón **Marca de agua** del grupo **Fondo de página** y a continuación haga clic en la opción **Marcas de agua personalizadas**.

  *Se abre el cuadro de diálogo **Marca de agua impresa** y se muestran las opciones que se han especificado cuando se ha creado una marca de agua. Si la marca de agua que desea modificar es de **Texto**, la opción **Marca de agua de texto** está activada, si es de imagen, es la opción **Marca de agua de imagen** la que está activada.*

- Modifique las opciones según desee.
- Pulse el botón **Aplicar** o el botón **Aceptar**.

Para modificar una marca de agua predefinida o una marca de agua creada a partir de un encabezado, haga doble clic en el encabezado de una de las páginas que contienen la marca de agua y a continuación efectúe las modificaciones pertinentes. Este procedimiento también se puede utilizar para modificar una marca de agua (texto o imagen) creada mediante el cuadro de diálogo **Marca de agua impresa**.

Quitar una marca de agua

- En la pestaña **Diseño**, pulse el botón **Marca de agua** del grupo **Fondo de página** y a continuación pulse la opción **Quitar marca de agua**.

Para eliminar una marca de agua creada a partir de un encabezado, haga doble clic en la zona del encabezado de una página que contiene una marca de agua y elimine el objeto gráfico que constituye la marca de agua.

Guardar una marca de agua

En esta parte se muestra cómo crear una marca de agua personalizada y guardarla en la galería de marcas de agua predefinidas para poder utilizarla posteriormente.

- Si no se ha hecho, cree y dé formato al objeto gráfico que será la marca de agua. A continuación selecciónelo.
- En la pestaña **Diseño**, pulse el botón **Marca de agua** del grupo **Fondo de página** y haga clic en la opción **Guardar selección en galería de marcas de agua**.

  *Puesto que las marcas de agua son bloques de creación, el cuadro de diálogo **Crear nuevo bloque de creación** se abre en pantalla.*
- Introduzca el **Nombre** de la marca de agua en la casilla correspondiente.
- Asegúrese de que la opción **Marcas de agua** está seleccionada en la lista **Galería**.
- Abra la lista **Categoría** y seleccione una de las categorías que se ofrecen en la lista o haga clic en la opción **Crear nueva categoría** para crear una categoría nueva.

  Si ha elegido crear una nueva categoría, introduzca el **Nombre** en el cuadro de diálogo **Crear nueva categoría** y pulse el botón **Aceptar**.

  *Las marcas de agua de la lista asociada al botón **Marca de agua** (pestaña **Diseño**) aparecen clasificadas por categoría.*
- Si es necesario, introduzca una **Descripción**.

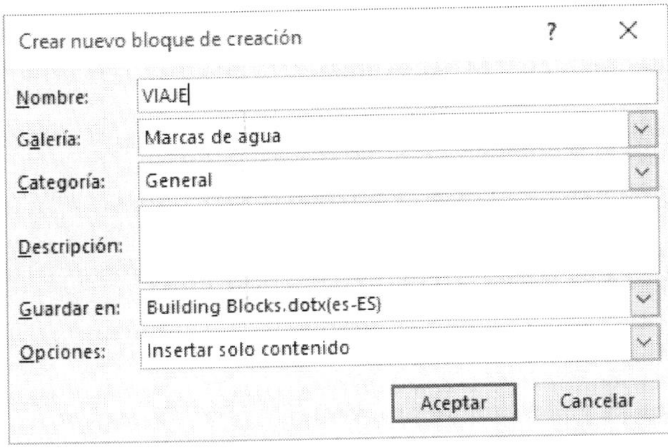

- Si el documento actual se basa en una plantilla que no es la plantilla Normal y la marca de agua debe guardarse en esta plantilla, seleccione el nombre de plantilla en la lista **Guardar en**: la marca de agua estará disponible únicamente en los documentos basados en dicha plantilla.

  En este caso, la lista ***Opciones*** *no está operativa.*

- Pulse el botón **Aceptar** para guardar la marca de agua.

Si la marca de agua ha sido agregada en una plantilla que no es Normal.dotm, se le propone guardar la plantilla cuando se cierra el documento o cuando se guarda. Guarde la plantilla para que la marca de agua asociada se guarde definitivamente.

Crear un esquema utilizando estilos predefinidos

- Active la vista **Esquema**: haga clic en la pestaña **Vista** y luego en el botón **Esquema** que se muestra en el grupo **Vistas.**

  *La pestaña **Esquema** está seleccionada en la barra de pestañas. Las reglas no aparecen y cada párrafo está precedido por un círculo gris.*

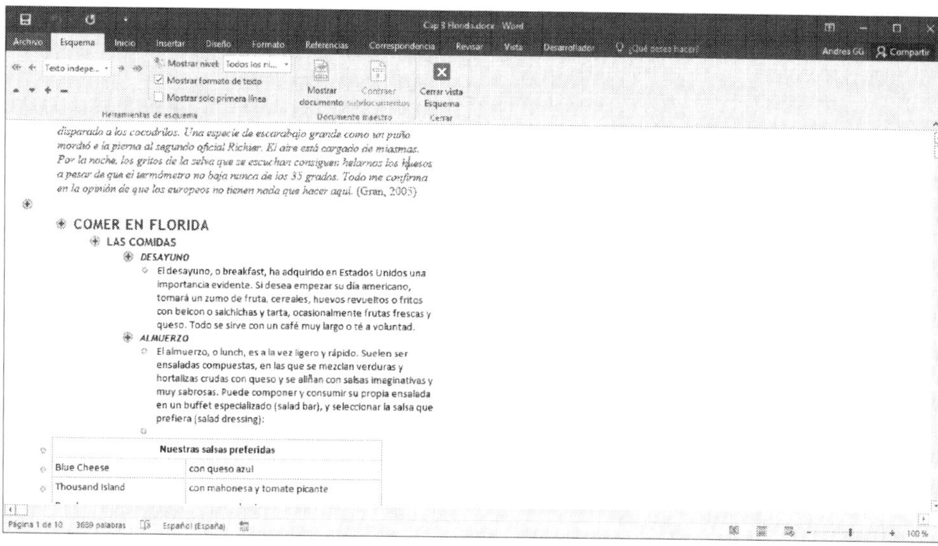

- Abra el panel **Estilos**: haga clic en la pestaña **Inicio** y pulse el botón del grupo **Estilos.**

  *De los nueve estilos predefinidos disponibles, de manera predeterminada sólo dos se muestran en la ventana **Estilos**.*

- Para ver todos los estilos predefinidos, haga clic en el vínculo **Opciones** situado en la parte inferior del panel **Estilos**, seleccione la opción **Todos los estilos** en la lista **Seleccionar estilos que desea mostrar** y pulse el botón **Aceptar**.
- Active, si fuese necesario, la opción **Mostrar vista previa** para ver la vista previa del formato de los estilos del panel **Estilos**.
- Si fuese necesario, haga clic en la pestaña **Esquema**.

- Para introducir un título en el esquema, haga clic en el párrafo correspondiente y aplíquele el estilo predefinido que desee haciendo clic en su nombre en el panel **Estilos**. Seleccione el estilo predefinido en función de la importancia del título:

  Título 1 para los títulos principales

  Título 2 para los subtítulos

  Título 3 para los sub-subtítulos.

  ...

  *También se pueden aplicar los estilos predefinidos con una Vista que no sea la vista Esquema. Los estilos **Título 1**, **Título 2** y **Título 3**, etc. anulan, evidentemente, los formatos que se hayan aplicado anteriormente. La presencia de una cruz en un círculo gris ⊕ a la izquierda del texto indica que éste es un título del esquema.*

- Una vez se ha introducido el título en el esquema, puede aumentar su nivel con el icono ← o, en caso contrario, disminuirlo con el icono →.
- Si fuese necesario, cierre la vista **Esquema** pulsando el botón **Cerrar vista Esquema**.

Si por error, un texto normal ha sido definido como título, vuelva a la etapa anterior asignándole un estilo distinto de **Título 1**, **Título 2**, **Título 3**, etc.

Si algunos párrafos del documento ya poseen estilos personales que no desea reemplazar por los estilos predefinidos, deberá asignar un nivel de esquema a cada estilo para crear el esquema del documento (véase apartado siguiente).

Asignar un nivel de esquema a un párrafo

Si desea crear una tabla de contenido o numerar automáticamente los títulos conservando los estilos creados en el documento (siempre y cuando no se trate de estilos predefinidos), deberá asignar un nivel de esquema a cada párrafo o a cada estilo de párrafo.

A un párrafo

- Asegúrese de que la vista **Diseño de impresión** está activa.
- Sitúe el punto de inserción en el párrafo correspondiente o selecciónelo.
- En la pestaña **Inicio**, pulse el botón ⧉ del grupo **Párrafo**.
- Haga clic en la ficha **Sangría y espacio**.

- En la lista **Nivel de esquema**, seleccione el nivel que desea asignar al párrafo (de 1 a 9).
- Pulse el botón **Aceptar**.
- Indique así el nivel de esquema de cada párrafo.

A un estilo de párrafo

- Asegúrese de que el punto de inserción no se encuentra en un párrafo al que se le haya aplicado un estilo predefinido (Título 1, Título 2, Título 3, etc.).
- En la pestaña **Inicio**, pulse el botón del grupo **Estilos** para abrir el panel **Estilos**.
- Señale el estilo al que desea asignar un nivel de esquema, pulse el botón y seleccione la opción **Modificar**.
- Pulse el botón **Formato** y haga clic en la opción **Párrafo**.
- En la lista **Nivel de esquema**, seleccione el **Nivel** que desea asignar al estilo de párrafo (de 1 a 9).
- Pulse el botón **Aceptar** de las dos ventanas.

Utilizar el esquema de un documento

- Active la vista **Esquema** haciendo clic en el botón **Esquema** de la pestaña **Vista** (grupo **Vistas**).
- Para mostrar los títulos de un nivel así como todos los títulos de un nivel superior, abra la lista **Mostrar nivel** Todos los ni... y haga clic en la opción correspondiente al nivel deseado (ejemplo: si hace clic en el **Nivel 4**, se visualizarán todos los títulos del Nivel 4 así como todos los títulos de nivel 1, 2 y 3).

  Para seleccionar un nivel, también puede mantener pulsadas las teclas Alt y Mayús y escribir el número (teclado alfanumérico) correspondiente al nivel.

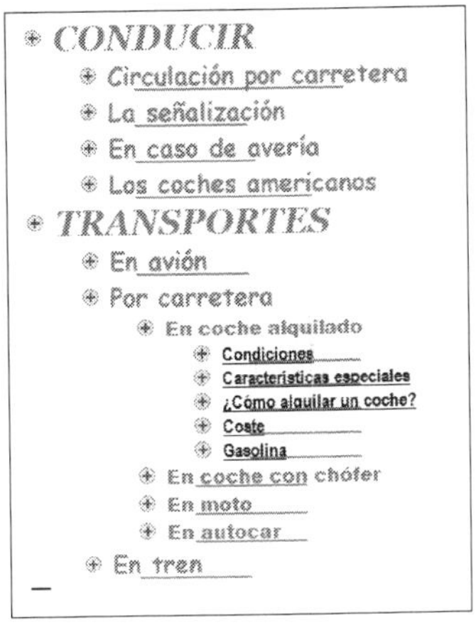

- Para mostrar todo el documento, (títulos y texto), abra la lista **Mostrar nivel** Nivel 4 y haga clic en la opción **Todos los niveles.**
- Para mostrar únicamente la primera línea de cada párrafo, pulse la opción **Mostrar sólo primera línea.**
- Para ocultar el texto vinculado al título actual, puede hacer doble clic en el botón ⊕ situado a la izquierda del título, hacer clic en el icono − o pulsar la tecla - del teclado numérico.
- Para mostrar el texto vinculado al título actual, puede hacer doble clic en el botón ⊕ situado a la izquierda del título, hacer clic en la herramienta + o pulsar la tecla + del teclado numérico.
- Para aumentar el nivel de un título, sitúe el punto de inserción en el título correspondiente y haga clic en la herramienta ← o pulse las teclas Alt Mayús ←.
- Para disminuir el nivel de un título, sitúe el punto de inserción en el título correspondiente y haga clic en la herramienta → o pulse las teclas Alt Mayús →.
- Para mover un título con sus posibles subtítulos y textos asociados, pulse el botón ⊕ situado a la izquierda del título, haga clic y arrástrelo hacia la nueva posición, o haga clic en el título y utilice los iconos ▲ o ▼.

- Para imprimir el esquema del documento, muestre únicamente los títulos e inicie la impresión.

  La vista preliminar muestra todo el documento, pero únicamente se imprimirán los títulos del esquema.

- De forma predeterminada, los formatos del texto se muestran en el esquema. Sin embargo, se pueden ocultar pulsando el botón **Mostrar formato de texto** para desactivarlo.

Utilizar el panel Navegación

Si un documento dispone de títulos a los que se hayan aplicado estilos de título, el panel ***Navegación*** *se puede utilizar para recorrer rápidamente el documento utilizando los títulos; también permite reorganizar el documento (desplazar, eliminar y añadir títulos, etc.) y buscar y localizar rápidamente una parte del texto.*

- En la pestaña **Vista**, marque la opción **Panel de navegación** que se encuentra en el grupo **Mostrar**; si se encuentra en la vista **Modo de Lectura**, puede hacer clic en la opción **Panel de navegación** del menú **Vista.**

  El panel de navegación aparece a la izquierda de la pantalla y muestra la estructura general del documento en forma de esquema. Puede desplazar su margen izquierdo para modificar la anchura.

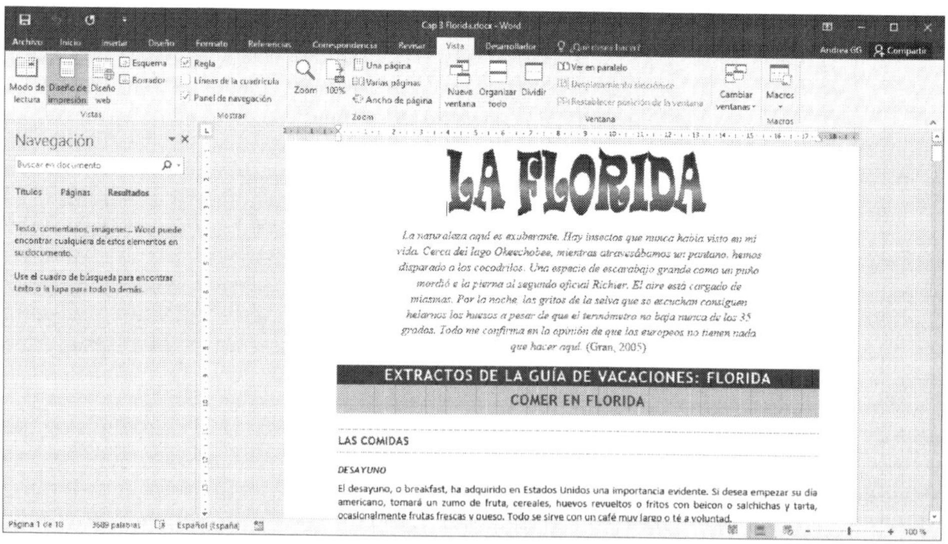

Esquema

- Si no se muestra el esquema del documento, haga clic en la pestaña **Títulos** que se encuentra en la parte superior del panel de navegación.
- Para situarse en el título de un documento, haga clic en el título correspondiente en el panel.

  El punto de inserción se desplaza hasta el título seleccionado, y lo hace aparecer en la ventana del documento.
- Para modificar el nivel de título que desea mostrar en el panel de **Navegación**, haga clic con el botón secundario del ratón en uno de los títulos del panel, marque la opción **Mostrar niveles de título** y luego haga clic en una de las opciones **Mostrar título n**. En el panel de **Navegación** se muestran los títulos de ese nivel así como los títulos de nivel superior. Por ejemplo, si hace clic en la opción **Mostrar niveles de título - Mostrar título 3**, se mostrarán todos los títulos de nivel 3 así como los títulos de nivel 1 y 2.
- Para mostrar los títulos situados por debajo de un título, haga clic en el símbolo ▷; para ocultar esos títulos, haga clic en el símbolo ◢.

  *Para mostrar todos los títulos en el panel, haga clic con el botón secundario del ratón en un título y luego haga clic en la opción **Expandir todo**; para mostrar únicamente los títulos de nivel 1, haga clic en la opción **Contraer todo**.*
- Para seleccionar o imprimir un título con sus eventuales subtítulos, haga clic con el botón secundario del ratón en el título en cuestión y luego haga clic en la opción **Seleccionar título y contenido** o en la opción **Imprimir título y contenido**.
- Para modificar el nivel de un título y sus subtítulos, haga clic con el botón secundario del ratón en el título en cuestión y luego haga clic en la opción **Promover** para elevar en un nivel el título o en la opción **Disminuir nivel** para reducirlo en un nivel.
- Para crear un nuevo título, haga clic con el botón secundario del ratón en el título situado antes o después de aquél en el que desea insertar el nuevo título, haga clic en la opción **Nuevo título antes** o **Nuevo título después** y luego escriba el texto del título: el nivel del nuevo título creado será el mismo que el del título en el que haya hecho clic.

  La opción **Nuevo subtítulo**, permite crear un título de nivel inferior al del título en el que haya hecho clic.
- Para mover un título con sus eventuales subtítulos y textos asociados, haga clic en el título en cuestión y arrástrelo hasta su nueva posición.
- Para eliminar un título con sus eventuales subtítulos y textos asociados, haga clic con el botón secundario del ratón en el título en cuestión, y haga clic en la opción **Eliminar**.

Para buscar un texto en el documento, haga clic en el cuadro de texto **Buscar en documento** y escriba el texto que desea buscar.

Los textos encontrados se destacan en el documento; los títulos en los que aparece el texto buscado aparecen seleccionados en el panel de ***Navegación****.*

En la zona de búsqueda, se muestra el número de coincidencias localizadas.

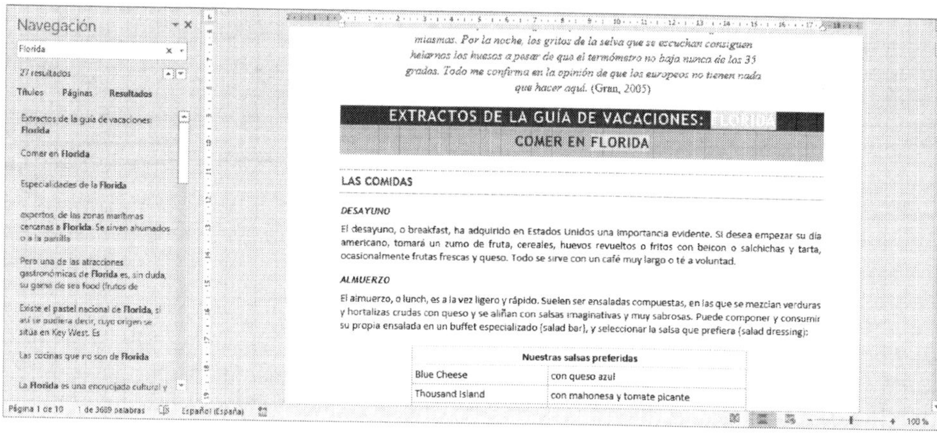

Para recorrer rápidamente los resultados de la búsqueda, haga clic en la pestaña **Resultados** y haga clic en el extracto de texto que contiene el resultado de la búsqueda donde desea llegar.

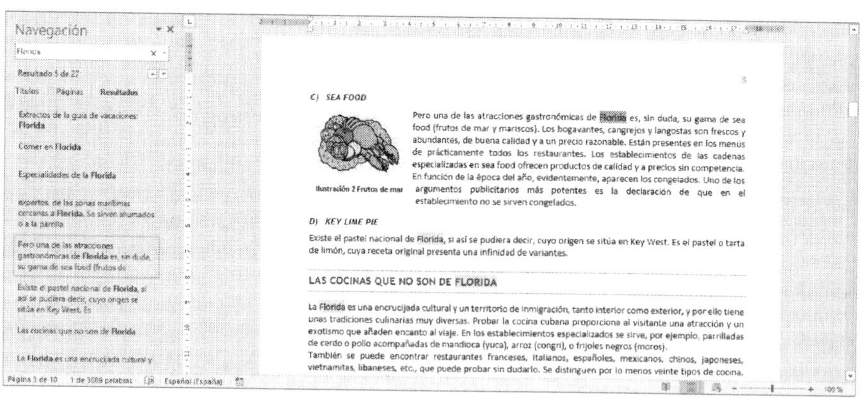

Los botones ▲ *y* ▼ *le permiten situarse en el resultado anterior o posterior de la búsqueda.*

Para anular la búsqueda, haga clic en el botón × que se encuentra a la derecha del cuadro de búsqueda.

Para mostrar otra vez los títulos del documento en el panel de **Navegación**, haga clic en la pestaña **Títulos**.

- Para situarse en una página del documento, haga clic en la pestaña **Páginas** del panel de **Navegación**.

Se muestra una representación en miniatura de cada página del documento.

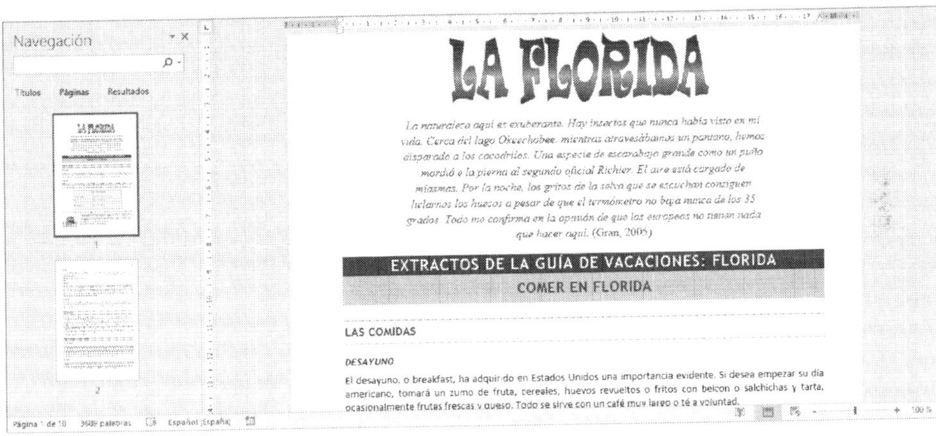

Para acceder a una página, haga clic en la miniatura correspondiente.

- Para cerrar el panel **Navegación**, haga clic en el botón **Cerrar** × o desactive la opción **Panel de navegación** de la pestaña **Vista** (grupo **Mostrar**).

También puede buscar **Gráficos**, **Tablas**, **Ecuaciones**, **Notas al pie o notas al final** o **Comentarios** de su documento, haciendo clic en la opción correspondiente de la lista asociada al cuadro de texto **Buscar en documento**.

Numerar los títulos

Numerar los títulos del esquema creados con los estilos predefinidos

- Active la Vista que desee y sitúe el punto de inserción en uno de los títulos del documento.
- En la pestaña **Inicio**, haga clic en el icono 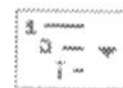 del grupo **Párrafo**.
- Haga clic en una de las numeraciones de la lista que contenga la palabra **Título**.

  Word añade la numeración a cada uno de los estilos predefinidos Título 1, Título 2, etc.: todos los títulos del documento se numeran en función del formato elegido y del nivel.

Numerar los párrafos presentados con estilos personalizados

- Sitúe el punto de inserción en un párrafo que presente un estilo.
- En la pestaña **Inicio**, pulse el icono  del grupo **Párrafo**.
- Haga clic en la opción **Definir nueva lista multinivel**.
- Haga clic, si fuera necesario, en el botón **Más** para ver las opciones suplementarias.
- Para cada nivel de estilo que desee definir:
  - Seleccione el nivel en la lista **Haga clic en el nivel que desea modificar**.
  - Seleccione el estilo que desea asociar al nivel con la opción **Vincular nivel al estilo**.

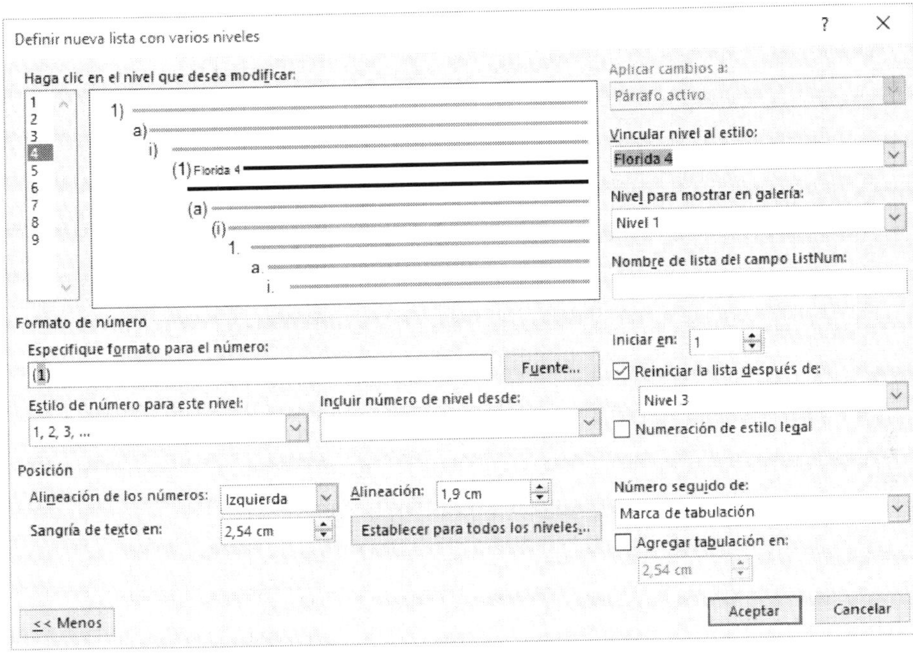

- Modifique, si fuese necesario, las opciones de presentación y numeración (véase apartado siguiente).
- Pulse el botón **Aceptar**.

  Word numera automáticamente los párrafos que utilizan los estilos a los que se han vinculado los niveles de estilos.

Si desea eliminar la numeración de uno o más párrafos, selecciónelos y escoja la opción **Ninguno** en la lista asociada a la herramienta : Word cambia automáticamente la numeración del documento.

Para eliminar la numeración de un documento, es necesario eliminar la numeración de cada estilo: haga clic en un párrafo que disponga de un estilo con numeración, haga clic con el botón secundario del ratón en ese estilo en el panel **Estilos** y luego haga clic en la opción **Modificar**. A continuación, haga clic en el botón **Formato** y luego en la opción **Numeración**, seleccione **Ninguno** y luego haga dos veces clic en **Aceptar**: todos los párrafos con ese estilo cambian.

Personalizar la numeración de los títulos del esquema

- Sitúe el punto de inserción en un párrafo que presente un estilo.
- En la pestaña **Inicio**, pulse el icono del grupo **Párrafo** y seleccione la opción **Definir nueva lista multinivel**.
- Haga clic, si fuera necesario, en el botón **Más** para ver todas las opciones del cuadro de diálogo.
- Seleccione el nivel que desea modificar en la lista **Haga clic en el nivel que desea modificar**.
- Modifique, si fuese necesario, el estilo que desee asociar al nivel seleccionado con la lista **Vincular nivel al estilo**.
- Seleccione el **Estilo de número para este nivel** en la lista correspondiente.

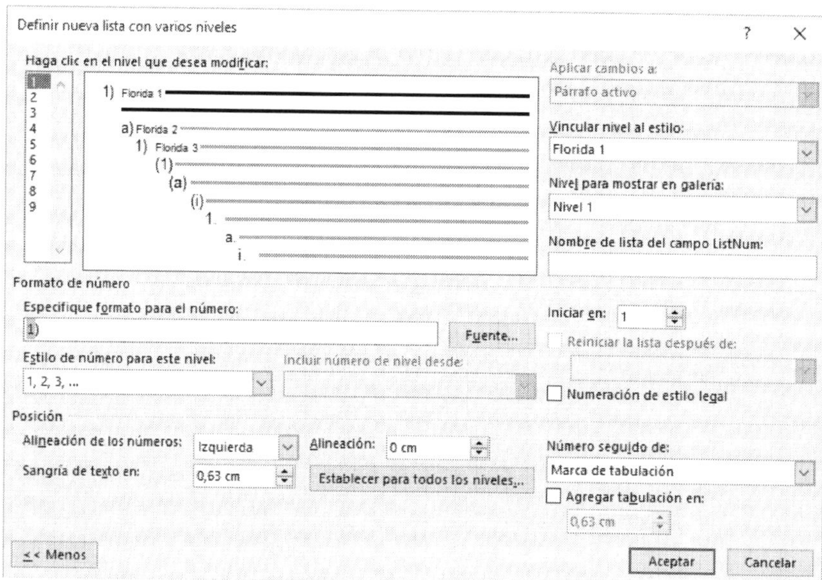

- Para agregar la numeración asociada a un nivel superior, abra la lista **Incluir número de nivel desde** y haga clic en el nivel que contenga el número que desea agregar; como no hay ningún nivel superior al nivel 1, esta lista no está disponible cuando éste sea el nivel seleccionado.

*La numeración incluye entonces los niveles superiores, por ejemplo: 2.1.a). También puede eliminar la numeración de un nivel superior seleccionando el número correspondiente visible al principio de la casilla **Especifique formato para el número** y, a continuación, pulsar la tecla* [Supr].

- Especifique, si fuese necesario, el nuevo número de inicio en la casilla **Iniciar en.**

Atención, esta casilla muestra la numeración del párrafo en el que se sitúa el punto de inserción, por lo tanto, si se modifica, el número de inicio cambiará a partir de dicho párrafo.

- Personalice el texto de la numeración en la casilla **Especifique formato para el número**; utilice el botón **Fuente** si desea modificar los atributos de la fuente de la numeración.
- Seleccione la **Alineación de los números** en la lista correspondiente y modifique, si es el caso, la posición del número (respecto al margen izquierdo) en la casilla **Alineación.**
- Indique la position del texto respecto al margen izquierdo, en la casilla **Sangría de texto en.**

*Si la opción **Espacio** o **Nada** está seleccionada en la lista **Número seguido de**, la sangría no se aplica al texto de la primera línea que sigue la numeración.*

- Para definir la sangría del texto para todos los niveles, pulse el botón **Establecer para todos los niveles.** Indique las diferentes sangrías en las correspondientes zonas y pulse el botón **Aceptar**.
- Modifique, si fuese necesario, el elemento que debe separar el número de la primera letra del texto mediante la lista **Número seguido de**: **Marca de tabulación**, **Espacio** o **Nada**.
- Para agregar un marcador de tabulación al texto, active la opción **Agregar tabulación en** e indique la posición del marcador de tabulación en la casilla asociada.

*Esta opción está disponible únicamente cuando la opción **Tabulación** de la lista **Número seguido de** está activada.*

- Active, si fuese necesario, la opción **Numeración de estilo legal** para reemplazar los números en la lista del esquema actual por las cifras árabes correspondientes (ejemplo: "Artículo II" se reemplazará por "Artículo 2").
- Para volver a empezar la numeración desde un nivel, active la opción **Reiniciar la lista después de** y seleccione, en la lista asociada, el nivel a partir del cual debe comenzar la numeración. Word reinicia la numeración sólo si los niveles van seguidos.

- Indique, si fuese necesario, la parte del documento en la que se debe aplicar la personalización mediante la lista **Aplicar cambios a**.
- Pulse el botón **Aceptar**.

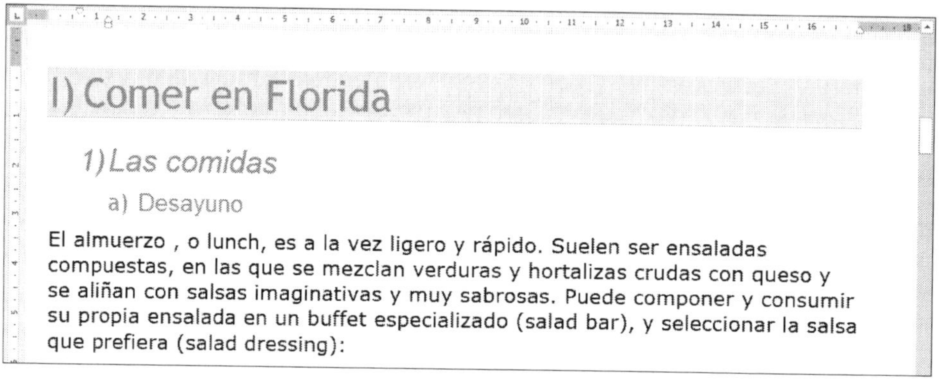

Construir una tabla de contenido

La tabla de contenido de un documento incluye los textos en los que se ha aplicado un estilo predefinido (Título 1, Título 2, etc.) o un estilo personalizado al que se ha asignado un nivel de esquema; sin embargo, también puede incluir textos estándares si a cada uno de ellos se les ha aplicado un nivel.

Crear una tabla de contenido predefinida

Word pone a disposición del usuario una galería de tablas de contenidos predefinidas.

- Si todavía no lo ha hecho, marque los textos que desee introducir en la tabla de contenido. Para cada texto, utilice uno de los dos métodos que se presentan a continuación:
  - Seleccione el texto y aplíquele un estilo predefinido o un estilo personalizado al que haya asignado un nivel de esquema (véase Esquemas - Asignar un nivel de esquema a un párrafo): el texto adopta el formato del estilo.
  - Seleccione el texto y aplíquele un estilo personalizado. A continuación haga clic en el botón **Agregar texto** que se encuentra en la pestaña **Referencias** (grupo **Tabla de contenido**) y haga clic en el nivel que desea asignar al texto seleccionado: el texto conserva su formato personalizado.

  La opción ***No mostrar en la tabla de contenido*** *permite eliminar el nivel asignado a un texto para que no sea considerado una entrada en la tabla de contenido.*
- Sitúe el punto de inserción en el lugar donde desee insertar la tabla de contenido.
- En la pestaña **Referencias**, pulse el botón **Tabla de contenido** del grupo **Tabla de contenido**.

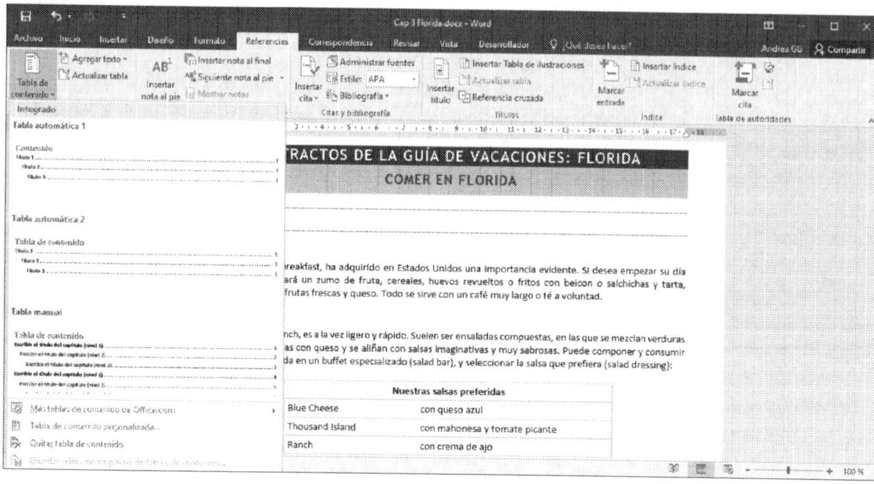

- Haga clic en la tabla de contenido predefinida que prefiera.

  Según el tipo de tabla de contenido escogida, la tabla se inserta, o no, en una página nueva.

Para descargar una tabla de contenido en línea de Office.com, en la pestaña **Referencias**, haga clic en el botón **Tabla de contenido** del grupo con el mismo nombre, señale la opción **Más tablas de contenido de Office.com** y, de entre las tablas de contenido que se proponen, haga clic en la que desea insertar en el documento; si ninguna tabla de contenido está disponible para su descarga, se muestra la opción **No hay contenido en línea disponible**.

Encontrará la lista de tablas de contenido predefinidas en el cuadro de diálogo **Organizador de bloques de creación** (pestaña **Insertar** - botón **Elementos rápidos** 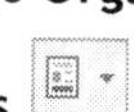 - opción **Organizador de bloques de creación**).

Crear una tabla de contenido personalizada

- Si todavía no lo ha hecho, señale los textos que desea incluir en la tabla de contenido como podría haberlo hecho para una tabla de contenido predefinida (véase el subtítulo anterior).
- Sitúe el punto de inserción en el lugar donde desee insertar la tabla de contenido.
- En la pestaña **Referencias**, pulse el botón **Tabla de contenido** del grupo **Tabla de contenido** y haga clic en la opción **Tabla de contenido personalizada.**

*Se abre en pantalla el cuadro de diálogo **Tabla de contenido**.*

- En la lista **Formatos** del cuadro **General**, seleccione la presentación deseada y podrá ver el resultado gracias a la **Vista preliminar**.

  *También puede ver en la **Vista previa de Web** cómo se mostrará la tabla de contenido cuando aparezca en el explorador web.*

- Para visualizar la numeración de las páginas en la tabla de contenido, marque la opción **Mostrar números de página**; si los números han de estar alineados a la derecha de la página, marque la opción **Alinear números de página a la derecha**.
- Para todos los **Formatos**, salvo los formatos **Sencillo** y **Moderno**, indique si desea agregar algún tipo de **Carácter de relleno** entre los títulos y los números de página mediante la lista correspondiente.
- Indique el número de niveles de título que desea mostrar en la tabla de contenido mediante la lista **Mostrar niveles**.

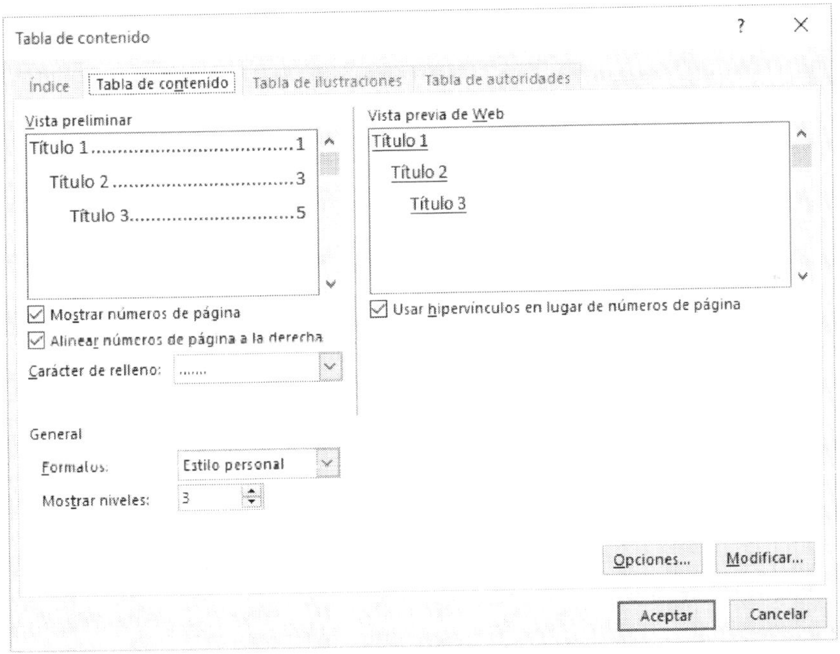

- Si ha escogido el formato **Estilo personal**, haga clic en el botón **Modificar** si desea cambiar el formato de las entradas de la tabla de contenido cambiando el estilo correspondiente.

  Para cada estilo de entrada que desee modificar, selecciónelo en la lista **Estilos**, haga clic en el botón **Modificar**, efectúe los cambios y pulse el botón **Aceptar**. Cuando haya terminado la modificación, haga clic en el botón **Aceptar**.

- Si desea utilizar estilos personalizados que no tengan asignado ningún nivel de esquema, o si desea cambiar, añadir o eliminar el nivel de un estilo, haga clic en el botón **Opciones**.

  Para cada estilo en cuestión, haga clic en la zona asociada **Nivel de TDC**, escriba el número correspondiente al nivel que prefiera (entre 1 y 9) o elimine ese número si no desea asociar al estilo ningún nivel.

  En este caso, se ha asignado el nivel 4 al estilo personalizado ***Párrafo de lista****. Los añadidos y las modificaciones de nivel que se aporten en este cuadro de diálogo sólo se aplican a la tabla de contenido.*

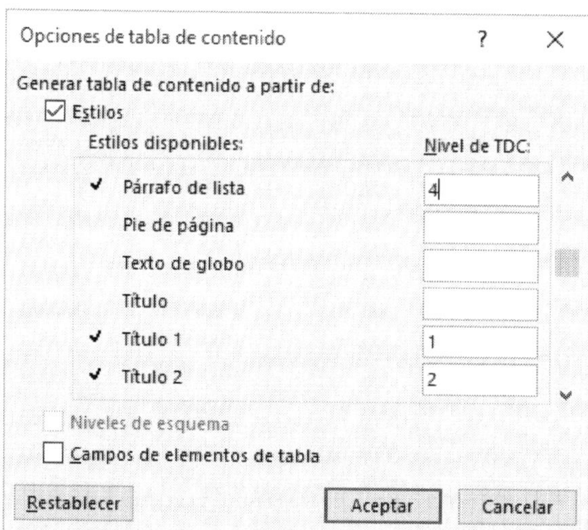

Si al utilizar el botón **Agregar texto** de la pestaña **Referencias**, ha asignado niveles al texto, desmarque la opción **Niveles de esquema** (esta opción está marcada de manera predeterminada) si los textos en cuestión no deben integrarse en la tabla de contenido; esta opción no está disponible si se ha asignado un nivel a un estilo personalizado.

Si ha utilizado campos para crear entradas en la tabla de contenido, marque la opción **Campos de elementos de tabla** si los textos en cuestión han de quedar integrados en la tabla de contenido.

*El botón **Restablecer** permite anular las modificaciones aportadas al cuadro de diálogo **Opciones de tabla de contenido**.*

Haga clic en el botón **Aceptar** del cuadro de diálogo **Opciones de tabla de contenido.**

- Si la tabla de contenido debe aparecer posteriormente en un navegador web y desea crear un hipervínculo para cada título, asegúrese de que la opción **Usar hipervínculos en lugar de números de página** está activada.

  Cuando esta opción está activa, también se pueden crear hipervínculos para cada título de la tabla de contenido insertada en el documento, sin eliminar los números de página.

- Pulse el botón **Aceptar**.
- Utilice, si fuese necesario, las teclas Alt F9 para ocultar el código correspondiente a la tabla de contenido creada y visualizar su contenido.

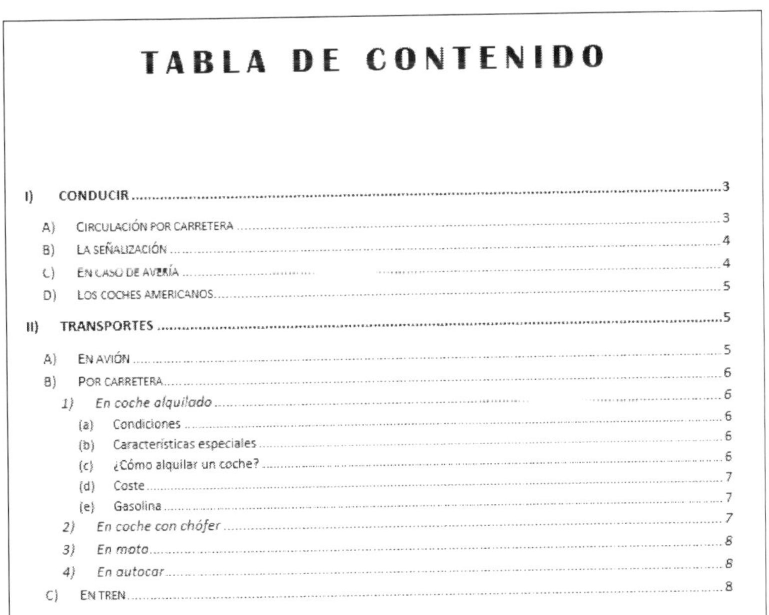

TABLA DE CONTENIDO

I) CONDUCIR 3
A) CIRCULACIÓN POR CARRETERA 3
B) LA SEÑALIZACIÓN 4
C) EN CASO DE AVERÍA 4
D) LOS COCHES AMERICANOS 5
II) TRANSPORTES 5
A) EN AVIÓN 5
B) POR CARRETERA 6
1) *En coche alquilado* 6
(a) Condiciones 6
(b) Características especiales 6
(c) ¿Cómo alquilar un coche? 6
(d) Coste 7
(e) Gasolina 7
2) *En coche con chófer* 7
3) *En moto* 8
4) *En autocar* 8
C) EN TREN 8

*Si ha activado la opción **Usar hipervínculos en lugar de números de página** del cuadro de diálogo **Tabla de contenido**, habrá creado un hipervínculo para cada título de la tabla de contenido.*

Para ir a un título del documento, mantenga pulsada la tecla Ctrl y haga clic en el título correspondiente en la tabla de contenido.

De forma predeterminada, cuando haga clic en ella, la tabla de contenido aparecerá sombreada. Para cambiarlo, utilice la lista **Sombreado de campo** del cuadro de diálogo **Opciones de Word** (pestaña **Archivo** - **Opciones** - categoría **Avanzadas** - apartado **Mostrar contenido de documento**).

Para modificar la presentación de la tabla de contenido, seleccione otro formato en el cuadro de diálogo **Tabla de contenido** (pestaña **Referencias** - botón **Tabla de contenido** - opción **Tabla de contenido personalizada**); tras confirmar, la nueva presentación reemplazará la anterior. En el caso de una tabla de contenido predefinida, puede elegir otra presentación mediante el botón que aparece cuando el punto de inserción se encuentra en la tabla de contenido.

Si desea que en algunos niveles no aparezcan los números de página de la tabla de contenido, deberá añadir un conmutador de campo \N en el campo correspondiente de la tabla de contenido. Para ello, haga clic en la tabla de contenido y muestre el campo correspondiente utilizando las teclas Alt F9. A continuación, haga clic al final del campo y escriba el conmutador **\N** seguido por los niveles en los que desea que los números no aparezcan; estos niveles deben escribirse entre comillas.

```
{ TOC \O "1-3" \H \Z \T "SUB-TITULO VL;4"\N "2-3" }
```

En este caso, en la tabla de contenido se eliminarán los números de página de los niveles 2 y 3. Si sólo desea eliminar los números del nivel 3, escriba **\N "3-3"** en el campo.

Una vez escrito el conmutador de campo, utilice otra vez las teclas Alt F9 para mostrar la tabla de contenido y a continuación, actualícela (véase más adelante el título correspondiente).

Para eliminar una tabla de contenido, haga clic en su interior para activarla; a continuación pulse el botón **Tabla de contenido** de la pestaña **Referencias** (grupo **Tabla de contenido**) y seleccione la opción **Quitar tabla de contenido**.

Actualizar la tabla de contenido

Esta función resulta útil para actualizar la tabla de contenido tras haber realizado modificaciones en el texto.

- Haga clic en uno de los títulos de la tabla de contenido para activarla.
- Pulse la tecla F9 o pulse el botón **Actualizar tabla** situado en la pestaña **Referencias** (grupo **Tabla de contenido**).
- Seleccione **Actualizar sólo los números de página** o **Actualizar toda la tabla** activando la opción deseada.
- Pulse el botón **Aceptar**.

Para actualizar una tabla de contenido predefinida, también puede hacer clic en la opción **Actualizar tabla** que aparece cuando el punto de inserción se sitúa en la tabla de contenido.

Guardar una tabla de contenido

En esta parte se muestra cómo crear una tabla de contenido personalizada y guardarla en la galería de tablas de contenido predefinidas para poder utilizarla posteriormente.

- Si todavía no lo ha hecho, cree una tabla de contenido personalizada y selecciónela.
- En la pestaña **Referencias**, pulse el botón **Tabla de contenido** del grupo **Tabla de contenido** y haga clic en la opción **Guardar selección en galería de tablas de contenidos.**

  *Como una tabla de contenido es un bloque de creación, en pantalla se abrirá el cuadro de diálogo **Crear nuevo bloque de creación**.*
- Indique el **Nombre** de la tabla de contenido en la casilla correspondiente.
- Asegúrese de que en la lista **Galería** esté activa la opción **Tabla de contenido**.
- Abra la lista **Categoría** y seleccione una de las categorías que se ofrecen en la lista o haga clic en la opción **Crear nueva categoría** para crear una categoría nueva.

  Si se ha optado por crear una categoría, introduzca el **Nombre** en el cuadro de diálogo **Crear nueva categoría** y pulse el botón **Aceptar**.

  *Las tablas de contenido predefinidas en la lista asociada al botón **Tabla de contenido** (pestaña **Referencias**) se ordenan por categoría.*

- Introduzca, si fuese necesario, una **Descripción** de la tabla de contenido en la casilla correspondiente.

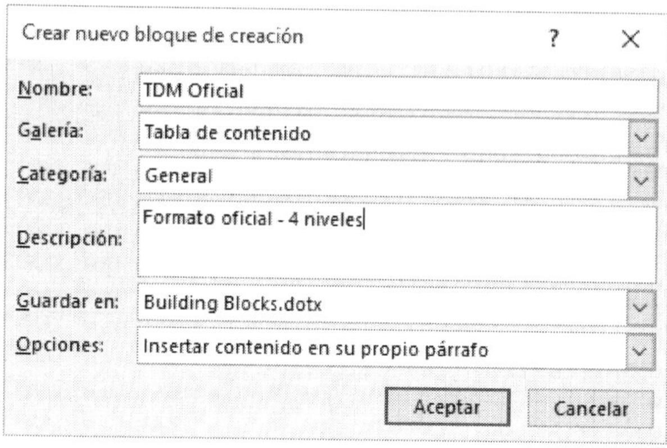

- Si el documento actual está basado en una plantilla que no es la plantilla Normal y dicha tabla de contenido debe guardarse en esta plantilla, seleccione el nombre correspondiente en la lista **Guardar en**: la tabla de contenido estará disponible únicamente en los documentos basados en esta plantilla.
- Abra la lista **Opciones** y seleccione una de las opciones siguientes:

Insertar sólo contenido/ Insertar contenido en su propio párrafo	Seleccione una de las dos opciones para que la tabla de contenido se inserte en un nuevo párrafo.
Insertar contenido en su propia página	La tabla de contenido se inserta en una página nueva: Word crea un salto de página antes y después de la tabla de contenido.

- Pulse el botón **Aceptar** para guardar la tabla de contenido.

Si la tabla de contenido se ha agregado a una plantilla que no es Normal.dotm, se ofrece guardar la plantilla en el momento de cerrar el documento o en el mismo momento de guardar el documento. Guarde la plantilla para que la tabla de contenido asociada a la plantilla se guarde definitivamente.

Asociar un título a un objeto

Agregar manualmente un título a un objeto

- Seleccione el objeto correspondiente (imagen, gráfico, tabla, etc.).
- En la pestaña **Referencias**, pulse el botón **Insertar título** del grupo **Títulos.**
- En la lista **Rótulo**, seleccione uno de los tipos que se ofrecen: **Ecuación**, **Ilustración**, **Imagen** o **Tabla** o pulse el botón **Nuevo rótulo** para crear el suyo.

  Si elige esta última opción, enseguida en el cuadro ***Título*** *se muestra el nuevo título.*
- En la casilla **Título**, complete si es necesario el texto que aparece.
- En la lista **Posición**, seleccione la ubicación del título: **Encima de la selección** o **Debajo de la selección**.

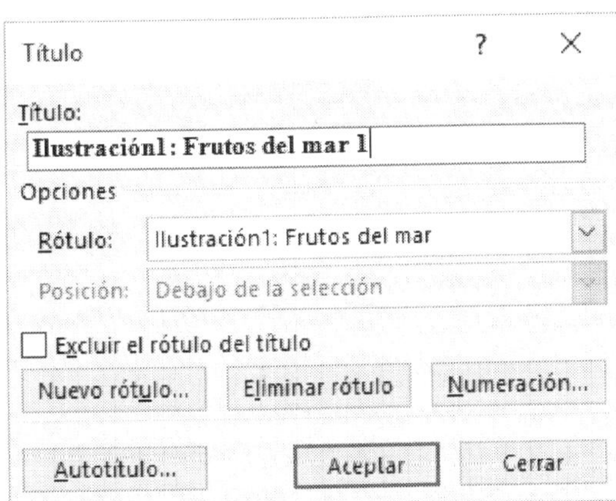

- Si fuese necesario, pulse el botón **Numeración**, abra el cuadro de la lista **Formato** para seleccionar el formato de los números y pulse el botón **Aceptar**.
- Si desea **Excluir el rótulo del título** active esta opción.
- Pulse el botón **Aceptar** para insertar el título.

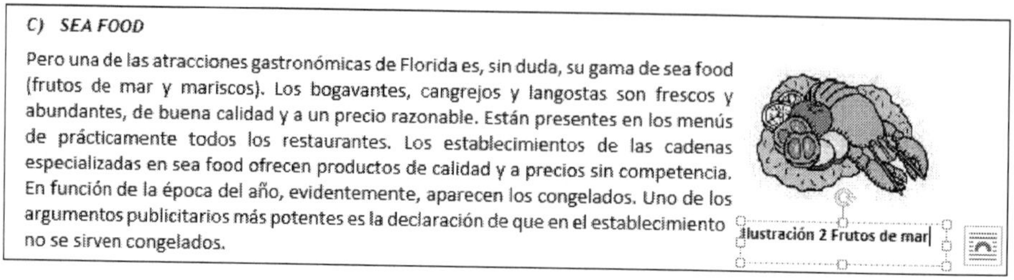

C) SEA FOOD

Pero una de las atracciones gastronómicas de Florida es, sin duda, su gama de sea food (frutos de mar y mariscos). Los bogavantes, cangrejos y langostas son frescos y abundantes, de buena calidad y a un precio razonable. Están presentes en los menús de prácticamente todos los restaurantes. Los establecimientos de las cadenas especializadas en sea food ofrecen productos de calidad y a precios sin competencia. En función de la época del año, evidentemente, aparecen los congelados. Uno de los argumentos publicitarios más potentes es la declaración de que en el establecimiento no se sirven congelados.

Ilustración 2 Frutos de mar

Agregar automáticamente un título a un objeto

Se agregan automáticamente los títulos a medida que se van insertando objetos de los cuales ya ha elegido el tipo. Esta elección debe realizarse en el momento de crear el documento, antes de insertar el primer objeto.

- En la pestaña **Referencias**, pulse el botón **Insertar título** del grupo **Títulos.**
- Pulse el botón **Autotítulo.**
- En la lista **Agregar título al insertar**, active las opciones correspondientes al tipo de objetos en los que desea agregar autotítulos.

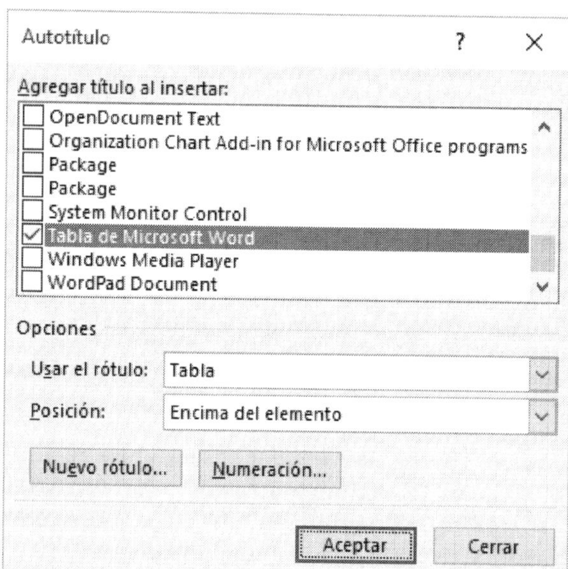

- En la lista **Usar el rótulo**, seleccione uno de los nombres de título que se ofrecen o pulse el botón **Nuevo rótulo** para crear el suyo.
- En la lista **Posición**, seleccione la opción correspondiente a la ubicación que desea para el título: **Encima del elemento** o **Debajo del elemento**.
- Si fuese necesario, pulse el botón **Numeración**, abra la lista **Formato** para seleccionar el formato de los números y pulse el botón **Aceptar**.
- Pulse el botón **Aceptar**.

  *Cuando se inserta un tipo de objeto previamente especificado en el cuadro de diálogo **Autotítulo**, Word agrega automáticamente el título apropiado.*

Modificar los títulos

- Para modificar el rótulo de un título, seleccione el texto correspondiente, elimínelo y escriba el nuevo texto.
- Para modificar los rótulos de todos los títulos del mismo tipo, seleccione un título que contenga el rótulo correspondiente y, a continuación, en la pestaña **Referencias**, pulse el botón **Insertar título** de grupo **Títulos**. Seleccione el rótulo deseado en la lista **Rótulo** y pulse el botón **Aceptar**.
- Para modificar el formato numérico de todos los títulos del mismo tipo, seleccione un título que contenga el formato numérico correspondiente y, en la pestaña **Referencias**, pulse el botón **Insertar título** del grupo **Títulos**. A continuación, pulse el botón **Numeración**, seleccione el **Formato** numérico deseado en la lista correspondiente y pulse el botón **Aceptar** de las dos ventanas.

Actualizar títulos

Los números de título se actualizan cuando se inserta un nuevo título. Sin embargo, es preciso efectuar una actualización manual después de haber desplazado o eliminado un título.

- Para actualizar un título, selecciónelo y pulse la tecla F9.
- Para actualizar todos los títulos de un documento, seleccione todo el contenido del documento con el método abreviado Ctrl **E** y pulse la tecla F9.

Crear una tabla de ilustraciones

Una tabla de ilustraciones muestra la lista de títulos, imágenes, gráficos, objetos o de cualquier otro tipo de ilustración que se encuentre en el documento.

- Asocie un título a cada objeto correspondiente (véase Asociar un título a un objeto).
- Sitúe el punto de inserción donde desea insertar la tabla.
- En la pestaña **Referencias**, haga clic en el botón **Insertar Tabla de ilustraciones** que se encuentra en el grupo **Títulos.**

  *En pantalla aparece el cuadro de diálogo **Tabla de ilustraciones**.*
- En la lista **Formatos** del cuadro **General**, seleccione la opción correspondiente a la presentación que desea aplicar a la tabla de ilustraciones y visualice el resultado en el cuadro **Vista preliminar**.

  *También puede ver la **Vista previa de web** de la tabla de ilustraciones tal y como se visualizará con el navegador web.*
- Si ha escogido el formato **Estilo personal**, haga clic en el botón **Modificar** si desea modificar el estilo aplicado a los títulos.
- Para visualizar la numeración de las páginas en la tabla de ilustraciones, marque la opción **Mostrar números de página**; si los números han de estar alineados a la derecha de la página, marque la opción **Alinear números de página a la derecha**.
- Para todos los **Formatos**, excepto el formato **Centrado**, especifique si desea agregar **Carácter de relleno** entre las entradas y los números de página, mediante la correspondiente lista.
- Seleccione, en la lista **Etiqueta de título**, la opción correspondiente a la etiqueta de título que deberá tenerse en cuenta para crear la tabla de ilustraciones; si todas las etiquetas de título del documento son del tipo **Ilustración** y se elige **Tabla** en la lista **Etiqueta de título**, en lugar de la tabla de ilustraciones se visualizará un texto de error indicando que no se ha encontrado ninguna entrada de tabla de ilustraciones. De igual forma, si en un documento se visualizan dos etiquetas de título diferentes o más (ejemplos: **Imagen** e **Ilustración**), únicamente las etiquetas de título correspondientes a la opción elegida en la lista **Etiqueta de título** aparecerán en la tabla de ilustraciones.

  Para visualizar todas las etiquetas de título del documento, deberá crear una tabla de ilustraciones para cada título.

Si cuando se agrega un título a un objeto, se ha creado una nueva etiqueta (véase Asociar un título a un objeto), ésta se muestra en la lista ***Etiqueta de título****.*

- Desactive la opción **Incluir etiqueta y número** si no desea incluir las etiquetas de título (ejemplos: **Ecuación**, **Ilustración** y **Tabla**) en la tabla de ilustraciones. En ese caso, únicamente las etiquetas de título en las que se ha agregado un texto serán visibles en la tabla de ilustraciones.

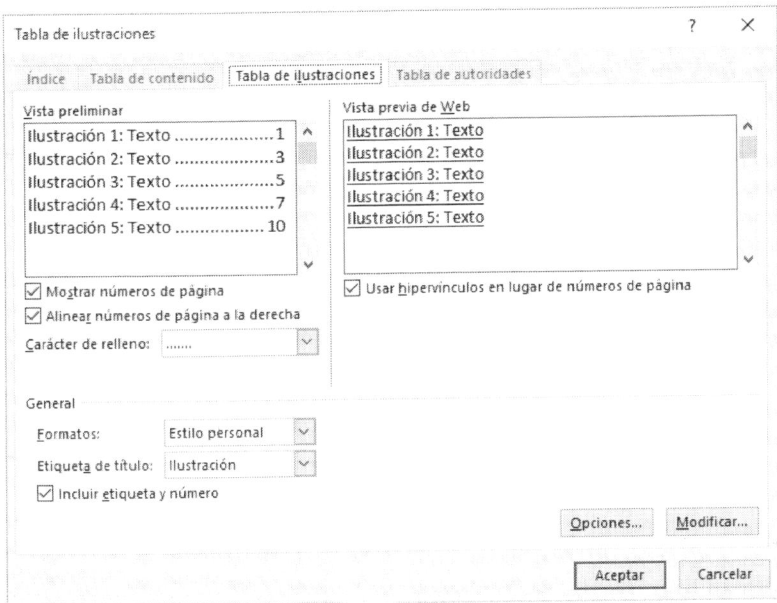

- Si la tabla de ilustraciones debe, posteriormente, mostrarse en un navegador Web y desea que se cree un hipervínculo para cada título, asegúrese de que la opción **Usar hipervínculos en lugar de números de página** esté activada.

  Si esta opción está activada, permite, también, crear hipervínculos para cada entrada de la tabla de ilustraciones insertada en el documento, sin eliminar los números de página.

- Pulse el botón **Aceptar**.
- Utilice, si fuese necesario, las teclas Alt F9 para ocultar el código correspondiente de la tabla de ilustraciones creada y así visualizar su contenido.

Tabla de ilustraciones

*Se crea un hipervínculo para cada entrada de la tabla de ilustraciones si se ha activado la opción **Usar hipervínculos en lugar de números de página** del cuadro de diálogo **Tabla de ilustraciones**.*

- Para ir a una etiqueta de título del documento, mantenga pulsada la tecla Ctrl y haga clic sobre la entrada correspondiente en la tabla de ilustraciones.

- Para actualizar la tabla de ilustraciones tras haber agregado, movido o modificado las etiquetas de título, haga clic en una de las entradas de la tabla de ilustraciones y pulse en el botón **Actualizar tabla** del grupo **Títulos** (pestaña **Referencias**) o pulse la tecla F9. Seleccione **Actualizar sólo los números de página** o **Actualizar toda la tabla** mediante la opción correspondiente y pulse el botón **Aceptar**.

- Para cambiar la presentación de la tabla de ilustraciones, seleccione otro formato en el cuadro de diálogo **Tabla de ilustraciones** (pestaña **Referencias** - grupo **Títulos** - botón **Insertar Tabla de ilustraciones**); una vez confirmado el cambio, la nueva presentación reemplaza a la anterior.

- Para crear una tabla de ilustraciones sin crear etiquetas de título, puede aplicar un estilo a los textos asociados a los objetos y luego puede especificar el estilo que Word debe utilizar para generar la tabla de ilustraciones. Para ello, haga clic en el botón **Opciones** del cuadro de diálogo **Tabla de ilustraciones** (pestaña **Referencias** - botón **Insertar Tabla de ilustraciones**), marque la opción **Estilo** y seleccione el estilo que desea utilizar antes de confirmar la opción pulsando **Aceptar**: a partir de ese momento, la opción (**Ninguna**) está selecciona en la lista **Etiqueta de título** porque no se utilizarán las etiquetas de título para crear la tabla de ilustraciones. Observe que el mismo estilo debe ser utilizado para todas las etiquetas de título de las ilustraciones y debe ser utilizado únicamente para las etiquetas de título; si este estilo se aplica a un texto que no sea etiqueta de título, el texto quedará integrado en la tabla de ilustraciones.

Crear una bibliografía

*Una **bibliografía** enumera las fuentes (libro, artículo de periódico, sitio web, película, etc.) de un documento. Normalmente se inserta al final del documento.*

Insertar una nueva cita

Una cita es el texto que se muestra a la derecha de una oración o de la expresión citada en el documento. Normalmente, al insertar una nueva cita, se crea una nueva fuente. Sin embargo, veremos cómo una misma fuente puede ser usada para distintas citas.

- Sitúe el punto de inserción en el lugar en el que se insertará la nueva cita y haga clic en la pestaña **Referencias**.
- Abra la lista **Estilo** del grupo **Citas y bibliografía** y haga clic en la opción correspondiente al estilo de cita que desea utilizar.

  *Los campos (zonas en las que se escriben las informaciones vinculadas a la fuente: para un libro, dispondrá de los campos **Autor**, **Título**, **Año**, etc.) asociados a la fuente pueden cambiar en función del estilo que se selecciona.*
- Haga clic en el botón **Insertar cita** del grupo **Citas y bibliografía**.

  Si el documento contiene citas, las fuentes de estas citas se muestran en la parte superior de la lista.

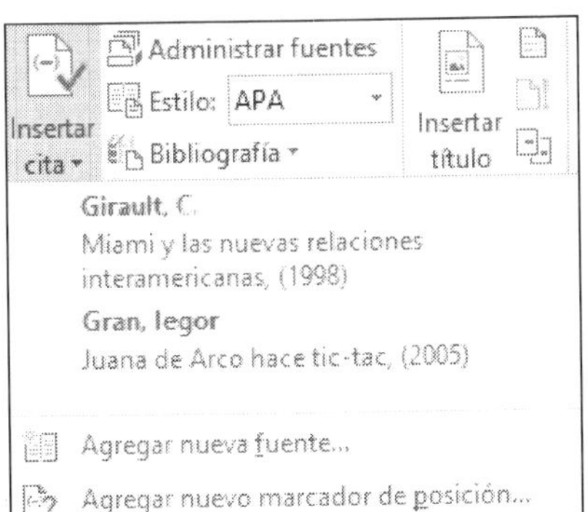

Realice las siguientes acciones:

- Para crear una cita utilizando una fuente existente, haga clic en la fuente que desee de la parte superior de la lista.
- Para agregar una cita creando una nueva fuente y aportar las informaciones pertenecientes a esta fuente, haga clic en la opción **Agregar nueva fuente**.

- Para agregar una cita creando una nueva fuente sin aportar las informaciones sobre la fuente, pulse el botón **Agregar nuevo marcador de posición:** las informaciones de la fuente podrán completarse posteriormente.

Si ha seleccionado una fuente ya existente, la cita correspondiente se inserta donde haya situado el punto de inserción en el documento.

Si ha seleccionado agregar un nuevo marcador de posición o agregar nueva fuente, el cuadro de diálogo correspondiente se abrirá en la pantalla.

- En el caso de un nuevo marcador de posición, escriba el nombre del marcador de posición en la casilla y pulse el botón **Aceptar**.
- En el caso de una nueva fuente, empiece seleccionando el **Tipo de fuente bibliográfica** en la lista correspondiente.

*Los campos del cuadro de diálogo **Crear fuente** cambian en función de la fuente seleccionada.*

- Especifique las diferentes informaciones de la fuente en los campos correspondientes.

La fuente se guarda en el equipo y podrá volver a utilizarla en cualquier otro documento Word (véase Administrar las fuentes en este capítulo).

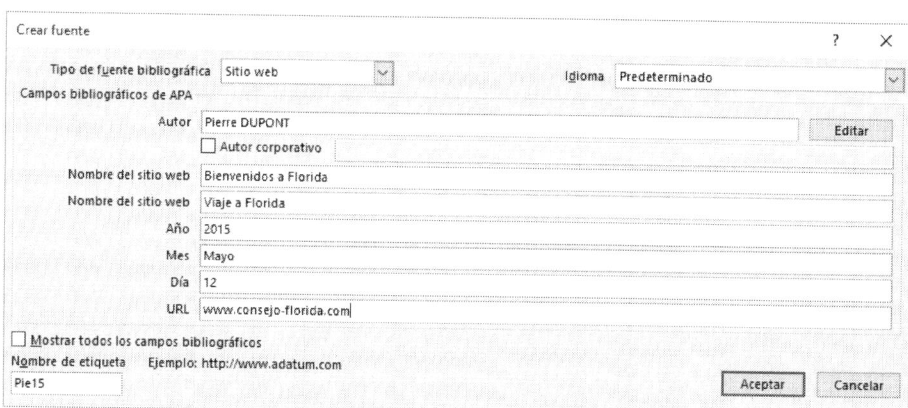

*Al hacer clic en un campo, aparece un ejemplo de lo que se puede escribir en la parte inferior del cuadro de diálogo. En la imagen, el punto de inserción está situado en el campo **URL** y se visualiza una dirección Web como ejemplo.*

- Para mostrar otras informaciones sobre la fuente, active la opción **Mostrar todos los campos bibliográficos** e introduzca la información en los nuevos campos que aparecen.
- Modifique eventualmente el **Nombre de etiqueta** en la casilla correspondiente.

- Pulse el botón **Aceptar**.

  La cita se inserta, entre paréntesis, en el lugar en que se sitúa el punto de inserción.

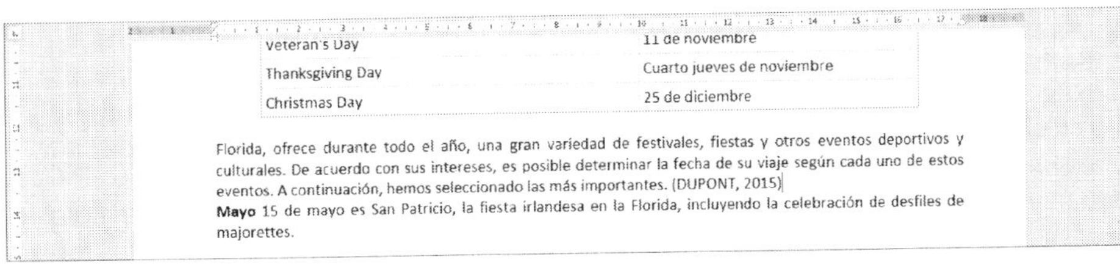

Veteran's Day	11 de noviembre
Thanksgiving Day	Cuarto jueves de noviembre
Christmas Day	25 de diciembre

Florida, ofrece durante todo el año, una gran variedad de festivales, fiestas y otros eventos deportivos y culturales. De acuerdo con sus intereses, es posible determinar la fecha de su viaje según cada uno de estos eventos. A continuación, hemos seleccionado las más importantes. (DUPONT, 2015)
Mayo 15 de mayo es San Patricio, la fiesta irlandesa en la Florida, incluyendo la celebración de desfiles de majorettes.

- Siga agregando todas las citas en el documento.

Una nueva fuente también puede crearse sin haber agregado una cita al documento. Tras seleccionar el **Estilo** en la lista correspondiente de la pestaña **Referencias** (grupo **Citas y bibliografía**), pulse el botón **Administrar fuentes** y pulse el botón **Nuevo** del cuadro de diálogo **Administrador de fuentes**. A continuación, seleccione el **Tipo de fuente bibliográfica** e introduzca la información pertinente antes de pulsar los botones **Aceptar** y **Cerrar**.

Administrar las citas

- Para modificar el texto de una cita, haga clic en el texto de la cita pertinente, pulse el botón y seleccione la opción **Editar cita**.

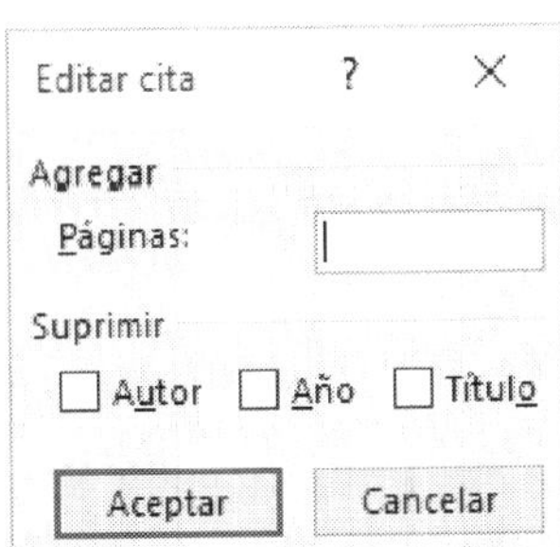

Inserte si es necesario el número de página de la cita en la casilla **Páginas** y elimine, si fuese necesario, el **Autor**, **Año** y/o el **Título** activando las opciones correspondientes.

Pulse el botón **Aceptar** para terminar: las modificaciones de texto efectuadas a la cita no repercuten en la fuente asociada.

- Para convertir una cita en texto estándar, haga clic en el texto de la cita pertinente, pulse el botón y seleccione la opción **Convertir cita en texto estático**: ya no tendrá acceso a las opciones vinculadas a la cita que permiten modificar la cita o incluso modificar la fuente.
- Para eliminar una cita, haga clic en el texto de la cita pertinente, haga clic en el cuadro y pulse la tecla Supr: el hecho de eliminar una cita del documento, no elimina la fuente correspondiente de la bibliografía.

Insertar una bibliografía

Una bibliografía reúne las fuentes bibliográficas utilizadas en el documento. Se ha visto anteriormente que muchas veces la fuente se crea en el momento de añadir una cita, pero también es posible agregarla utilizando el cuadro de diálogo ***Administrar fuentes****.*

- Haga clic en el lugar donde desea insertar la bibliografía; normalmente la bibliografía se inserta al final del documento.
- En la pestaña **Referencias**, pulse el botón **Bibliografía** del grupo **Citas y bibliografía.**

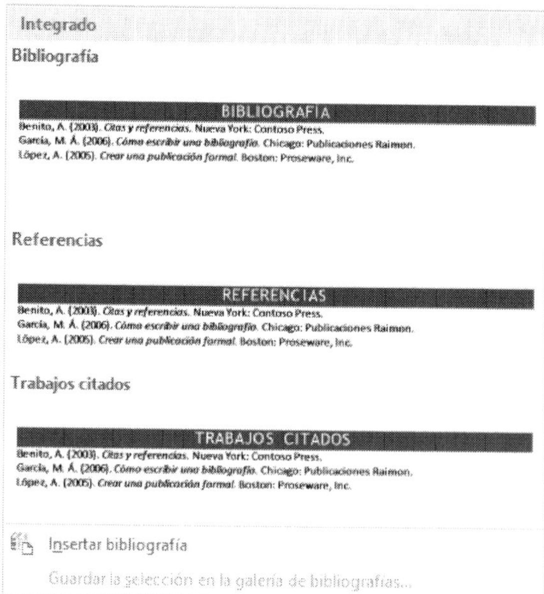

- Seleccione uno de los formatos predefinidos de bibliografía que se ofrecen en la lista o haga clic en la opción **Insertar bibliografía** para insertar una bibliografía sin un formato particular.

  La bibliografía se inserta en la posición del punto de inserción del documento.

  BIBLIOGRAFÍA

  DUPONT, P. (12 de mayo de 2011). *Bienvenidos a Florida*. Obtenido de Viaje a Florida: http://www.consejo-florida.com

  Girault, C. (1998). *Miami y las nuevas relaciones interamericanas.*

  Gran, I. (2005). *Juana de Arco hace tic-tac.* P.O.L.

  Los marcadores de posición no aparecen en la bibliografía.

- Modifique, si lo desea, el formato y/o el texto del título de la bibliografía.

Administrar las bibliografías

- Para cambiar el formato de una bibliografía, sitúe el punto de inserción en el texto de la bibliografía, pulse el botón y a continuación haga clic en el formato de bibliografía que desea aplicar.

  *El botón **Bibliografías** sólo aparece si se ha seleccionado un formato predefinido de bibliografía.*

- Para eliminar una bibliografía con formato predefinido, sitúe el punto de inserción en el texto de la bibliografía, haga clic en la línea vertical y luego pulse la tecla Supr.
  Para eliminar una bibliografía sin formato predefinido, seleccione el texto de la bibliografía y luego pulse la tecla Supr.

- Para convertir una bibliografía en texto estándar, haga clic en el texto de la bibliografía, pulse el botón y seleccione la opción **Convertir la bibliografía en texto estático**: la bibliografía ya no se podrá actualizar cuando se agregue, modifique o elimine alguna de las fuentes.

La opción **Guardar la selección en la galería de bibliografías** asociada al botón **Bibliografía** de la pestaña **Referencias** (grupo **Citas y bibliografía**) permite agregar una bibliografía a la galería de los bloques de creación.

Administrar las fuentes

- En la pestaña **Referencias**, pulse el botón **Administrar fuentes** del grupo **Citas y bibliografía.**

En pantalla aparece el cuadro de diálogo ***Administrador de fuentes****. En el cuadro* ***Lista general*** *se visualiza la lista de fuentes creadas en Word, mientras que en el cuadro* ***Lista actual*** *se visualiza la lista de fuentes del documento activo. Se muestra una* ***Vista previa*** *de la fuente seleccionada en el apartado situado en la parte inferior del cuadro de diálogo.*

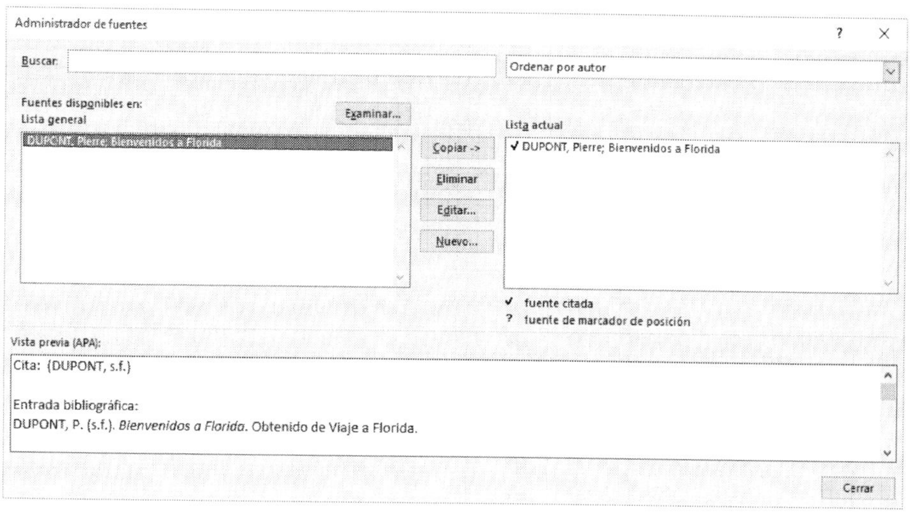

En el cuadro ***Lista actual****, las fuentes citadas aparecen con una muesca y los marcadores de posición van precedidos por un signo de interrogación. Cuando una fuente no va precedida ni por una muesca ni por un signo de interrogación, significa que dicha fuente no se ha citado en el documento. Sin embargo, si la fuente forma parte del cuadro lista actual, se integrará en la bibliografía.*

- Modifique, si fuese necesario, el orden de clasificación de las fuentes de los cuadros **Lista general** y **Lista actual**: abra la lista situada en la parte superior derecha del cuadro de diálogo y haga clic en la opción que corresponda al tipo de orden deseado; de forma predeterminada, las listas se clasifican por autor.
- Para buscar una fuente, haga clic en la casilla **Buscar** y escriba el nombre de la fuente: la búsqueda se efectúa en los dos cuadros y empieza cuando se escribe la primera letra.

Para poder ver de nuevo todas las fuentes, elimine el contenido de la casilla **Buscar**.

- Para disponer en el documento actual de una fuente creada posteriormente en otro documento, seleccione la fuente en la **Lista general** y pulse el botón **Copiar**: la fuente aparecerá en la **Lista actual** y se añade a las citas de la lista **Insertar cita** (pestaña **Referencias**).
- Para eliminar una fuente, selecciónela en la **Lista general** o en la **Lista actual** y pulse el botón **Eliminar**.

*No se puede eliminar una fuente utilizada en el documento (a la izquierda de la fuente, en el cuadro **Lista actual**, aparece una muesca).*

- Para modificar la información de una fuente, seleccione la fuente de una de las dos listas en función de los documentos a los que afectarán estas modificaciones. A continuación, pulse el botón **Editar**, efectúe las modificaciones pertinentes y pulse el botón **Aceptar**.

Si la fuente modificada forma parte tanto de la lista general como de la lista actual, un mensaje le ofrecerá actualizar ambas listas.

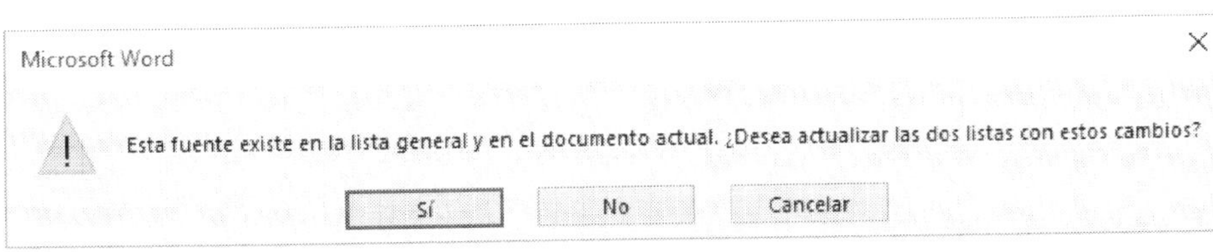

*El botón **Cancelar** permite anular las modificaciones.*

- Para agregar una fuente nueva, pulse el botón **Nuevo**, seleccione el **Tipo de fuente bibliográfica** e introduzca la información de la fuente antes de pulsar los botones **Aceptar**.

La nueva fuente creada aparece en la lista general y en la lista activa. Este método puede ser utilizado para crear una fuente sin insertar una cita.

- Pulse el botón **Cerrar**.
- Para actualizar una bibliografía en función de las modificaciones efectuadas en el cuadro de diálogo **Administrador de fuentes**, pulse el botón secundario del ratón en el texto de la bibliografía y haga clic en la opción **Actualizar campos**; en caso de tratarse de un formato predefinido de bibliografía, también puede hacer clic en la opción **Actualizar citas y bibliografía**.

También puede modificar una fuente a partir de una cita: haga clic en el texto de la cita correspondiente en el documento, pulse el botón y a continuación seleccione la opción **Editar fuente**. Realice las modificaciones pertinentes y pulse el botón **Aceptar**.

Crear un índice

He aquí un ejemplo del índice que se puede realizar:

Definir manualmente una entrada de índice

Antes de generar el índice, deberá insertar en el texto entradas de índice para cada texto que desea indexar (cuyo número de página aparecerá en el índice). Las entradas de índice pueden ser de varios niveles; por ejemplo, en el caso que se ilustra más arriba, la entrada Bebidas es una entrada principal, las entradas Cervezas, Zumos de frutas, etc. son subentradas; el texto seleccionado para estas entradas de índice se encuentra, respectivamente, en las páginas 2 y 1 del documento.

El primer método consiste en marcar manualmente las entradas seleccionando en el documento el texto que se desea indexar.

- Seleccione el texto (palabra o grupo de palabras) que desea indexar, o haga clic a su derecha.

  Para marcar todas las ocurrencias de un texto, deberá seleccionarlas.

- En la pestaña **Referencias**, pulse el botón **Marcar entrada** del grupo **Índice** o utilice el método abreviado Alt Mayús **X**.
- Si es necesario, escriba la **Entrada** principal en la casilla correspondiente.
- Acceda a la casilla **Subentrada** y escriba la entrada secundaria.

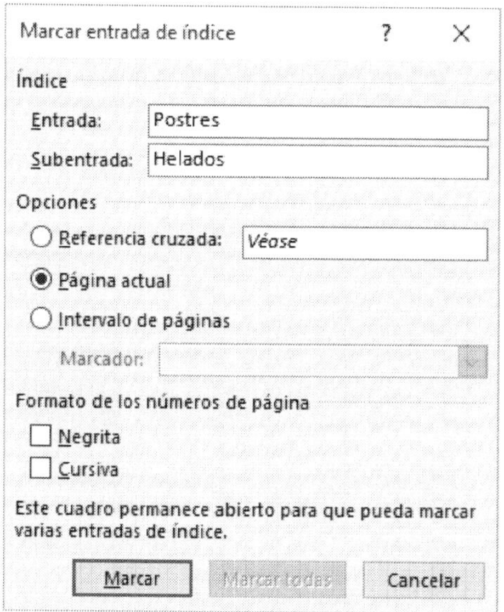

- Si se deben crear otros niveles de entrada, escriba el signo de puntuación dos puntos (:) antes de seguir introduciendo el texto en la casilla de **Subentrada**.
- Indique qué debe aparecer en el índice, asociado a la entrada actual:

  - Si desea agregar a la entrada de índice el texto de referencia cruzada en lugar del número de página, active la opción **Referencia cruzada**.

  Esta opción se utiliza cuando, en lugar de un número de página, se desea reenviar a otra entrada del índice. Es el caso de la entrada Avión, en el ejemplo antes ilustrado.

  - Seleccione la opción **Página actual** para que en el índice se muestre el número de la página en la que se encuentra dicho texto.

  Ésta es la opción activa por defecto.

  - Si desea que aparezca en el índice un grupo de páginas (por ejemplo, 2-4) asociado a un marcador previamente definido, active la opción **Intervalo de páginas** y seleccione el marcador en la lista **Marcador**.

- Para aplicar el formato **Negrita** y/o **Cursiva** a los números de página de esta entrada de índice, active las opciones correspondientes en el cuadro **Formato de los números de página**.
- Si es necesario, modifique el formato de los caracteres escritos mediante los métodos abreviados.
- Haga clic en el botón **Marcar** para crear una entrada de índice únicamente en el texto seleccionado, o en el botón **Marcar todas**, para crear entradas de índice en todos los textos idénticos al texto seleccionado.

  *El botón **Marcar todas** sólo está disponible en el documento si se ha seleccionado algún texto.*

  La inserción del código o de los códigos de campo {XE...} se muestra en el documento en forma de texto oculto. Si las marcas de párrafo ¶ y otros símbolos de formato estuvieran ocultos, en el momento de insertar la primera entrada de índice se muestran todos automáticamente en el documento.

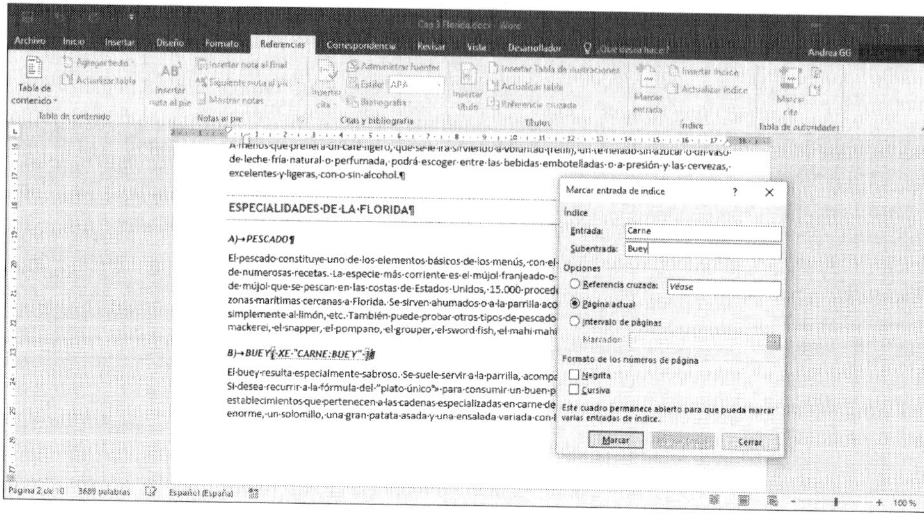

- Prosiga con el mismo sistema para cada texto que desee indexar.

  Si desea crear varias entradas de índice, no es necesario cerrar el cuadro de diálogo después de cada entrada de índice.

- Una vez indexados todos los textos, haga clic en el botón **Cerrar**  del cuadro de diálogo **Marcar entrada de índice**.

  Los códigos de los campos se visualizan a la derecha de cada uno de los textos indexados.

Para modificar una entrada de índice, o para cambiar su formato, cambie el texto que se encuentra entre comillas en el campo correspondiente.

Para eliminar una entrada de índice, seleccione su campo correspondiente, incluidos los corchetes ({}) y luego pulse la tecla Supr.

Para eliminar rápidamente todas las entradas de índice de un documento, compruebe que están visibles utilizando las marcas de formato ¶ y luego abra el cuadro de diálogo **Buscar y reemplazar** (pestaña **Inicio** - botón **Reemplazar**). A continuación haga clic en el cuadro de texto **Buscar**, en el botón **Especial** (si fuera necesario, haga clic en el botón **Más** para poder ver ese botón) y escoja la opción **Campo**: en el cuadro de texto **Buscar** aparece el símbolo **^d**. Puesto que se trata de eliminar los códigos de campo, no es necesario que escriba nada en el cuadro de texto **Reemplazar con** y haga directamente clic en el botón **Reemplazar todos** y luego en el botón **Aceptar** del mensaje que le informa del número de reemplazos efectuados: Word busca todos los campos del documento y los elimina.

Definir automáticamente las entradas de índice

Se puede utilizar este método si las entradas de índice están catalogadas en un archivo de índices. Se trata de un documento de Word compuesto por una tabla con dos columnas en la que están detallados los textos que se deben buscar e indexar.

- Cree un documento nuevo de Word en el que insertará una tabla con dos columnas y varias filas. Cada fila corresponde a una entrada de índice.

  Para más información relativa a las tablas, consulte el título Insertar una tabla, en el capítulo Tablas.

- Para cada entrada de índice que se deba crear, en la primera columna de la tabla escriba el texto que desea indexar y que Word deberá buscar en el documento.

  A continuación, haga clic en la segunda columna, y escriba el texto de la entrada, tal como debe aparecer en el índice; para crear los niveles de entrada, separe el texto de cada nivel con el signo de puntuación dos puntos (:), sin espacios delante ni detrás; por ejemplo: **Comidas:Desayuno**. La entrada **Comidas** es una entrada principal, mientras que la entrada **Desayuno** es una entrada secundaria.

  Es importante respetar las mayúsculas y minúsculas al escribir. Si el texto que se debe buscar es, por ejemplo, ***circulación****, Word no indexará ni* ***Circulación****, ni* ***CIRCULACIÓN****. Por el mismo motivo, para indexar un mismo texto escrito de distintas maneras, será necesario crear distintas entradas de índice.*

Desayuno	Desayuno
Desayuno	Comidas:Desayuno
Almuerzo	Almuerzo
Almuerzo	Comidas:Almuerzo
Nuestras salsas	Comidas:Salsas
Nuestras salsas	Salsas
Nuestras salsas	Almuerzo:salsas
ensaladas	Ensaladas
buey	Buey
buey	Almuerzo:Buey
almuerzo	Almuerzo:Horarios
almuerzo	Almuerzo
Brunch	Brunch
Brunch	Comidas:Brunch
Postres	Postres
Postres	Comidas:Postres
bebidas	Bebidas
bebidas	Bebidas:Vinos
bebidas	Vinos
agua	Bebidas:Agua
agua	Agua
Pescado	Pescado
Pescado	Especialidades floridenses:Pescado
Buey	Buey
Buey	Especialidades floridenses:Buey
Sea food	Sea food
Sea food	Especialidades floridenses:Sea Food
Key lime pie	Key lime pie
Key lime pie	Especialidades floridenses:Key lime pie

- Si fuera necesario aplicar atributos (negrita, cursiva, etc.) a algunas entradas de índice, aplique esos formatos a los textos situados en la columna derecha.
- Guarde el archivo de índice y ciérrelo.
- A partir del documento que desea indexar, en la pestaña **Referencias**, haga clic en el botón **Insertar índice**  del grupo **Índice** y luego haga clic en el botón **Automarcar** en el cuadro de diálogo **Índice**.

  El cuadro de diálogo ***Abrir archivo de Automarcar índice*** *se abre en pantalla.*
- Seleccione el archivo de índice antes creado y haga clic en el botón **Abrir**.

  Todas las entradas de índice catalogadas en el archivo de índice quedan automáticamente marcadas.

LAS·COMIDAS¶

DESAYUNO{·*XE*·"Desayuno"·}{·*XE*·"Comidas:Desayuno"·}¶

El·desayuno,·o·breakfast,·ha·adquirido·en·Estados·Unidos·una·importancia·evidente.·Si·desea·empezar·su·día·americano,·tomará·un·zumo·de·fruta,·cereales,·huevos·revueltos·o·fritos·con·beicon·o·salchichas·y·tarta,·ocasionalmente·frutas·frescas·y·queso.·Todo·se·sirve·con·un·café·muy·largo·o·té·a·voluntad.¶

ALMUERZO{·*XE*·"*COMIDAS:ALMUERZO*"·}{·*XE*·"*ALMUERZO*"·}{·*XE*·"*ALMUERZO*"·}¶

El·almuerzo{·XE·"Almuerzo"·}{·XE·"Almuerzo:Horarios"·},·o·lunch,·es·a·la·vez·ligero·y·rápido.·Suelen·ser·ensaladas{·XE·"Ensaladas"·}·compuestas,·en·las·que·se·mezclan·verduras·y·hortalizas·crudas·con·queso·y·se·aliñan·con·salsas·imaginativas·y·muy·sabrosas.·Puede·componer·y·consumir·su·propia·ensalada·en·un·buffet·especializado·(salad·bar),·y·seleccionar·la·salsa·que·prefiera·(salad·dressing):¶

¶

Nuestras·salsas{·XE·"Salsas"·}{·XE·"Comidas:Salsas"·}{·XE·"Almuerzo:salsas"·}·preferidas¤	
Blue·Cheese¤	con·queso·azul¤
Thousand·Island¤	con·mahonesa·y·tomate·picante¤
Ranch¤	con·crema·de·ajo¤
Caesar¤	al·parmesano¤
Honey·Mustard¤	con·miel·y·mostaza¤
Esperanza¤	picante¤

¶

La·carne,·en·forma·de·parrillada,·ocupa·un·lugar·importante·en·Estados·Unidos,·quienes,·no·lo·olvidemos,·han·proporcionado·a·Europa·la·receta·de·la·barbacoa,·acompañada·con·salsas·variadas.·La·carne·de·buey{·XE·"Buey"·}{·XE·"Almuerzo:Buey"·}·que·se·consume·es·de·gran·calidad.·Tanto·si·se·consume·en·forma·de·T-bone·steak·o·como·hamburguesa,·suele·ser·apetitosa·y·bien·preparada.·Tenga·en·cuenta·que·las·raciones·son·siempre·muy·abundantes.·Todos·los·platos·de·carne·se·suelen·servir·con·uno·o·dos·tipos·de·verduras.¶

Si añade nuevas entradas de índice en el archivo de índice, deberá actualizar el documento indexado para poder integrar las nuevas entradas. Para ello, proceda como lo hizo durante el primer marcado automático.

Cuando en el archivo de índice se modifica una entrada de índice existente, Word crea, en el momento de aplicar el automarcado, una nueva entrada que se inserta a continuación de la entrada existente, pero que no la reemplaza en ningún caso.

Es posible modificar una entrada directamente en su correspondiente código de campo. Sin embargo, puesto que este método no permite mantener actualizada la tabla de indexación, le proponemos una solución sencilla y rápida: elimine todas las entradas de índice existentes en el documento (véase la observación incluida en el subtítulo anterior), a continuación efectúe todos los cambios que desee en el archivo de índice (agregar, eliminar o modificar texto o formato) y luego proceda de nuevo al marcado automático.

Se pueden combinar, en un mismo documento, el marcado manual y el automático de las entradas de índice.

Insertar la tabla de índice

- Los códigos de campo son caracteres no imprimibles, pero asegúrese de que están ocultos utilizando la herramienta ¶ para que no sean tenidos en cuenta en el momento del cálculo de la paginación.
- Posicione el punto de inserción en el lugar donde desea insertar el índice.
- En la pestaña **Referencias**, haga clic en el botón **Insertar índice** que se encuentra en el grupo **Índice**.

  *Aparecerá en pantalla el cuadro de diálogo **Índice**.*

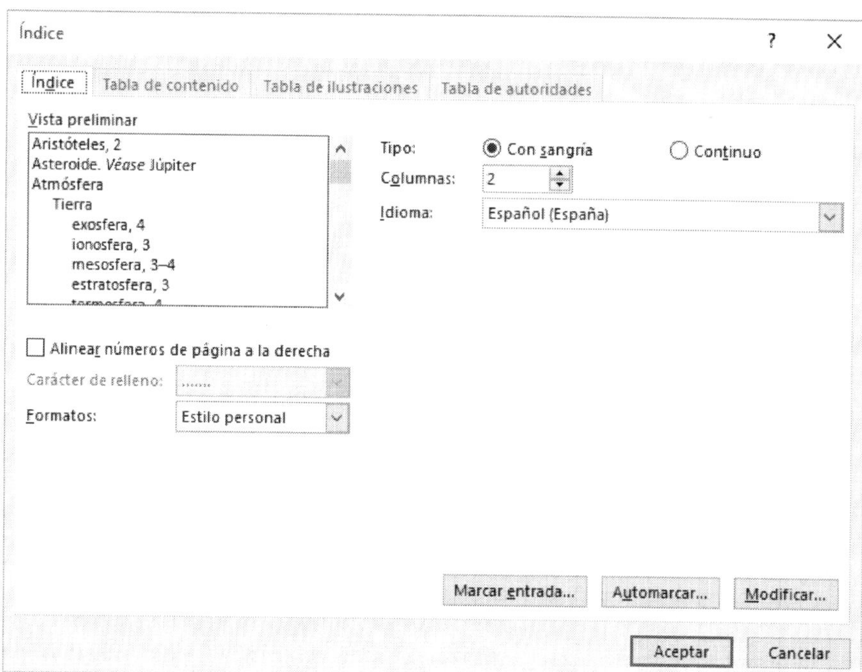

- Seleccione el **Tipo** de subentrada:

  Con sangría Las entradas secundarias aparecen marcadas con una sangría y se colocan unas debajo de otras.

  Continuo Las entradas se detallan unas debajo de las otras salvo las entradas secundarias que aparecen una al lado de otra, separadas con un punto y coma.

- En la lista **Formatos**, seleccione la opción correspondiente a la presentación que desea aplicar al índice y visualice el resultado en el cuadro **Vista preliminar**.
- Si ha seleccionado el formato **Estilo personal**, haga clic en el botón **Modificar** si desea cambiar el formato de las entradas de índice cambiando los correspondientes estilos.

  Para cada estilo de entrada que desee modificar, selecciónelo en la lista **Estilos**, haga clic en el botón **Modificar**, efectúe los cambios que prefiera y haga clic en el botón **Aceptar**. Cuando haya terminado todos los cambios, haga clic en el botón **Aceptar** del cuadro de diálogo **Estilo**.
- Si lo desea puede modificar las distintas opciones que se ofrecen: **Alinear números de página a la derecha**, **Carácter de relleno**, **Columnas** e **Idioma**.
- Pulse el botón **Aceptar**.
- Si fuera necesario, utilice las teclas Alt F9 para ocultar el campo correspondiente a la tabla de índice creada y poder visualizar su contenido.

Los estilos de la tabla de índice se llaman Índice 1, Índice 2, etc., y pueden modificarse tanto utilizando el botón **Modificar** del cuadro de diálogo **Índice** (véase más arriba) como a través del panel **Estilos**.

Como sucede con la tabla de contenido, puede, si lo desea, mostrar la tabla de índice sobre un fondo gris mediante la lista **Sombreado de campo** del cuadro de diálogo **Opciones de Word** (pestaña **Archivo** - **Opciones** - categoría **Avanzadas** - apartado **Mostrar contenido de documento**).

Para modificar la presentación de la tabla de índice, seleccione otro formato en el cuadro de diálogo **Índice** (pestaña **Referencias** - grupo **Índice** - botón **Insertar índice** ); tras la confirmación, la nueva presentación reemplaza a la anterior.

Para eliminar una tabla de índice, selecciónela y pulse la tecla Supr.

Actualizar una tabla de índice

Esta función permite actualizar los números de página y/o las entradas de índice si éstas se han modificado.

- Haga clic en la tabla de índice.
- En la pestaña **Referencias**, haga clic en el botón **Actualizar índice** del grupo **Índice** o pulse la tecla F9.

Documentos maestros

Crear un documento maestro

*Un **documento maestro** permite reunir varios documentos Word (denominados **subdocumentos**) con el fin de gestionar simultáneamente los números de página, títulos, notas, etc. de los subdocumentos.*

- Cree un nuevo documento basado en la plantilla común a todos los subdocumentos.
- Active la Vista **Esquema** haciendo clic en el botón **Esquema** de la pestaña **Vista** (grupo **Vistas**).

  *En la cinta de opciones se activa la pestaña **Esquema**.*
- Pulse el botón **Mostrar documento** del grupo **Documento maestro** para activar el modo **Documento maestro** y poder ver las opciones correspondientes en la pestaña **Esquema**.
- Para insertar un subdocumento, haga clic, si fuera necesario, en el párrafo en el que debe ser insertado y luego haga clic en el botón **Insertar**. A continuación, seleccione el documento que desea insertar y luego haga clic en **Abrir**.

  *Si el subdocumento utiliza estilos predefinidos que existen ya en el documento maestro (los estilos predefinidos de Word son **Título**, **Título 1**, **Título 2**, etc.), aparecerá un mensaje que le ofrece volver a nombrar los estilos del subdocumento para evitar conflictos.*

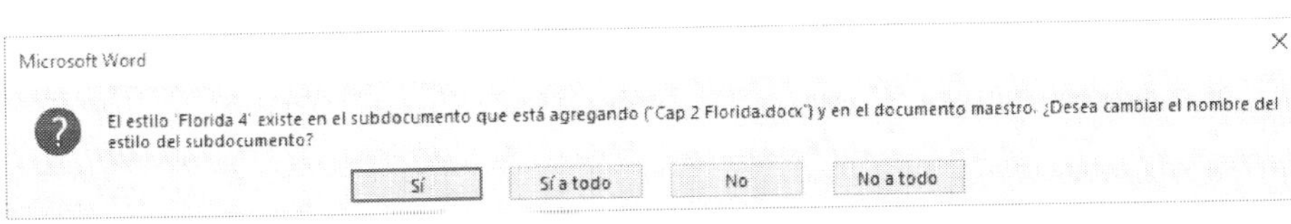

- En este caso, pulse uno de los botones siguientes:

  Sí Estos estilos se copian en el documento maestro y se les vuelve a dar nombre para evitar conflictos. De forma predeterminada los estilos que se utilizan son los del documento maestro.

  No Estos estilos no se copian en el documento maestro.
- Prosiga de este modo para insertar todos los subdocumentos en el documento maestro.

  Todo el subdocumento aparece enmarcado con un borde gris.
- Para mostrar únicamente el esquema del subdocumento, abra la lista **Mostrar nivel** y haga clic en el nivel deseado en función de los títulos que desee mostrar.

- Guarde el documento maestro y ciérrelo.

El botón **Crear** que se encuentra en el grupo **Documento maestro** (pestaña **Esquema**) permite crear un subdocumento directamente a partir del documento maestro. A continuación, sólo necesita abrirlo para escribir su contenido (véase el apartado siguiente).

Utilizar un documento maestro

- Abra el documento maestro que contiene los subdocumentos.
- Si fuera necesario, active la vista **Esquema** (pestaña **Vista** - botón **Esquema**) y haga clic en el botón **Mostrar documento.**

Cada subdocumento aparece en forma de hipervínculo. Puede hacer clic en el vínculo hipervínculo para abrir el subdocumento. Los subdocumentos están separados por saltos de sección que se muestran cuando se visualizan las marcas de formato.

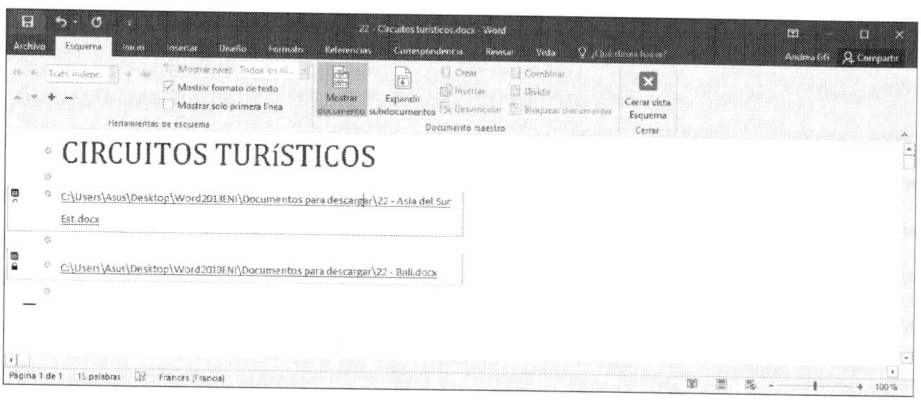

- Haga clic en el botón **Expandir subdocumentos** del grupo **Documento maestro.**
- Escoja lo que desea visualizar utilizando la lista **Mostrar nivel** del grupo **Herramientas de esquema.**
- Para abrir un subdocumento, haga doble clic en el icono subdocumento situado en la esquina superior izquierda del cuadro.

Tras haber realizado la consulta y/o modificado el contenido del documento, guarde, si es necesario, las modificaciones y ciérrelo antes de volver al documento maestro.

Si no lo cierra, el subdocumento aparecerá bloqueado en el documento maestro (con un candado debajo de) y no podrá modificarse.

- Para bloquear un subdocumento y así evitar cualquier tipo de modificación, haga clic en el subdocumento y pulse el botón **Bloquear documento**. Para desbloquearlo, pulse de nuevo este botón.
- Para reorganizar el contenido del documento maestro, desplace el o los títulos en cuestión utilizando las herramientas ▲ o ▼; también puede arrastrar el botón ⊕ que precede el título que desea desplazar.
- Para dividir un subdocumento, sitúe el punto de inserción al principio del párrafo del lugar donde desea cortar el subdocumento y pulse el botón **Dividir**.
- Para combinar subdocumentos, selecciónelos: compruebe que están situados uno tras otro, haga clic en el icono del primer subdocumento, mantenga pulsada la tecla Mayús y luego haga clic en el último icono del grupo de subdocumentos que desea combinar. A continuación pulse el botón **Combinar**.
- Para convertir un subdocumento en un elemento del documento maestro, sitúe el punto de inserción en el subdocumento correspondiente y pulse el botón **Desvincular**: el contenido del subdocumento se copia en el documento maestro y el vínculo entre el documento maestro y el subdocumento desaparece.

  Se puede seguir trabajando con el subdocumento.
- Para eliminar un subdocumento, seleccione el subdocumento haciendo clic en su icono y pulse la tecla Supr.

  De este modo, este subdocumento ya no formará parte del documento maestro, pero se conserva como documento Word.
- Para insertar o eliminar saltos de página o de sección en un documento maestro, debe mostrar las marcas de formato (¶ - pestaña **Inicio**) y operar tal y como lo haría con un documento con vista **Diseño de impresión**.
- Para numerar los títulos, las páginas, insertar una tabla de contenido, una tabla de índice, para crear encabezados, etc., haga clic en el botón **Cerrar vista Esquema** para mostrar el documento maestro en vista Diseño de impresión, o haga clic en el botón que se encuentra en la barra de estado. A continuación, proceda como lo haría en un documento normal.
- Para imprimir todos los subdocumentos, abra el documento maestro en modo **Diseño de impresión** e inicie la impresión.

Crear un formulario

En este capítulo, sólo se presentan las funciones básicas para crear un formulario.

Un formulario es un tipo de documento que contiene un texto constante y unas zonas variables. Ejemplo:

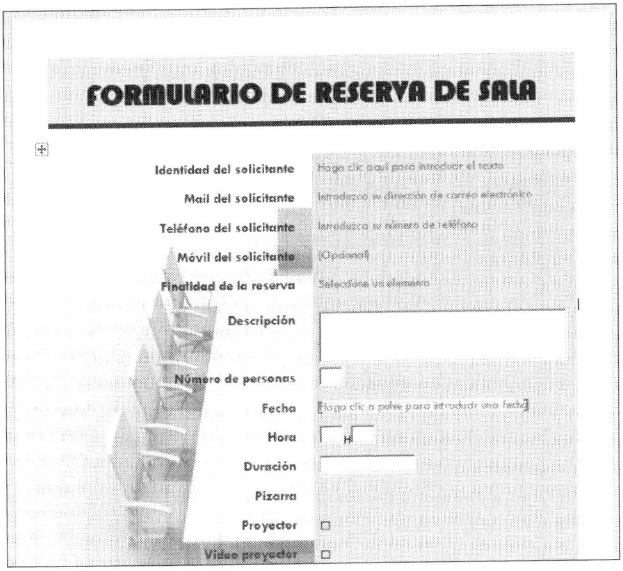

- Abra la pestaña **Desarrollador**: en la pestaña **Archivo**, haga clic en **Opciones** y luego en la categoría **Personalizar la cinta de opciones** en el cuadro de diálogo **Opciones de Word**.

  Compruebe que la opción **Pestañas principales** está seleccionada en la lista **Personalizar la cinta de opciones**, marque la opción **Desarrollador** en el área situada debajo de la lista y confirme pulsando **Aceptar**.

- Cree o modifique una plantilla de documento.

- Escriba el texto que será constante.
- En cada zona variable, inserte un control de contenido con las opciones del grupo **Controles** situado en la pestaña **Desarrollador** (véase apartado siguiente).
- Cuando haya terminado el formulario, protéjalo (véase Proteger un formulario) y guárdelo.
- Oculte, si fuera necesario, la pestaña **Desarrollador** desactivando la opción correspondiente del cuadro de diálogo **Opciones de Word** (categoría **Personalizar cinta de opciones**).

Insertar controles de contenido en un formulario

Un control de contenido se presenta en forma de texto, cuadro combinado, lista desplegable, selector de fechas o selector de bloques de creación.

- Asegúrese de que la pestaña **Desarrollador** está visible en la cinta de opciones y actívela.
- Active el **Modo Diseño** pulsando el botón correspondiente del grupo **Controles.**
- Sitúe el punto de inserción en el lugar donde debe insertarse el control de contenido.
- Haga clic, en el grupo **Controles**, en uno de los iconos siguientes en función del control de contenido que desea insertar:

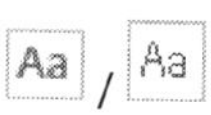
Inserta un control de texto que permite al usuario del formulario escribir un texto.

Inserta un control de contenido de una imagen y permite al usuario del formulario seleccionar una imagen.

Inserta un control de contenido de un cuadro combinado que permite al usuario del formulario seleccionar un elemento en la lista o escribir un texto si ningún elemento de los que se ofrecen le conviene.

Inserta un control de contenido de lista desplegable que permite al usuario del formulario seleccionar un elemento de dicha lista.

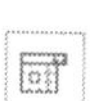
Inserta un control de contenido de selector de fecha y permite al usuario del formulario seleccionar una fecha.

Inserta un control de contenido de casilla de verificación. Este control es de tipo Sí/No: cuando está marcada es SÍ y, a la inversa, es NO.

El control de contenido se inserta en el documento en la posición del cursor.

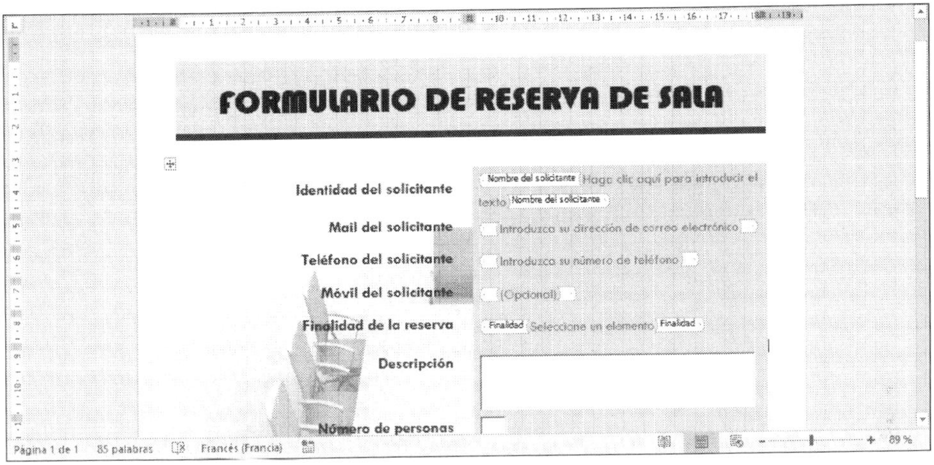

Dentro del control de contenido, se puede ver un pequeño texto (en la imagen, ***Haga clic aquí para escribir texto.****) llamado* ***texto de instrucción****. Este texto permite guiar al usuario del formulario a la hora de escribir su información y se reemplaza por el contenido que se escribe al rellenar el formulario.*

- Modifique eventualmente el texto de instrucción del control: seleccione este texto, pulse la tecla Supr y escriba el nuevo texto de instrucción.
- Proceda de este modo con todos los controles de contenido del formulario.
- Para desactivar el **Modo Diseño** pulse el botón correspondiente en el grupo **Controles**.
- Si fuese necesario, aplique un formato a algunos controles del formulario: haga clic en él y, a continuación, en su barra para seleccionarlo y utilice las funciones habituales de Word para modificar el formato (fuentes, tamaño, cursiva, etc.).
- Guarde las modificaciones efectuadas en el formulario.

Para eliminar un control de contenido, active o no el **Modo Diseño** y haga clic en el control correspondiente. A continuación, haga clic en la barra que se le asocia y pulse la tecla Supr.

Definir las propiedades de un control de contenido

A pesar de que algunas propiedades son comunes a todos los controles de contenido, otras varían según el tipo de control insertado.

Propiedades de un control de contenido de texto

- Active la pestaña **Desarrollador.**
- Haga clic en el control de contenido de texto y luego haga clic en el botón **Propiedades** que se muestra en el grupo **Controles.**

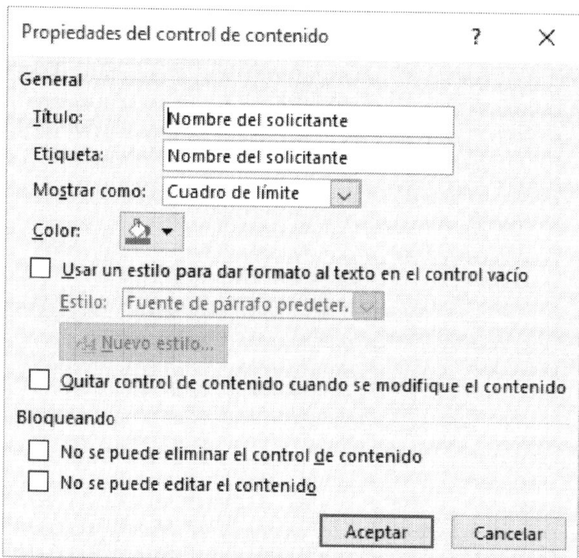

- Escriba, si lo cree necesario, un **Título** para el control en la casilla correspondiente: el título se muestra en la parte superior del control cuando se selecciona.
- Eventualmente puede dar un nombre a la etiqueta asociada al control en la casilla **Etiqueta**: con el modo Diseño, las etiquetas aparecen a cada extremo del control.

- Escoja cómo desea mostrar el control seleccionando una de las opciones de la lista **Mostrar como**:

Cuadro de límite	El control está rodeado por un marco cuando está activo; es la opción seleccionada de manera predeterminada.
Etiqueta inicial/final	Aparece una etiqueta al inicio y otra al final del control. Se muestran tanto cuando el control está activo como cuando está inactivo; son las mismas etiquetas que se muestran cuando el Modo de diseño está activo.
Ninguno	Tanto si el control está activo como si no lo está, ni el marco ni las etiquetas aparecerán.

- Cambie, si fuera necesario, el color del control utilizando la lista **Color**.

  El nuevo color se aplicará al marco o a las etiquetas de inicio y de final del control, en función de cómo ha escogido mostrarlos (véase el párrafo anterior).

- Si desea utilizar un estilo para dar formato al contenido que se escribe, marque la opción **Usar un estilo para dar formato al texto en el control vacío** y seleccione el estilo que prefiera en la lista **Estilo** o, si ningún estilo le conviene, cree un estilo nuevo haciendo clic en el botón **Nuevo estilo**.

  El estilo elegido se aplicará al texto escrito cuando se rellene el formulario.

- Si desea que el control se elimine una vez que el usuario lo haya cumplimentado, marque la opción **Quitar control de contenido cuando se modifique el contenido**. En caso contrario, el control no será eliminado y se mantendrá visible en el documento, pero no aparecerá cuando se imprima el formulario.

- Para evitar que se elimine el control, active la opción **No se puede eliminar el control de contenido**.

  Esta opción aparece en gris y por lo tanto no está disponible cuando la opción ***Quitar control de contenido cuando se modifique el contenido*** *está activada.*

- Para evitar que se modifique el contenido del control, active la opción **No se puede editar el contenido**.

- En el caso de un control de texto sin formato, active la opción **Permitir retornos de carro (varios párrafos)** si desea autorizar que el usuario del formulario pueda insertar varios párrafos en el control: el “retorno de carro” es el equivalente de la tecla ↵.

- Pulse el botón **Aceptar**.

Las propiedades presentadas son las mismas que para los controles de contenido de tipo imagen.

Propiedades de un control de contenido de cuadro combinado o lista despegable

- Active la pestaña **Desarrollador**.
- Haga clic en el control de contenido de cuadro combinado o lista desplegable cuyas propiedades desea definir.
- Pulse el botón **Propiedades** del grupo **Controles**.
- Introduzca las propiedades del apartado **General** y las propiedades del apartado **Bloqueando** como si se tratase de un control de contenido de texto (véase apartado anterior).
- Para cada elemento que desea que aparezca en la lista, pulse el botón **Agregar**, escriba el **Nombre para mostrar** y pulse el botón **Aceptar**.

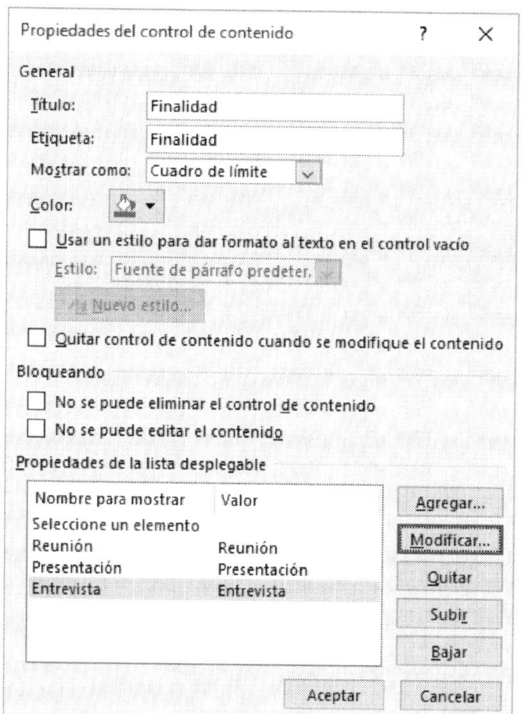

- Para modificar un elemento, selecciónelo en la lista, pulse el botón **Modificar**, efectúe las modificaciones pertinentes y valide el cambio con el botón **Aceptar**.

- Para quitar un elemento, selecciónelo en la lista y pulse el botón **Quitar**.
- Para modificar la posición de un elemento en la lista, selecciónelo y ayúdese de los botones **Subir** y/o **Bajar**.
- Pulse el botón **Aceptar**.

Propiedades de un control de contenido del selector de fechas

- Active la pestaña **Desarrollador**.
- Haga clic en el control de contenido del selector de fechas y luego en el botón **Propiedades** que se muestra en el grupo **Controles**.
- Introduzca las propiedades del apartado **General** y las propiedades del apartado **Bloqueando** como si se tratase de un control de contenido de texto (véase apartado anterior).

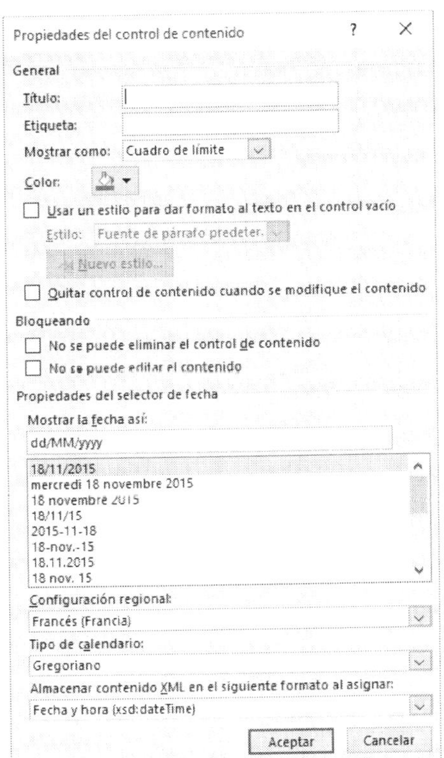

- Seleccione la **Configuración regional** y el **Tipo de calendario** que se utilizará en las respectivas listas.
- En la lista **Mostrar la fecha así**, seleccione el formato con el que desea mostrar la fecha.
- Pulse el botón **Aceptar**.

Proteger un formulario

- Después de guardar el formulario, desactive el **Modo Diseño** haciendo clic en el botón correspondiente de la pestaña **Desarrollador**.
- En la pestaña **Revisar**, haga clic en el botón **Restringir edición** que se encuentra en el grupo **Proteger** (este botón se puede encontrar también en la pestaña **Desarrollador**).
- Marque la opción **Permitir solo este tipo de edición en el documento** que se encuentra en el apartado **Restricciones de edición**. A continuación, abra la lista y seleccione la opción **Rellenando formularios**.

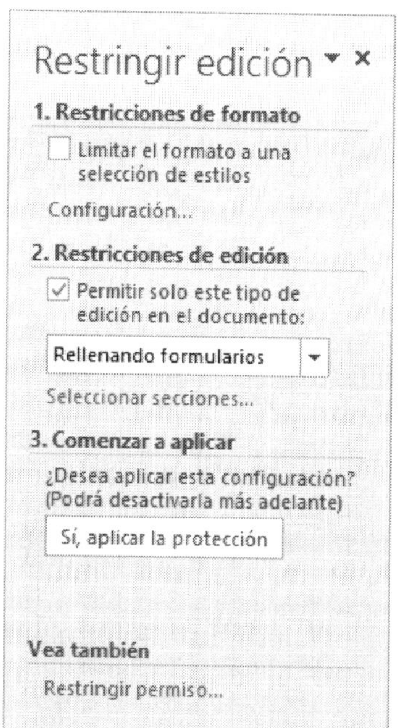

- Si el documento se divide en varias secciones, puede elegir proteger únicamente algunas secciones. Para ello, haga clic en el vínculo **Seleccionar secciones**, active las secciones que desee proteger y desactive las otras. Pulse el botón **Aceptar**.
- Pulse el botón **Sí, aplicar la protección**.
- Haga clic en la casilla y **Escriba la nueva contraseña (opcional)**, ésta puede tener un máximo de 15 caracteres.

  Introducir una nueva contraseña no es obligatorio, pero sí que es muy recomendable. De hecho, si no se vincula una contraseña al formulario, cualquier usuario podrá desactivar la protección y modificar el contenido.
- Si fuese el caso, **Vuelva a escribir la contraseña para confirmar** en esta casilla.

  En la pantalla, la contraseña se sustituye por unos puntos. Preste atención al tipo de caracteres (mayúscula o minúscula) de la contraseña.

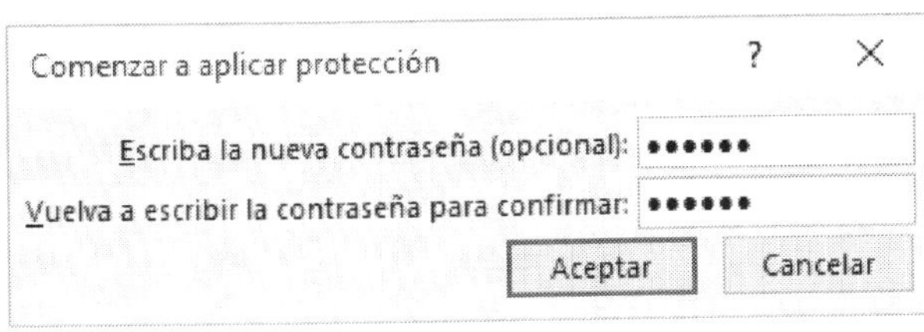

- Haga clic en el botón **Aceptar** y guarde las modificaciones aportadas al formulario.

  Los usuarios del formulario que no conozcan la contraseña únicamente podrán acceder a los campos del formulario para rellenarlos con los datos.

Para eliminar la protección, abra, si fuese necesario, el panel **Restringir edición** (pestaña **Revisar** - grupo **Proteger** - botón **Restringir edición**). Pulse el botón **Suspender la protección**, escriba la **Contraseña** que protege el formulario y pulse el botón **Aceptar**.

Utilizar un formulario

- Cree un nuevo documento basado en la plantilla del formulario.

  El primer control aparece seleccionado.

  El hecho de haber protegido el documento como formulario, únicamente permite el acceso a los campos del formulario.

- Para rellenar los controles, desplácese de control a control mediante la tecla Tab y Mayús Tab o haga clic sucesivamente en los controles que se deben rellenar.

  Atención, no se podrá desplazar mediante la tecla Tab y Mayús Tab cuando se trate de un control de contenido de texto enriquecido Aa, puesto que, en este caso, se inserta un carácter de tabulación en el control.

Etapas de creación de un mailing

*El **mailing** o **combinación de correspondencia** permite el envío masivo de documentos a destinatarios habituales, inscritos en un archivo de datos, una base de datos de Access o una tabla de Word/Excel.*

- Esta operación implica la utilización de dos archivos:
  - Un **documento principal** que contiene el texto fijo y los campos que servirán de vínculo con el archivo de datos.
  - Un **archivo de datos** que contiene la información variable.
- Un archivo de datos se compone de **campos** y de **registros**. Ejemplo:

Apellido	Nombre	Dirección	CP	Ciudad
LÓPEZ PLANAS	Manuel	Calle Algeciras	44000	Albacete
CIRERA ALONSO	Marta	Paseo de las Flores	56000	Vigo

Toda la información de LÓPEZ y CIRERA constituye los registros. Cada tipo de información (Nombre, Apellido, etc.) es un campo.

- Cree el documento principal.
- Asocie el archivo de datos al documento principal (si fuese necesario, cree el archivo de datos).
- Inserte los campos del archivo de datos en el documento principal, en el lugar adecuado.
- Ejecute el mailing.

Crear un mailing

Definir el documento principal

- Para utilizar un nuevo documento en blanco como documento principal, créelo utilizando el método abreviado Ctrl **U**.

  Para utilizar una plantilla predefinida o una de las plantillas personalizadas como documento de base, haga clic en la pestaña **Archivo** y luego en la opción **Nuevo** y escoja la plantilla que prefiera.

  Para utilizar un documento existente, ábralo: puede ser un documento normal o un documento principal creado y utilizado para una combinación de correspondencia anterior.

- Haga clic en la pestaña **Correspondencia**.
- Pulse el botón **Iniciar combinación de correspondencia**, situado en el grupo que tiene el mismo nombre, y a continuación, según el tipo de documento principal que desee crear, haga clic en la opción **Cartas** o **Mensajes de correo electrónico**.

  *La opción **Mensajes de correo electrónico** permitirá enviar un mensaje de correo electrónico personalizado a los destinatarios de su libreta de direcciones de correo electrónico. Para poder utilizar esta función, debe tener instalado el programa de correo electrónico Outlook 2016 en el equipo.*

Asociar una lista de datos al documento principal

- En la pestaña **Correspondencia**, pulse el botón **Seleccionar destinatarios** del grupo **Iniciar combinación de correspondencia** y haga clic en una de las categorías que se ofrecen:

  Escribir una nueva lista: permite escribir una nueva lista de destinatarios (véase Crear una lista de datos en este mismo capítulo).

  Usar una lista existente: abre el cuadro de diálogo **Seleccionar archivos de origen de datos** que permite seleccionar un archivo o una base de datos que contenga la lista de los destinatarios. Si la lista seleccionada no le resulta efectiva, seleccione otra lista haciendo clic de nuevo en esta opción.

  Si selecciona como lista de datos, un libro Excel (.xlsx) o una base de datos Access (.accdb), cuando abra el archivo, Word abre un cuadro de diálogo que le permitirá elegir, según el caso, la hoja de cálculo o la tabla (o consultas) de la base de datos que contenga la lista de datos que desea utilizar para el mailing.

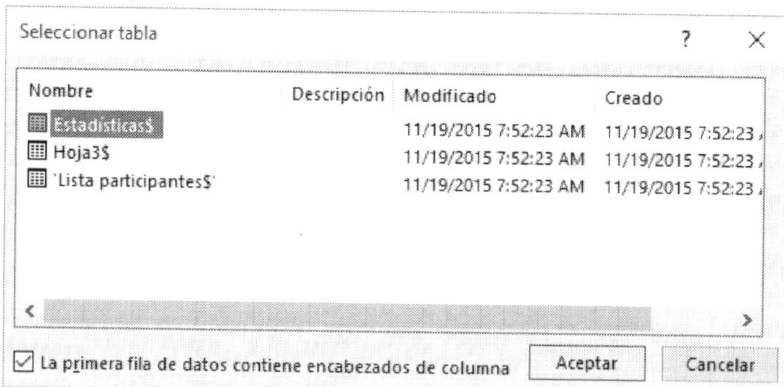

Elegir de los contactos de Outlook: se abre el cuadro de diálogo **Selección de los contactos** y le permite seleccionar el nombre de la libreta de contactos que contiene la lista de los destinatarios.

*Desde el momento en que se ha asociado una lista de datos al documento principal, la mayoría de las opciones de la pestaña **Correspondencia** están disponibles.*

Si desea que no se asocie ninguna lista de datos al documento principal actual, en la pestaña **Correspondencia**, pulse el botón **Iniciar combinación de correspondencia** situado en el grupo con el mismo nombre y seleccione la opción **Documento normal de Word**: la mayoría de las opciones de la pestaña **Correspondencia** aparecen sombreadas puesto que no están disponibles; el documento deja de ser un documento principal para un mailing y se convierte en un documento de Word normal.

Insertar campos de combinación en el documento principal

- Escriba o modifique, si fuese necesario, el contenido del documento principal (texto fijo).
- Asegúrese de que la pestaña **Correspondencia** está seleccionada.
- Sitúe el punto de inserción en el lugar donde debe aparecer impreso el contenido del primer campo (por ejemplo, el nombre del destinatario).
- Para insertar un campo, abra la lista asociada al botón **Insertar campo combinado** situado en el grupo **Escribir e insertar campos** y haga clic en el nombre del campo que desea insertar.

  *El campo **Ciudad** se inserta en la posición del punto de inserción, a la derecha del campo **Código Postal**. Cada campo que se inserta aparece entre comillas « » lo cual permite distinguirlo del texto fijo.*

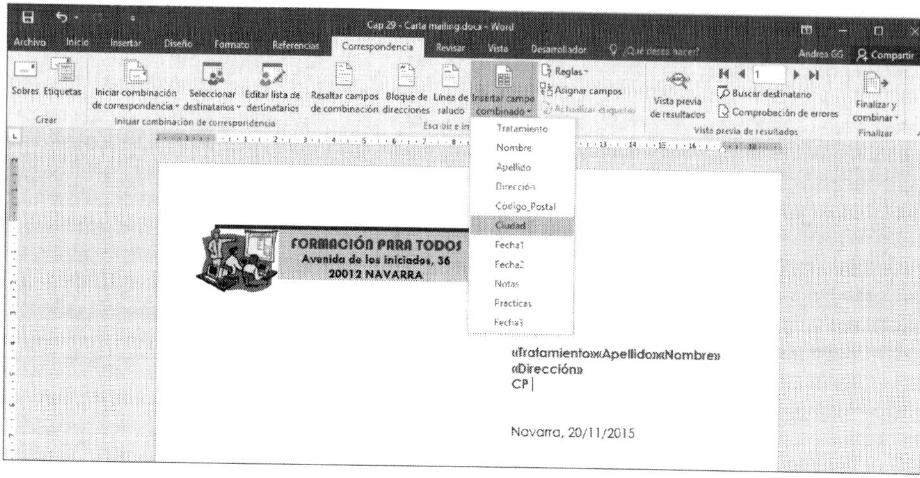

- Para insertar el campo **Bloque de direcciones** (combinación de varios campos que constituyen la dirección de correo), pulse el botón correspondiente en el grupo **Escribir e insertar campos.**

  Determine el contenido del bloque de direcciones con las opciones del apartado **Especifique los elementos de la dirección.**

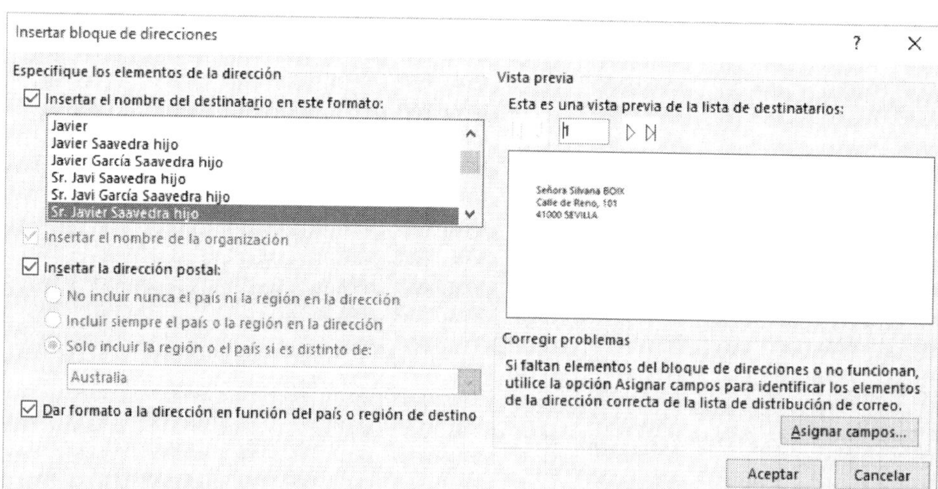

Si algunos elementos no aparecen en la dirección, pulse el botón **Asignar campos** para establecer una correspondencia entre los campos de la lista de destinatarios y los campos del bloque de direcciones.

Pulse el botón **Aceptar**.

El campo "Bloque de dirección" aparece en la posición del punto de inserción en el documento principal.

Para insertar el campo **Línea de saludo** (combinación de campos que constituyen la línea de saludo del correo), pulse el botón correspondiente del grupo **Escribir e insertar campos**.

Defina el contenido de este campo utilizando las listas del área **Formato de la línea de saludo**.

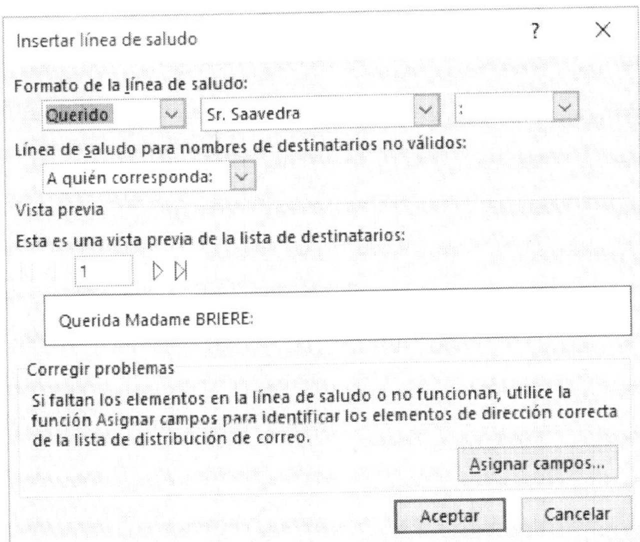

Si algunos elementos no aparecen en la línea de saludo, pulse el botón **Asignar campos** para establecer una correspondencia entre los campos de la lista de destinatarios y los campos de la línea de saludo.

Pulse el botón **Aceptar**.

Para resaltar los campos insertados en el documento y poder localizarlos fácilmente, en la pestaña **Correspondencia**, pulse el botón **Resaltar campos de combinación** del grupo **Escribir e insertar campos.**

Comprobar mailing

Resulta interesante mostrar una vista previa de los resultados de la combinación para, en el caso que fuese necesario, efectuar alguna modificación al documento principal antes de ejecutar el mailing.

- Asegúrese de que la pestaña **Correspondencia** esté seleccionada.
- Para mostrar una **Vista previa de resultados** de la combinación, pulse el botón correspondiente del grupo **Vista previa de los resultados.**

  En el documento principal, aparece una vista previa de la carta correspondiente a uno de los registros de la lista de datos.

- Utilice los siguientes botones, situados en el grupo **Vista previa de resultados**, para ver la vista previa del registro deseado:

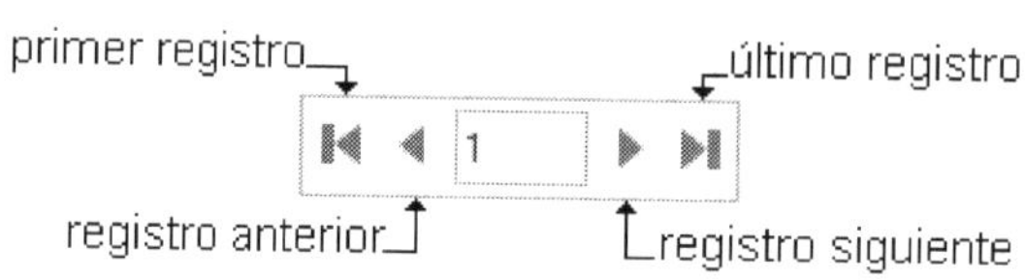

También puede introducir en la casilla el número de registro que desea ver y pulsar la tecla ⏎.

Para ver de nuevo los campos en el documento principal, pulse el botón **Vista previa de resultados** para desactivarla.

- Para buscar los posibles errores que pueden haberse producido durante la combinación, pulse el botón **Comprobación de errores** del grupo **Vista previa de resultados.**

  Active la opción correspondiente a la operación que desea efectuar y pulse el botón **Aceptar** para iniciar la comprobación.

Con la vista previa de los resultados, puede **Buscar destinario** de la lista de datos pulsando el botón correspondiente del grupo **Vista previa de resultados** (véase Administrar los registros de una lista de datos del mismo capítulo).

Ejecutar el mailing

- En la pestaña **Correspondencia**, pulse el botón **Finalizar y combinar** del grupo **Finalizar** y haga clic en una de las opciones siguientes:

  Editar documentos individuales: la combinación se efectúa en un nuevo documento; después de cada carta se inserta automáticamente un salto de página.

  Imprimir documentos: la combinación se efectúa en la impresora.

  Enviar mensajes de correo electrónico: la combinación permite enviar el documento a los destinatarios a través del correo electrónico.

- Indique los registros que deben combinarse:

  Para combinar todos los registros seleccionados en la lista de datos, active la opción **Todos**.

  Para combinar el **Registro actual**, active la opción correspondiente.

  Para limitar la combinación a algunos registros seleccionados en la lista de datos, introduzca el número del primer registro en la casilla **Desde** y el último en la casilla **Hasta**.

- Si el mailing es del tipo mensajes de correo electrónico, indique las **Opciones de mensajes** en el apartado correspondiente:

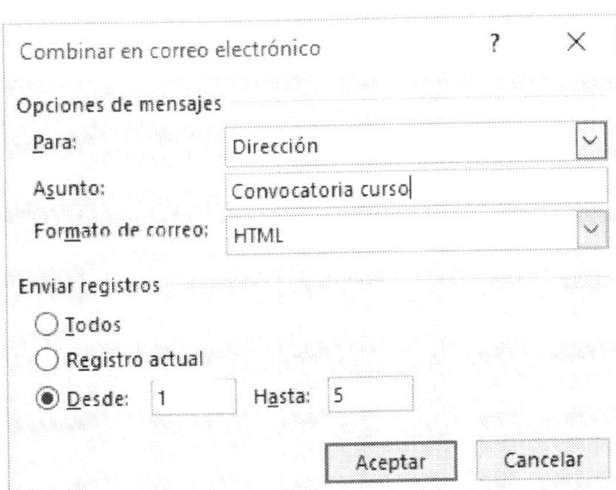

Para	Seleccione el campo en el que se encuentran las direcciones de correo electrónico de los destinatarios.
Asunto	Escriba el asunto del mensaje.
Formato de correo	Seleccione la opción **Texto sin formato** o **HTML** para enviar el documento principal en el cuerpo del mensaje; seleccione la opción **Datos adjuntos** para enviar el documento como archivo adjunto.

*Al contrario de la opción **HTML**, la opción **Texto sin formato** no permite incluir el formato o los posibles grafismos en los mensajes.*

- Pulse el botón **Aceptar** del cuadro de diálogo **Combinar**.
- Si el mailing se ha ejecutado en un documento nuevo, si fuese necesario, modifique, imprima y/o guarde el documento antes de cerrarlo.
- Guarde el documento principal y a continuación ciérrelo.

  Cuando se guarda el documento principal, también se guarda la conexión con el archivo de datos.

Si pulsa el botón **Editar lista de destinatarios** del grupo **Iniciar combinación de correspondencia** se abre el cuadro de diálogo **Destinatarios de combinar correspondencia** y permite modificar el contenido o la presentación de la lista de datos.

También puede crear un mailing con la ayuda del Asistente para combinar correspondencia. Para ello, seleccione la opción **Paso a paso por el Asistente para combinar correspondencia** situado en la lista asociada al botón **Iniciar combinación de correspondencia** (pestaña **Correspondencia**) y a continuación siga las diferentes etapas que va ofreciendo el asistente; encontrará las mismas opciones que figuran en los párrafos anteriores.

Abrir un documento principal

- Haga clic en la pestaña **Archivo** y luego en la opción **Abrir**.
- En el panel central, haga clic en **Este PC** y en el nombre del archivo (o de la carpeta que lo contiene) si este está almacenado en la carpeta **Documentos**.

  En caso de que no fuera así, en el panel central haga clic en **Examinar** y seleccione la carpeta en la que se encuentra el documento principal y haga doble clic en el archivo que desea abrir.

Word detecta que un archivo de datos está conectado al documento que desea abrir y ofrece los datos del archivo en el documento principal.

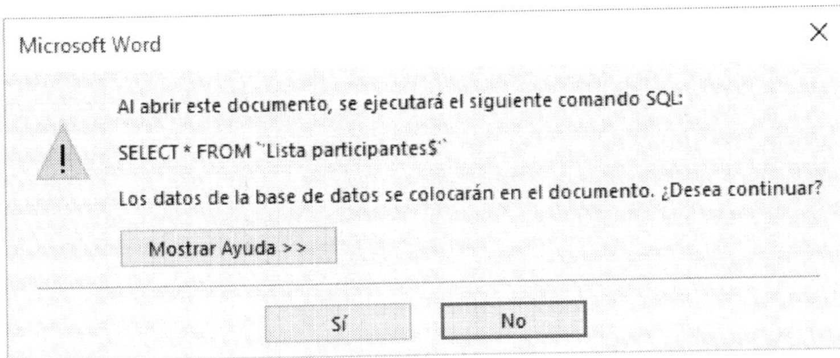

*El botón **Mostrar Ayuda** permite ver el texto de ayuda vinculado al mensaje.*

- Haga clic en uno de los siguientes botones:

Sí Para establecer la conexión entre el documento principal y el archivo de datos.

No Para eliminar la conexión entre el documento principal y el archivo de datos. El documento principal se convierte en un documento normal de Word.

*Si ha seleccionado establecer la conexión entre este documento y el archivo de datos, las opciones de la pestaña **Correspondencia** están disponibles; en el caso contrario, estas opciones aparecen sombreadas y, por lo tanto, no están disponibles, puesto que las operaciones vinculadas al mailing sólo se pueden efectuar cuando el documento está asociado a una lista de datos.*

Crear una lista de datos

- Si el documento principal está creado, ábralo o defina un nuevo documento principal en el que escribirá el texto fijo del mailing.
- Asegúrese de que sólo el documento principal está abierto con Word.
- En la pestaña **Correspondencia**, pulse el botón **Seleccionar destinatarios** del grupo **Iniciar combinación de correspondencia** y haga clic en la opción **Escribir nueva lista**.

En pantalla se abre el cuadro de diálogo **Nueva lista de direcciones***: cada columna representa un campo predefinido.*

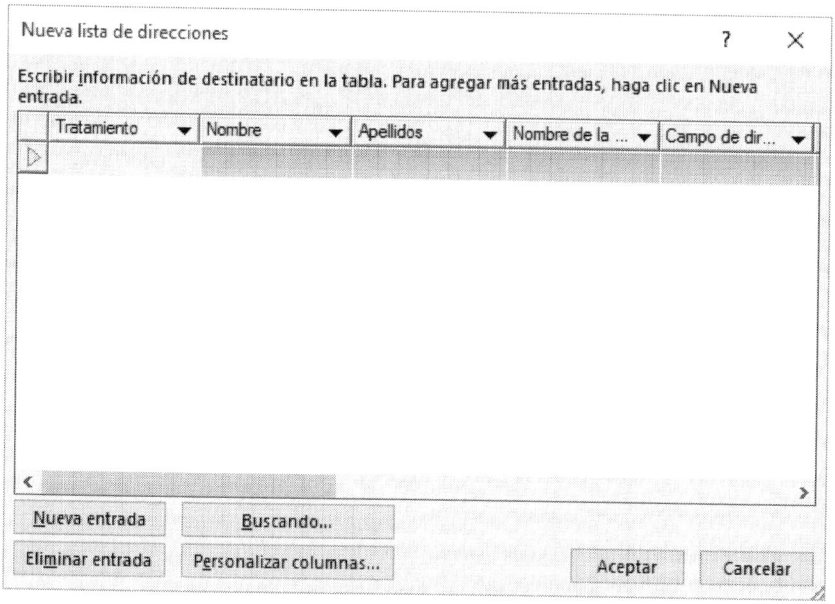

Si las columnas no corresponden a la información deseada, pulse el botón **Personalizar columnas** para definir los campos de la nueva lista de datos y siga las siguientes instrucciones:

- Para eliminar una columna, seleccione el campo correspondiente, pulse el botón **Eliminar** y en el botón **Sí** para confirmar la eliminación.
- Para añadir un nuevo campo personalizado, pulse el botón **Agregar**, escriba el nombre del campo en la casilla **Escriba un nombre para el campo** y haga clic en el botón **Aceptar**.

El campo personalizado se agrega debajo del campo seleccionado.

- Para cambiar el nombre de un campo, selecciónelo en la lista, pulse el botón **Cambiar nombre**, escriba el nuevo en la casilla y pulse el botón **Aceptar**.
- Para desplazar un campo, selecciónelo en la lista y utilice los botones **Subir** o **Bajar**.

Es recomendable que los campos aparezcan en el orden en el que se introducen los datos.

- Cuando la estructura de la lista esté creada, pulse el botón **Aceptar**.

  En pantalla se muestra el formulario con los campos definidos anteriormente.

- Haga clic en la casilla del primer campo y escriba la información correspondiente.

- Pulse la tecla para ir al campo siguiente y las teclas Mayús para ir al campo anterior. Introduzca la información en cada campo del registro de la lista.

- Cuando haya escrito todos los registros, pulse el botón **Aceptar**.

  En la pantalla se abre el cuadro de diálogo ***Guardar lista de direcciones****.*

- Escriba un **Nombre de archivo** para la lista de direcciones en la casilla correspondiente y, si fuese necesario, seleccione la carpeta en la que debe guardarse. A continuación, pulse el botón **Guardar**: la lista se guarda como lista de direcciones Microsoft Office (.mdb).

  El archivo de datos que se acaba de crear, queda vinculado al documento principal.

Administrar los registros de una lista de datos

Los registros de una lista de datos pueden administrarse a través del formulario de datos. Sin embargo, si utiliza una lista de datos de un libro Excel (.xlsx) o de una base de datos Access (.accdb), no podrá efectuar algunas operaciones como, por ejemplo, agregar un campo o eliminar un registro. En este caso, para efectuar estas operaciones, tendrá que abrir el archivo de datos en Excel o Access.

Acceder al formulario de datos/modificar origen de datos

- Abra el documento principal.

- Pulse la pestaña **Correspondencia**.

- Pulse el botón **Editar lista de destinatarios** del grupo **Iniciar combinación de correspondencia**.

  Se abre el cuadro de diálogo ***Destinatarios de combinar correspondencia*** *que muestra la lista de destinatarios en una tabla. El nombre del archivo de la lista de destinatarios se puede ver en la primera columna de la tabla.*

- En el cuadro **Origen de datos**, seleccione el nombre del archivo de datos y pulse el botón **Edición**.

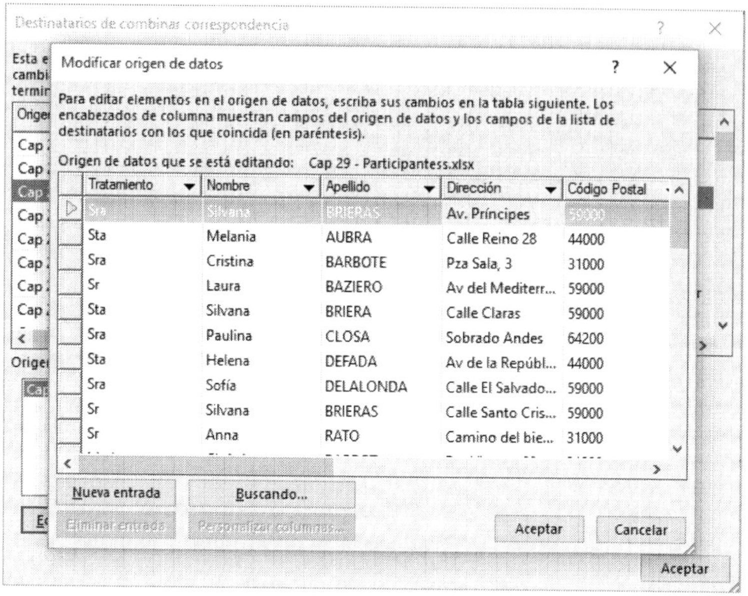

La visualización de los registros depende del tipo de archivo de origen. Si el archivo de origen es una lista de direcciones Microsoft Office, una tabla (o consulta) de base de datos o un libro Excel, los registros se muestran en forma de tabla (como en la ilustración anterior). Si el archivo de origen es un documento Word o un archivo de texto, aparecerá el primer registro en el formulario de datos (como en la siguiente ilustración).

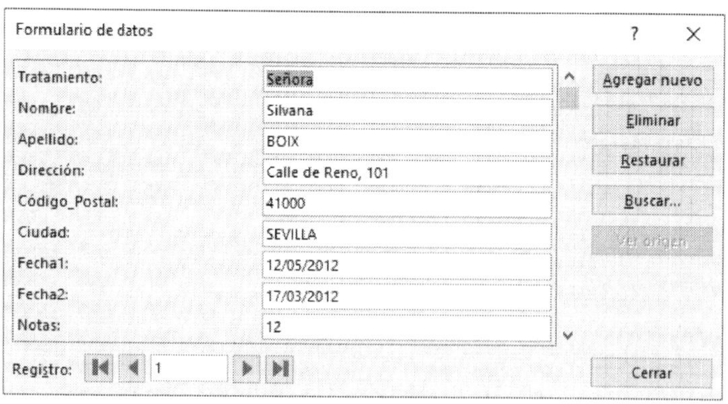

- Si se visualiza un formulario, utilice los botones de la parte inferior del formulario para pasar de un registro a otro.

Agregar un registro

- Acceda al formulario de datos/el origen de datos (véase el apartado anterior).
- Pulse, según el caso, el botón **Agregar nuevo** o **Nueva entrada**.

  Se inserta un nuevo registro o una fila en blanco para escribir.
- Escriba los datos del o de los nuevos registros. En el caso de tratarse de un formulario en el cual se puede escribir una información, tras introducir el contenido de último campo, pulse la tecla ↵ para introducir un nuevo registro o pulse el botón **Cerrar**, según el caso, para cerrar el formulario.

  Si el origen de los datos es una tabla (o consulta) de una base de datos o un libro Excel, Word abre un mensaje que propone actualizar la lista de los destinatarios, así como el archivo de origen correspondiente.
- En ese caso, pulse el botón **Sí**.

  Los nuevos registros se agregan al final de la lista. Sin embargo, si el origen de los datos es una tabla (o consulta) de una base de datos y ésta ha sido ordenada, los registros se mostrarán según el orden de clasificación definido en la tabla (o consulta).
- Pulse el botón **Aceptar** del cuadro de diálogo **Destinatarios de combinar correspondencia**.

Buscar un registro

- Abra el formulario de datos/el origen datos.
- Seleccione o sitúese en el primer registro.
- Pulse el botón **Buscando**.
- Escriba el dato que desea buscar en la casilla **Buscar**.
- En la lista **Campos en uso** o **Este campo**, según el caso, haga clic en el nombre del campo en el que desea buscar el dato.

  *La opción **Todos los campos** permite efectuar la búsqueda en todos los campos de la lista de datos; esta opción únicamente está disponible si la lista de datos es una tabla (o consulta) de base de datos o un libro Excel.*

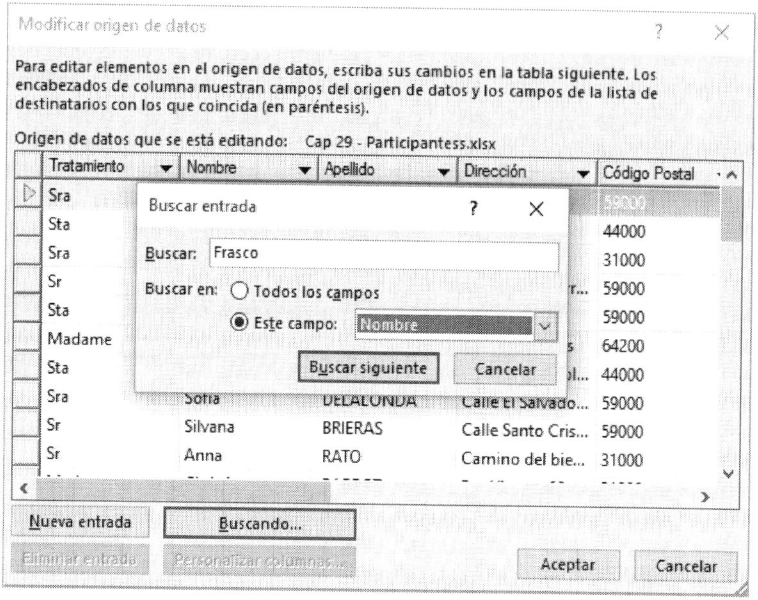

- Empiece la búsqueda: según el caso, pulse el botón **Buscar primero** o **Buscar siguiente** tantas veces como sea necesario para ir al registro que se busca.
- Pulse, según el caso, el botón **Cancelar** o **Cerrar** cuando haya terminado la búsqueda.
- Pulse, según el caso, el botón **Aceptar** o **Cerrar** para cerrar el cuadro formulario de datos/modificar origen de datos.
- Pulse el botón **Aceptar** de la ventana **Destinatarios de combinar correspondencia**.

Para buscar un registro, también puede mostrar la vista previa de los resultados haciendo clic en el botón **Vista previa de resultados** (pestaña **Correspondencia**) y luego haga clic en el botón **Buscar destinatario** que se muestra en el grupo **Vista previa de resultados**.

Eliminar un registro

No se pueden eliminar los registros si el origen de los datos es un libro Excel.

- Abra el formulario de datos/el origen de datos.
- Según el caso, seleccione el registro que desea eliminar en el formulario de datos o seleccione la fila del registro en la tabla de origen de datos.
- Pulse el botón **Eliminar** o **Eliminar entrada**, según el caso.
- Pulse, si fuese necesario, el botón **Sí** para confirmar la operación.
- Pulse, según el caso, el botón **Cerrar** o **Aceptar** y, a continuación, el botón **Aceptar** de la otra ventana.

Modificar un registro

- Acceda al formulario de datos/el origen de datos.
- Según el caso, seleccione el registro que desea modificar en la tabla o la fila del registro que desea modificar en la tabla de datos.
- Efectúe las modificaciones pertinentes.
- Si utiliza el formulario de datos, puede pulsar el botón **Restaurar** para volver a los antiguos datos del registro en el que se han efectuado las modificaciones.
- Pulse, según el caso, el botón **Cerrar** o **Aceptar** y, a continuación, el botón **Aceptar** de la otra ventana.

Para asegurarse de que la lista de destinatarios tiene en cuenta las últimas modificaciones efectuadas en el archivo de origen, una vez seleccionado el origen de los datos en el apartado **Origen de datos** del cuadro de diálogo **Destinatarios de combinar correspondencia** (pestaña **Correspondencia** - botón **Editar lista de destinatarios**), haga clic en **Actualizar**.

Para modificar la estructura de una lista de datos, abra el archivo de datos correspondiente como un documento (los registros aparecen en una tabla). Efectúe las modificaciones pertinentes y guarde el archivo.

Ordenar una lista de datos

- Abra el documento principal y, si fuese necesario, seleccione la pestaña **Correspondencia.**
- Pulse el botón **Editar lista de destinatarios** del grupo **Iniciar combinación de correspondencia.**
- Haga clic en el vínculo **Ordenar** que se muestra en el apartado **Restringir lista de destinatarios.**

  Una vez abierto el cuadro de diálogo, observará que puede plantear simultáneamente tres criterios de comprobación.

- Abra la lista **Ordenar por**, haga clic en el nombre del campo en función de cual desea ordenar e indique si la ordenación debe efectuarse de forma **Ascendente** o **Descendente** activando la opción correspondiente.

  *La opción **(ninguno)** de esta lista permite anular la línea de ordenación correspondiente.*

- Si varios registros pueden tener el mismo valor de ordenación, indique, si fuese necesario, un segundo valor de ordenación con el mismo principio en las listas **Luego por**.

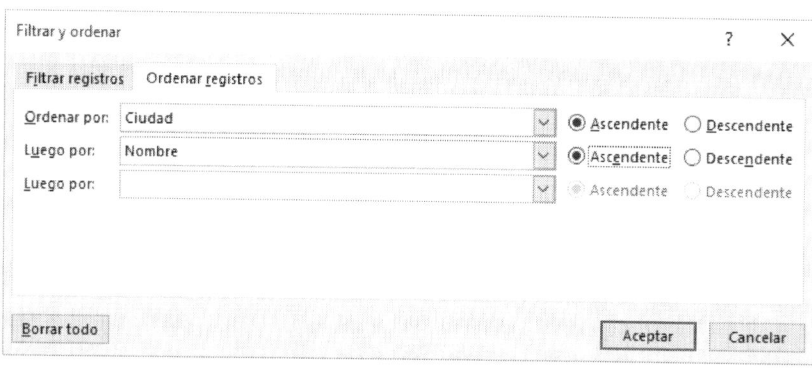

Los registros se ordenan en función del primer valor de ordenación. Cuando este valor es idéntico en varios registros, éstos se ordenan en función del segundo valor. Por ejemplo, los registros se ordenan según la ciudad y, de los de la misma ciudad, por nombre.

- Pulse el botón **Aceptar**.

  *La lista ordenada aparece en el cuadro de diálogo **Destinatarios de combinar correspondencia**.*

- Pulse el botón **Aceptar**.

Si ejecuta el mailing, las cartas se imprimirán en función del orden de los registros.

Para eliminar los valores de ordenación, pulse el botón **Borrar todo** de **Opciones de consulta** o **Filtrar y ordenar** según si la lista de datos es o no un archivo Word (.doc).

Limitar la ejecución de un mailing a algunos registros

Para que únicamente se utilicen algunos registros cuando se ejecuta el mailing, deberá filtrar la lista de datos.

Filtrar uno de los valores de uno o de varios campos

Cada campo es una lista que se puede abrir haciendo clic en la punta de flecha visible a la derecha del nombre del campo.

- Abra el documento principal y, si fuese necesario, seleccione la pestaña **Correspondencia.**
- Pulse el botón **Editar lista de destinatarios** del grupo **Iniciar combinación de correspondencia.**
- Para cada campo que desee filtrar:
  - Abra la lista asociada al campo en cuestión.

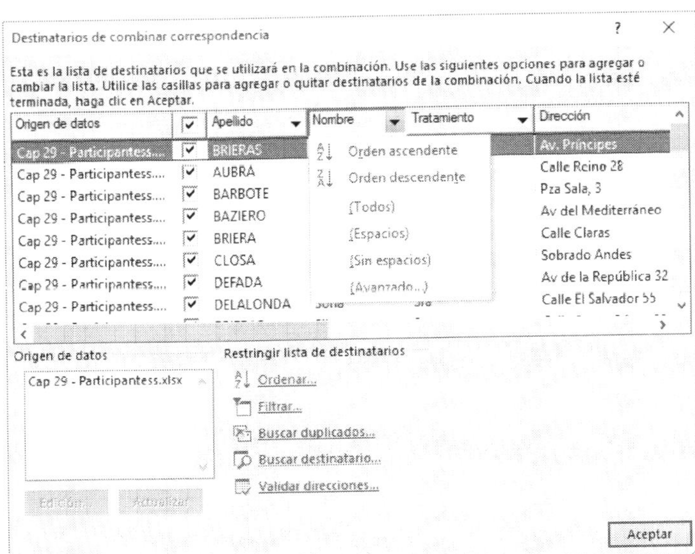

*La lista incluye los valores del campo así como las opciones **(Todos)**, **(Espacios)**, **(Sin espacios)** y **(Avanzado...)**.*

- Haga clic en el valor deseado; la opción **(Espacios)** permite mostrar los registros que no contienen un valor en ese campo y, contrariamente, la opción **(Sin espacio)** permite mostrar los registros que contienen algún valor en ese campo.

Se muestran sólo los registros que cumplen el filtro. La punta de flecha del campo aparece de color azul.

- Para mostrar de nuevo todos los valores de un campo, abra la lista del campo correspondiente y haga clic en la opción **(Todos)**.

La casilla de verificación que se encuentra a la izquierda de cada registro de la lista de datos del cuadro de diálogo **Destinatarios de combinar correspondencia** permite seleccionar (casilla marcada) o no (casilla no marcada) registros para combinar correspondencia.

La casilla de verificación situada en la parte superior de la lista permite seleccionar o no todos los registros.

Filtrar varios valores de uno o varios campos

- Abra el documento principal y, si fuese necesario, seleccione la pestaña **Correspondencia**.
- Pulse el botón **Editar lista de destinatarios** del grupo **Iniciar combinación de correspondencia**.
- Haga clic en el archivo **Filtrar** que se encuentra en el apartado **Restringir lista de destinatarios**.
- Seleccione, en la lista **Campo**, el nombre del campo que será el primer criterio.

  *La opción **(Ninguno)** de esta lista permite anular la línea de criterio correspondiente.*
- Si fuese necesario, modifique el elemento de **Comparación** en la lista del mismo nombre.

  *Esta lista se llama **Comparación** si la lista de datos es un archivo Word (.doc).*
- Haga clic en la casilla **Comparar con** y escriba el valor deseado.

  *Esta lista se llama **Comparado con** si la lista de datos es un archivo Word (.doc).*
- Para introducir otro criterio, seleccione un operador de conexión: seleccione el operador **Y** si las condiciones deben verificarse simultáneamente o el operador **O** si deben verificarse una condición o la otra.

  Indique a continuación los criterios.

Estos criterios permiten seleccionar los hombres de Madrid.

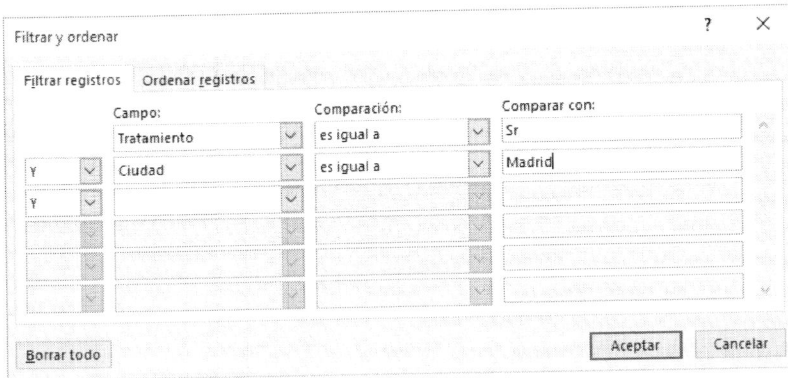

- Cuando estén definidos todos los criterios, pulse el botón **Aceptar**.

  *La lista filtrada aparece en el cuadro de diálogo **Destinatarios de combinar correspondencia**.*

- Pulse el botón **Aceptar**.

  Los criterios planteados se guardan en el documento principal.

Para eliminar todos los criterios, pulse el botón **Borrar todo** del cuadro de diálogo **Opciones de consulta** o **Filtrar y ordenar** según si la lista de datos es o no un archivo Word (.doc).

Plantear una condición para visualizar un texto

Plantear una condición permite mostrar un texto que cumpla una condición.

- Abra el documento principal y seleccione, si fuese necesario, la pestaña **Correspondencia**.
- Sitúe el punto de inserción en el documento principal, en el lugar donde deberá imprimirse el texto.
- Haga clic el icono **Reglas** del grupo **Escribir e insertar campos** y haga clic en la opción **Si... Entonces... Sino...**.
- Con las opciones **Nombre del campo**, **Comparación** y **Comparado con**, introduzca la condición.

- En el cuadro **Insertar este texto**, escriba el texto que debe aparecer cuando la condición se cumpla.
- En el cuadro **Si no, insertar este otro**, introduzca el texto que se debe imprimir cuando la condición no se cumpla.

*El texto escrito en los cuadros **Insertar este texto** y **Si no, insertar este otro** se puede resaltar en el documento principal.*

*En la imagen, si el valor del campo es igual a **Sr.**, se imprimirá el texto **Estimado**, si no, se imprimirá el texto **Estimada**.*

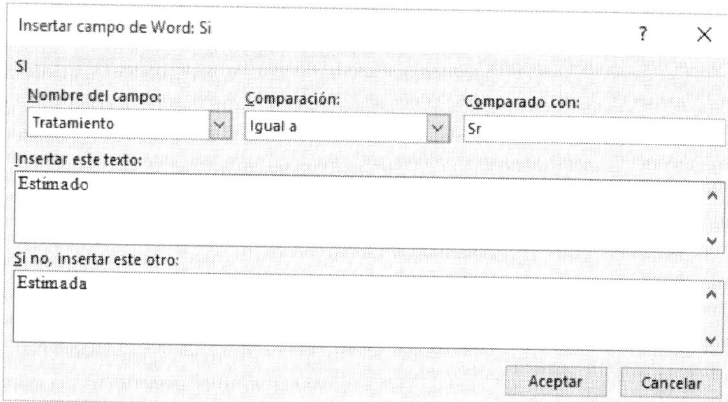

- Pulse el botón **Aceptar**.

Si no se muestran los códigos de campo, pulse las teclas Alt F9 *para mostrarlos; se muestra una fórmula de este tipo:*

Ejemplo: {IF{MERGEFIELD Tratamiento} = "Sr." "Estimado" "Estimada"}.

Las teclas Alt F9 *también permiten ocultar los códigos de campo.*

Crear etiquetas de combinación de correspondencia

- Para crear el documento principal de las etiquetas de combinación de correspondencia, cree un nuevo documento con el método abreviado Ctrl **U**.
- Haga clic en la pestaña **Correspondencia**.
- Pulse el botón **Iniciar combinación de correspondencia** del grupo del mismo nombre y pulse la opción **Etiquetas**.

*En pantalla se abre el cuadro de diálogo **Opciones para etiquetas** y le permite definir el formato de las etiquetas.*

- Indique si las etiquetas se imprimirán en alimentación continua o página por página activando la opción **Impresoras de alimentación continua** o **Impresoras de páginas** que se encuentra en el apartado **Información de impresora**.
- Seleccione la marca de las etiquetas que desea utilizar en la lista **Marcas de etiquetas**.

  *En el cuadro **Información de etiquetas** se pueden ver las características del tipo de etiquetas seleccionado.*
- Seleccione la referencia de las etiquetas que desea utilizar en la lista **Número de producto**.

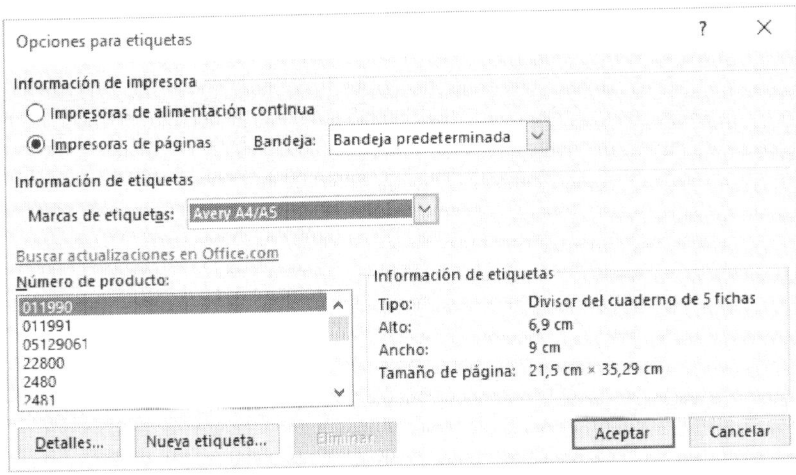

*El botón **Detalles** permite personalizar las opciones de la etiqueta seleccionada, mientras que el botón **Nueva etiqueta** permite crear una nueva etiqueta personalizada.*

- Pulse el botón **Aceptar**.
- Pulse el botón **Seleccionar destinatarios** del grupo **Iniciar combinación de correspondencia** y haga clic en una de las opciones que se ofrecen en función de la lista de destinatarios que desea asociar a la base de datos.

  Para más información sobre esto, véase el subapartado Asociar una lista de datos al documento principal del apartado Crear un mailing.

- Defina el contenido de las etiquetas en la primera etiqueta de la página. Para cada campo que desee insertar, sitúe el punto de inserción en el lugar donde debe imprimirse el contenido, abra la lista asociada al botón **Insertar campo combinado** y haga clic en el nombre del campo que desea insertar.

  Para insertar el campo **Bloque de direcciones** (combinación de varios campos que constituyen la dirección de correo), pulse el botón correspondiente en el grupo **Escribir e insertar campos.** Especifique el contenido del bloque de dirección con el cuadro **Especifique los elementos de la dirección** y pulse el botón **Aceptar.**
- Si fuese necesario, aplique un formato de la etiqueta.
- Copie la disposición de la primera etiqueta en las demás etiquetas de la página pulsando el icono **Actualizar etiquetas**  del grupo **Escribir e insertar campos.**

  En la imagen, se ha aplicado el estilo negrita en el campo «Apellido».

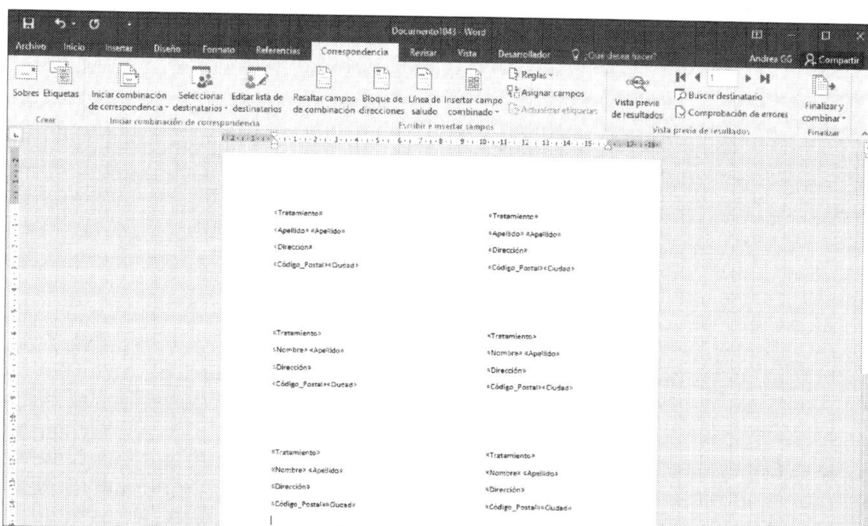

- Utilice las opciones del grupo **Vista previa de resultados** si desea comprobar el mailing antes de realizar la combinación.

  Para más información, véase el subapartado Comprobar mailing del apartado Crear un mailing.

- Para ejecutar la fusión, pulse el botón **Finalizar y combinar** del grupo **Finalizar**; haga clic en la opción **Editar documentos individuales** para efectuar la combinación en un nuevo documento o la opción **Imprimir documentos** para efectuar la combinación en la impresora.
- Finalice la ejecución del mailing como lo haría con un mailing normal.

Si ha limitado los registros de combinación, Word completa la página de etiquetas iniciada (ejemplo: si cada página de etiquetas incluye 8 etiquetas y desea imprimir las que van del registro 5 al 15, Word imprimirá en la primera página las etiquetas correspondientes a los registros 5 al 12 y en la segunda página, las que corresponden a los registros 13 al 20).

Copiar datos Excel en Word

- Cuando se copian datos de una hoja de cálculo Excel en un documento Word, aparece el botón **Opciones de pegado** 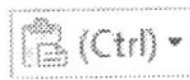; señale el botón **Opciones de pegado** 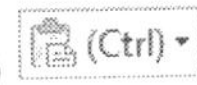 que se muestra justo debajo de los datos pegados, abra la lista asociada y haga clic en una de las siguientes opciones:

	Cantidad	P/U	Total
Camisa	20	9,00	180,00
Lápiz	27	0,23	6,21
Resmilla de papel	25	5,00	125,00
Pizarra blanca	2	24,00	48,00
Carpetas	15	2,00	30,00

 Permite conservar el formato aplicado a las celdas (ancho, borde, etc.).

 Muestra los datos copiados en una tabla de Word; no se conserva el formato aplicado en las celdas Excel.

 Conserva el formato aplicado en las celdas en Excel, y establece un vínculo: todo cambio de datos o de formato en Excel se refleja inmediatamente en Word.

 Muestra los datos copiados en una tabla de Word y establece un vínculo con la tabla Excel.

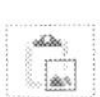 Inserta los datos copiados como una imagen en el documento Word; no existe ningún vínculo entre los datos de origen (Excel) y la imagen insertada en el documento Word.

 Sólo se conserva el texto: cada dato se separa con una tabulación.

Las herramientas  *y*  *no están disponibles porque se ha utilizado el panel Office* ***Portapapeles*** *para pegar los datos de Excel en Word.*

- En el momento de copiar un gráfico Excel en Word, el botón **Opciones de pegado** 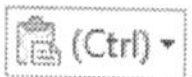 le propone las siguientes opciones:

 Los colores y las fuentes del tema asociado al documento se aplican al gráfico; no se conserva el formato aplicado al gráfico en Excel.

 El gráfico se inserta como objeto incorporado, es decir, no vinculado. El formato aplicado al gráfico en Excel se conserva.

 El gráfico se inserta como objeto vinculado; todas las modificaciones aportadas al gráfico en Excel se reflejan inmediatamente en Word. Los colores y fuentes del tema asociados al documento se aplican al gráfico.

 El gráfico se inserta como objeto vinculado; todas las modificaciones que se aporten al gráfico en Excel se reflejan inmediatamente en Word. El formato que se aplicó al gráfico en Excel se conserva.

 El gráfico se inserta como imagen; no existe ningún vínculo entre el gráfico de origen y la imagen insertada en el documento Word.

Insertar una hoja de cálculo Excel en Word

En esta parte se muestra cómo crear una hoja de cálculo a partir de un documento Word.

- Sitúe el punto de inserción en el lugar donde debe insertarse el objeto.
- En la pestaña **Insertar**, haga clic en el icono **Tabla** del grupo **Tablas** y, a continuación, seleccione la opción **Hoja de cálculo de Excel**.

  La hoja de cálculo aparece en un cuadro cuyos bordes están sombreados. La cinta de opciones de Word se ha reemplazado por la de Excel.
- Si fuese necesario, modifique el tamaño de la hoja de cálculo haciendo clic y arrastrando uno de los controladores negros del borde sombreado.
- Cree el objeto con la ayuda de las opciones y los iconos de Excel.

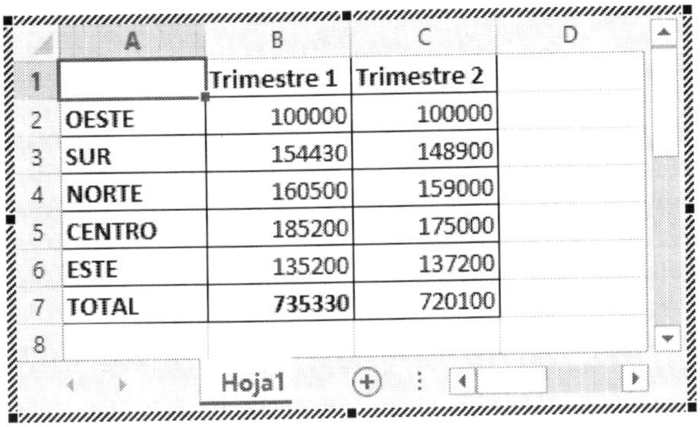

	A	B	C	D
1		Trimestre 1	Trimestre 2	
2	OESTE	100000	100000	
3	SUR	154430	148900	
4	NORTE	160500	159000	
5	CENTRO	185200	175000	
6	ESTE	135200	137200	
7	TOTAL	735330	720100	
8				

- Para ver el objeto en Word, haga clic en el documento Word.
- Para modificar el objeto, haga doble clic en el objeto incorporado. Efectúe las modificaciones y haga clic en el documento Word.
- Para modificar un objeto Excel, si ya no tiene abierta la aplicación, seleccione el objeto y pulse el botón secundario del ratón en el objeto para abrir el menú contextual. Sitúe el puntero en la opción **Objeto Hoja de cálculo**, seleccione la opción **Convertir** y, a continuación, seleccione el formato del archivo administrado a través de una de las aplicaciones instaladas en el equipo.

Para modificar directamente en la ventana Microsoft Excel, seleccione el objeto y pulse el botón secundario para abrir el menú contextual. Haga clic en la opción **Objeto Hoja de cálculo** y seleccione la opción **Abrir**.

Insertar un hipervínculo

Un hipervínculo permite acceder rápidamente a un archivo o página web, a un lugar concreto del documento activo o a un nuevo mensaje de correo electrónico.

- Abra el archivo en el que se debe insertar el vínculo.
- Sitúe el punto de inserción en el lugar donde debe insertar el hipervínculo o, seleccione el texto, la imagen o el objeto gráfico que será el hipervínculo.
- En la pestaña **Insertar**, pulse el botón **Hipervínculo** del grupo **Vínculos**.

Crear un vínculo a un archivo o página web

- Pulse el botón **Archivo o página web existente** de la barra **Vincular a.**

  *El botón **Crear nuevo documento** permite crear un vínculo a un documento que todavía no existe.*

- En la casilla **Texto**, escriba o modifique, si fuese necesario, el texto que desea atribuir al hipervínculo.

- Escriba la **Dirección** utilizando uno de los siguientes métodos:

  - Escriba directamente, en la casilla **Dirección**, el nombre (ruta completa) del archivo o página web (dirección URL) al que el vínculo debe hacer referencia.
  - Pulse el botón **Carpeta actual**. En la lista **Buscar en**, seleccione la unidad, la carpeta y luego el archivo al que el vínculo debe hacer referencia. Si el vínculo se refiere a una carpeta, cuando se activa, la carpeta en cuestión aparece seleccionada en la ventana del Explorador de Windows.
  - Pulse el botón **Páginas consultadas** y seleccione, de la lista de páginas web que se han consultado con el navegador, la página a la que el vínculo debe hacer referencia.
  - Pulse el botón **Archivos recientes** y seleccione, de la lista de los archivos utilizados recientemente, aquel al que el vínculo debe hacer referencia.

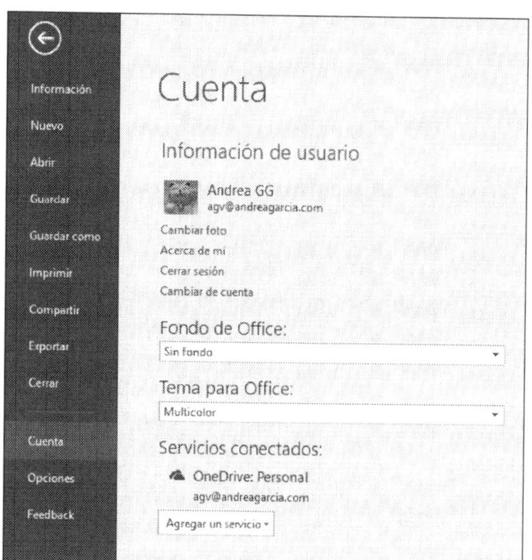

- Pulse, si fuese necesario, el botón **Info. en pantalla** y escriba el texto que se mostrará cuando se sitúe el puntero en el vínculo. Si no lo hace, Word muestra, por defecto, la dirección del hipervínculo en la información en pantalla.
- Con el botón **Marcador**, seleccione el nombre del marcador al que desea asociar el hipervínculo.
- Pulse el botón **Aceptar**.

  Si el hipervínculo se ha creado con un texto, éste aparecerá de color azul. Si el hipervínculo se ha creado con un objeto gráfico o una imagen, no hay ninguna muestra de que existe un vínculo asociado a la imagen o al objeto correspondiente.

  Si no se ha efectuado ninguna selección (texto, imagen u objeto), el vínculo se materializa con la ruta de acceso al documento. En todos los casos, cuando se sitúa el puntero en el vínculo (sin hacer clic), aparece un texto en una información en pantalla.

- Para activar el hipervínculo, mantenga pulsada la tecla Ctrl y haga clic en el vínculo; si el hipervínculo se ha creado con una imagen o un objeto gráfico, no es necesario seleccionar la imagen o el objeto correspondiente para activar el vínculo.

  En pantalla se abre el documento o la página web.

De esta manera, puede crear varios hipervínculos en un mismo documento, que le remiten a todo tipo de documentos (Word, Excel, página web, etc.).

Crear un vínculo a un lugar concreto del documento activo

Esta operación supone que previamente se han creado marcadores y/o se han aplicado estilos de títulos (Título 1, Título 2, etc.) a los párrafos del documento.

- Pulse el botón **Lugar de este documento** situado en la barra **Vincular a**.
- En la casilla **Texto**, escriba o modifique, si fuese necesario, el texto que desea asignar al hipervínculo.
- En el cuadro **Seleccione un lugar de este documento**, haga clic en el título o el marcador al que el vínculo debe hacer referencia.

Funciones avanzadas diversas

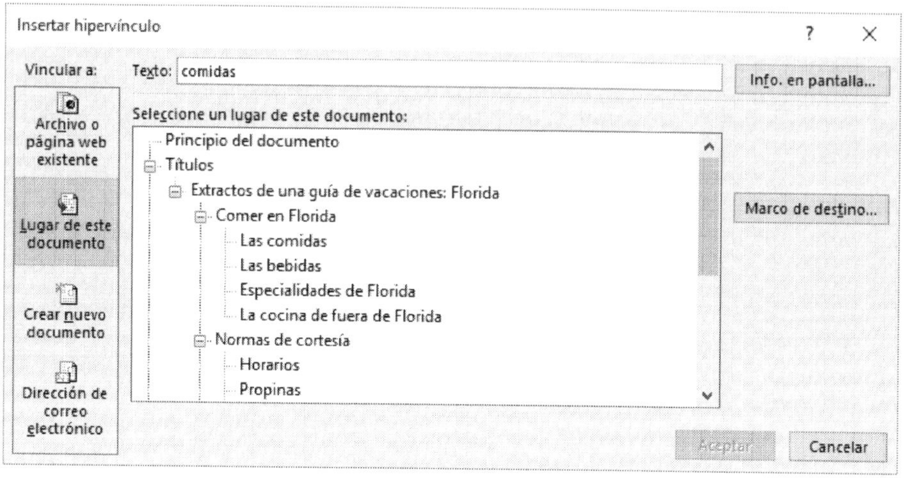

- Pulse, si fuese necesario, el botón **Info. en pantalla** y escriba el texto que se mostrará cuando se sitúe el puntero en el vínculo. Si no lo hace, Word muestra, por defecto, **Documento activo** en la información en pantalla.
- Pulse el botón **Aceptar**.
- Para activar el vínculo, mantenga pulsada la tecla Ctrl y haga clic en el vínculo.

El botón **Dirección de correo electrónico** permite crear un vínculo hacia una dirección de correo electrónico: al hacer clic, aparece un mensaje vacío que contiene la dirección de correo asociada al vínculo.

Compartir un documento

Si dispone de un espacio de Internet para compartir con otros usuarios, como por ejemplo una biblioteca de documentos en un sitio SharePoint (disponible para los abonados a Office 365) o una carpeta de su espacio personal OneDrive, podrá compartir documentos Word con otros usuarios utilizando un vínculo de acceso (enviado por correo electrónico o accesible a partir de un sitio de Internet) o usando el procedimiento para compartir documentos que ofrece Word (ver apartado Compartir documentos).

Para usar esta función deberá estar conectado a su cuenta Microsoft y acceder a su espacio compartido desde Word añadiendo el servicio a su lista de ubicaciones (ver apartado siguiente).

Añadir una ubicación

Este procedimiento permite añadir una nueva ubicación OneDrive o una biblioteca de un sitio SharePoint para que esté disponible en la aplicación Word.

*En caso de que ya haya añadido ubicaciones, éstas aparecerán en el panel central de las opciones **Abrir** y **Guardar como** de la pestaña **Archivo**.*

- Haga clic en **Archivo** y en la opción **Guardar como**.
- En el panel central, haga clic en **Agregar un sitio** y en el panel derecho haga clic en el servicio que desea añadir: **Office 365 SharePoint** o **OneDrive**.
- En la ventana que aparece, introduzca la dirección de correo electrónico asociada a la cuenta en cuestión y haga clic en **Siguiente**.
- Introduzca entonces la contraseña y haga clic en **Conectar**.

  *Una vez establecida la conexión, el nuevo servicio aparecerá en la lista de ubicaciones del panel central de las opciones **Abrir** y **Guardar como**, así como en la lista **Servicios conectados** de la opción **Cuenta**, pestaña **Archivo**.*

Para añadir una ubicación también es posible seleccionar la opción **Cuenta** de la pestaña **Archivo** y en la lista asociada al botón **Agregar un servicio** del panel central hacer clic en la opción **Almacenamiento** y seleccionar el servicio de almacenamiento que desea añadir.

Guardar el documento que desea compartir

Este método permite guardar documentos en ubicaciones distantes para poder compartirlos con otros usuarios.

- Abra el documento que quiere compartir.
- Haga clic en la pestaña **Archivo** y en la opción **Guardar como**.
- En el panel central seleccione la ubicación donde va a guardar el documento (OneDrive o SharePoint).
- Haga clic sobre el nombre de la carpeta en el panel derecho.

  Si se trata de una nueva ubicación haga clic en la carpeta principal que aparece en el panel de la derecha (la carpeta **OneDrive: Personal**, por ejemplo, para guardarlo en ese espacio de almacenamiento).

- En el cuadro de diálogo **Guardar como** que aparece, haga doble clic en la carpeta donde quiere guardar el documento y modifique si lo desea el **Nombre del archivo** en el cuadro correspondiente.
- Haga clic en **Guardar**.

Compartir un documento

Una vez guardado el documento en la ubicación distante podrá seleccionar a las personas con quienes quiere compartirlo.

- Abra el documento que quiere compartir haciendo clic en la opción **Abrir** de la pestaña **Archivo** (o Ctrl **O**), seleccionando la ubicación de almacenamiento distante en el panel central y haciendo clic en el panel derecho sobre la carpeta de almacenamiento del archivo y luego en el archivo del documento.
- Para compartir el documento, haga clic en el botón Compartir (parte superior de la ventana, a la derecha del nombre de usuario) o haga clic en la pestaña **Archivo**, en la opción **Compartir** y el botón **Compartir con otras personas**.

  *A la derecha de la ventana se abre el panel **Compartir**:*

- Escriba la dirección de correo electrónico del destinatario o destinatarios en el cuadro **Invitar a personas**, separando las direcciones con un punto y coma (;).

  Si los destinatarios forman parte de su organización (en el caso, por ejemplo, de que el archivo se haya guardado en una biblioteca de SharePoint), introduzca sólo el nombre de los destinatarios.

Si la dirección de alguno de los destinatarios está en la libreta de direcciones su nombre aparece en una lista contextual y, en esos casos, podrá seleccionarlo de ahí.

La herramienta  *permite seleccionar contactos de su libreta de direcciones.*

- En la lista que aparece, seleccione la opción **Puede editar** si desea que el destinatario o destinatarios puedan modificar el documento (ver Coeditar un documento) o la opción **Puede ver** para permitir sólo su consulta.
- En el cuadro de texto que aparece a continuación, introduzca si lo desea un mensaje para los destinatarios que se adjuntará al enlace de acceso enviado por mail.
- Haga clic en **Compartir**.

Word envía el documento por mail a los usuarios especificados.

La lista de personas con quienes se comparte el documento puede verse en la parte inferior del panel. En este ejemplo, dos usuarios han recibido el enlace de acceso al documento, que podrán editar:

- Seleccione una de las siguientes opciones en la lista **Compartir cambios automáticamente**:

Preguntarme	Para confirmar, cada vez que abre el documento, si desea que los cambios puedan verse en los documentos de los demás usuarios en línea.
Siempre	Para ver todos los cambios introducidos por usted.
Nunca	Para no ver los cambios introducidos por usted.

Si previamente no ha guardado el documento que desea compartir en un espacio de almacenamiento remoto, puede guardarlo y compartirlo haciendo clic en el botón **Guardar en la nube** del panel **Compartir** que aparece al hacer clic en el botón 

.

Administrar la lista de usuarios

Puede añadir o eliminar integrantes en la lista de acceso al documento siempre que quiera y también puede cambiar el tipo de acceso que estos tienen (edición o únicamente consulta).

- Abra el documento compartido.
- Muestre el panel **Compartir** haciendo clic en 

.
- Para modificar el tipo de acceso, muestre el menú contextual del usuario y seleccione la opción **Cambiar a solo ver** o la opción **Permitir edición**.
- Para eliminar a un usuario, muestre el menú contextual del usuario y seleccione la opción **Dejar de compartir**.
- Para añadir a nuevos usuarios, introduzca sus nombres o direcciones de correo en el cuadro **Invitar a personas** y la opción **Puede editar** o **Solo puede ver** de la lista siguiente. En caso necesario, introduzca el mensaje que se adjuntará al enlace en el cuadro de texto que aparece a continuación y haga clic en **Compartir**.

Enviar un enlace para compartir

Este procedimiento también permite compartir un documento generando un enlace que puede comunicarse a los destinatarios por correo electrónico, por ejemplo, o copiarse en las redes sociales o incorporarse a un sitio web para hacerlo accesible a las personas autorizadas.

Al igual que en el procedimiento anterior, el documento deberá haberse guardado previamente en un espacio de almacenamiento remoto.

- Abra el documento.
- Muestre el panel **Compartir** haciendo clic en el botón  , visible a la derecha del nombre del usuario conectado.
- En la parte inferior del panel **Compartir**, haga clic en el enlace **Obtener vínculo para compartir**.

Se proponen dos tipos de vínculo: un vínculo de edición y otro de solo vista.

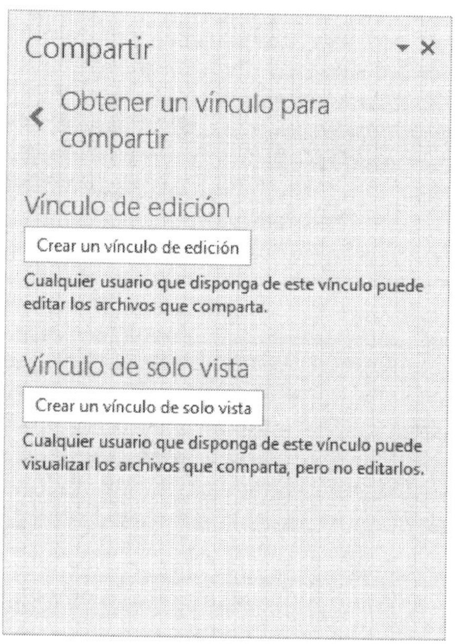

- Haga clic en **Crear un vínculo de edición** para obtener un enlace que permite a los usuarios editar el archivo o en **Crear un vínculo de solo vista** para obtener uno que sólo permitirá a los usuarios consultar el contenido del documento.

  *El vínculo aparecerá entonces bajo la opción **Vínculo de edición** o **Vínculo de solo vista**, de acuerdo con lo que elija. En este ejemplo se han activado los dos tipos de enlace.*

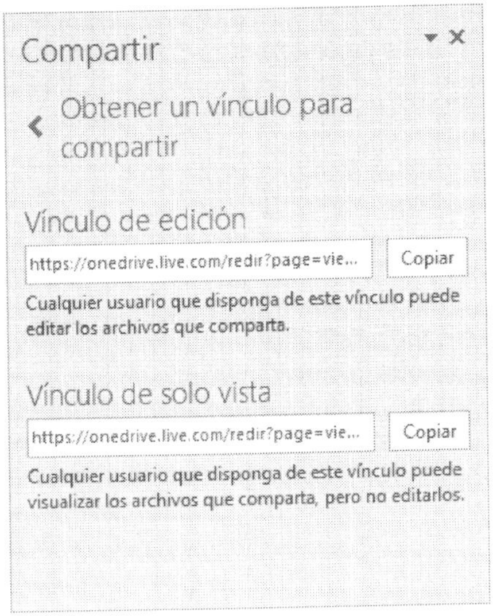

- Para copiar un vínculo, haga clic en el botón **Copiar** correspondiente.
- A continuación, cópielo en el lugar donde desea darle difusión (correo electrónico, blog, página de Internet, etc.).
- Para que el vínculo de visualización o de edición deje de estar disponible, muestre el panel **Compartir** haciendo clic en el botón 

.

  *Cuando se han activado vínculos de edición o de visualización, éstos aparecen en la parte inferior del panel **Compartir** precedidos del icono* .

Muestre el menú contextual del vínculo que desea eliminar y seleccione la opción **Deshabilitar vínculo**.

Para enviar el vínculo de un documento por correo electrónico (si el equipo cuenta con un programa de correo), seleccione la opción **Compartir** de la pestaña **Archivo** y, en el panel central, hacer clic en **Correo electrónico** y el botón **Enviar vínculo** situado en el panel de la derecha.

Coeditar un documento

Cuando se comparte un documento con otros usuarios (ver Compartir un documento), los usuarios con derecho a edición pueden abrir el documento y trabajar en él de forma simultánea.

Cuando un usuario recibe por correo electrónico el vínculo a un documento, deberá hacer clic en el vínculo o en el nombre del documento para ver su contenido en el navegador.

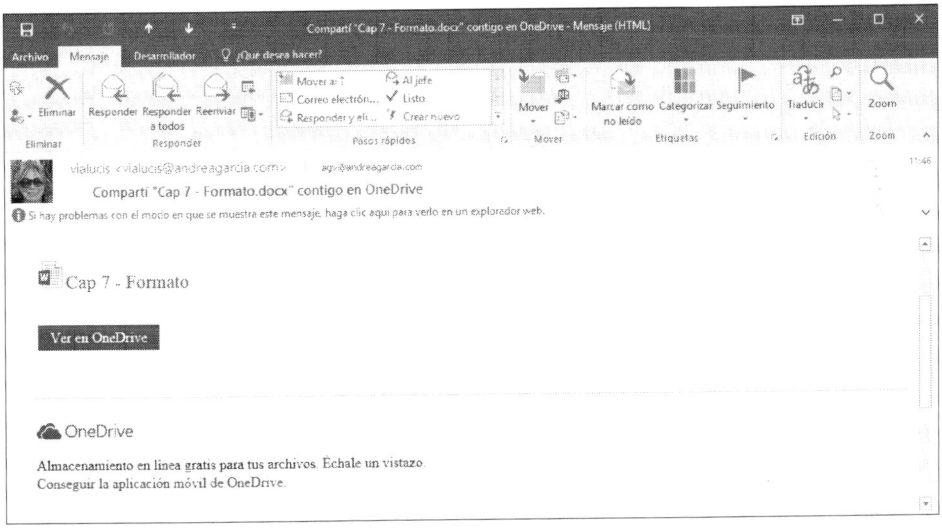

Si el documento se ha enviado a la dirección de correo electrónico de la cuenta Microsoft del usuario, éste tendrá acceso a él a partir de la lista ***Compartidos*** *de su espacio de almacenamiento OneDrive.*

El botón ***Ver en OneDrive*** *que aparece en el mensaje de invitación a compartir recibido permite acceder a él rápidamente.*

Al hacer clic en el enlace del documento, éste se abre en la aplicación ***Word Online*** *en modo lectura. Una vez conectado a su cuenta Microsoft (botón* ***Conectar****) y si el usuario dispone de autorización para editar el documento, en la parte superior de la pantalla puede verse el botón* ***Modificar documento****.*

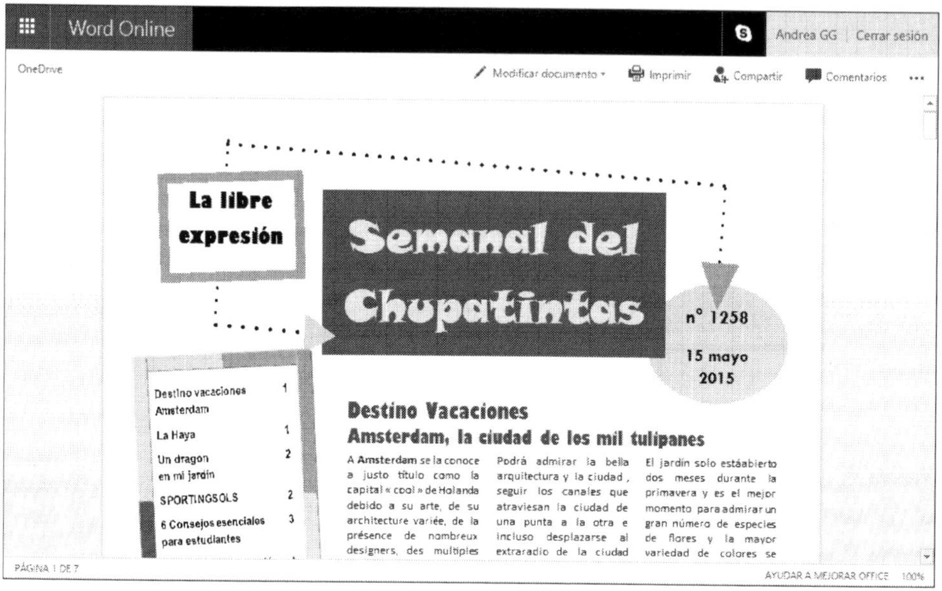

*Si el usuario no dispone de una cuenta Microsoft, el botón que aparece entonces es **Modificar en el navegador**, donde podrá llevar a cabo las modificaciones utilizando la aplicación Word Online.*

- Para modificar el documento, haga clic en el botón **Modificar documento** y seleccione la opción **Modificar en Word** para modificarlo en esta aplicación en caso de que estuviera instalada en el equipo o bien seleccione la opción **Modificar en Word Online** para editarlo directamente en el navegador (no todas las funciones de Word están disponibles en esta aplicación online).

Trabajar en equipo en la aplicación Word

- Si el documento se ha abierto en la aplicación Word del equipo, haga clic en el botón **Activar la modificación** visible en la barra de información (en la parte superior de la pantalla) para llevar a cabo los cambios.

  Cuando varios usuarios modifican un mismo documento, el número de usuarios se indica en el botón **Compartir** .

*Al señalar este botón, si ha seleccionado la opción **Preguntarme** de la lista **Compartir cambios automáticamente** al compartir el documento, aparece la siguiente pantalla de información:*

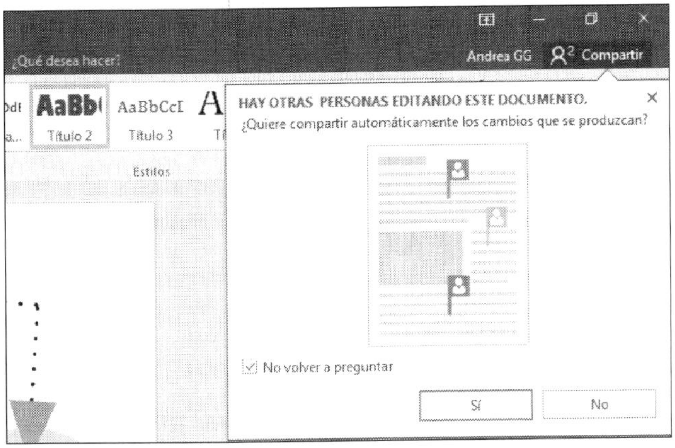

Haga clic en **Sí** para compartir las modificaciones con los demás usuarios en línea o en **No** en caso contrario.

Para ver la lista de usuarios, haga clic en **Compartir**.

*Se abre el panel **Compartir**; bajo el nombre de los usuarios que están modificando el documento aparece la indicación **Modification en temps réel**. En este ejemplo, tres personas trabajan a la vez en el documento:*

Los cambios llevados a cabo por los usuarios en línea aparecen indicados mediante marcadores de color. Al colocar el puntero sobre los marcadores, se muestra el nombre de la persona.

Si al compartir el documento ha seleccionado la opción **Preguntarme** en la lista **Compartir cambios automáticamente**, las modificaciones efectuadas por los demás usuarios no estarán visibles en el documento.

- Para guardar el documento con los cambios introducidos por los demás usuarios, haga clic en el botón **Guardar**  de la barra de herramientas Acceso rápido.

  Aparece un mensaje en el que se indica que Word actualizará el documento con los cambios introducidos por los demás usuarios.

- Haga clic en **Aceptar**.

  Los párrafos que están siendo modificados aparecen entre corchetes en el documento y el nombre de la persona puede verse junto al párrafo modificado. Si señala el nombre de la persona, un mensaje indica que no se puede modificar hasta que esa persona no guarde los cambios.

- Para comunicarse con los demás editores, haga clic en la pestaña **Archivo** y a continuación en el botón **Enviar un mensaje.**

  Para enviar un correo electrónico (si el equipo cuenta con un programa de correo como Outlook, por ejemplo), seleccione la opción **Enviar un correo electrónico.**

  Se abre la ventana del programa de correo y el cuadro de los destinatarios aparece automáticamente cumplimentado con las direcciones de correo electrónicos de los editores del documento.

  Escriba el mensaje y haga clic en **Enviar**.

  Para enviar un mensaje instantáneo (si el equipo cuenta con un programa de correo instantáneo como Skype, por ejemplo), seleccione la opción **Enviar un mensaje instantáneo** en la lista del botón **Enviar un mensaje.**

Trabajar varias personas en la aplicación Word Online

Si ha escogido abrir el documento en la aplicación Word Online, el número de usuarios que editan el documento aparece también indicado en la parte superior de la ventana.

- Para ver la lista de usuarios, haga clic en el botón situado a la derecha de la barra de pestañas donde se indica el número de personas activas.

Los marcadores de color pueden verse también en el documento en los párrafos que están siendo modificados.

La herramienta ***Conversación*** *visible a la derecha de la barra de pestañas permite intercambiar mensajes escritos con los demás usuarios conectados y en tiempo real.*

Administrar los comentarios

Crear comentarios

Esta técnica le permite asociar comentarios a un texto. Los comentarios se utilizan sobre todo en documentos a los que varios usuarios tienen acceso.

- En la vista **Diseño de impresión**, seleccione el texto al que desea aportar un comentario.
- En la pestaña **Revisar**, haga clic en el botón **Nuevo comentario** que se encuentra en el grupo **Comentarios**.

  El punto de inserción parpadea en un globo que se muestra a la derecha del documento en el que aparece el nombre del usuario.
- Escriba el texto del comentario en el globo.

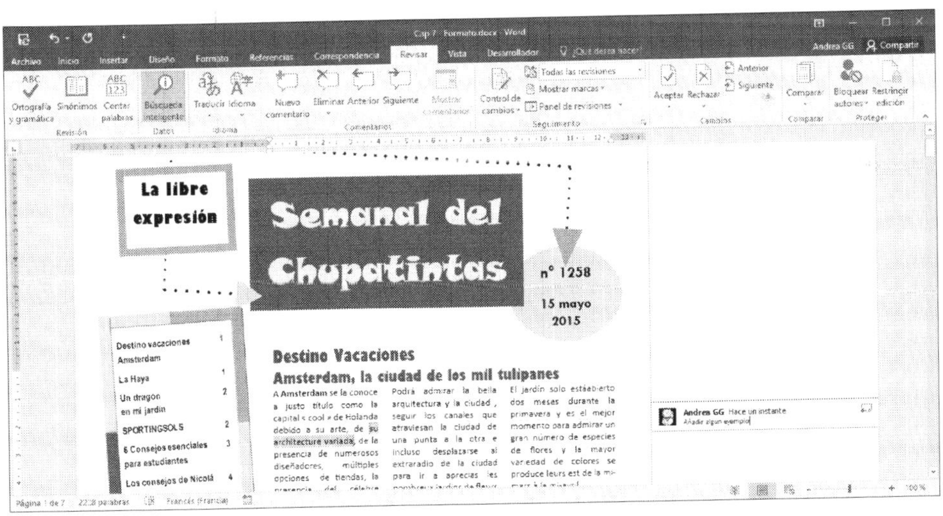

En el documento, el texto que se comenta aparece sobre fondo de color.

Si en el documento se han creado comentarios por parte de varios usuarios, los globos se muestran en distintos colores según el autor del comentario.

Haga clic en cualquier lugar del documento.

Si la opción **Revisiones simples** está seleccionada en la lista **Mostrar para revisión** del grupo **Seguimiento** (pestaña **Revisar**) y el botón **Mostrar comentarios** está desactivado en el grupo **Comentarios**, al crear un comentario aparece una ventana en lugar del globo y en ella deberá escribir el texto. También verá un pequeña globo a la izquierda de la ventana.

Al hacer clic en el documento, la ventana desparece; para volver a verla, haga clic en el globo .

En el modo de vista **Borrador**, los comentarios no se ven en los globos, es necesario mostrar el **Panel de revisiones** para verlas: en la pestaña **Revisar**, abra la lista asociada al botón **Panel de revisiones** que se muestra en el grupo **Seguimiento** y luego haga clic en la opción **Panel de revisiones vertical** o **Panel de revisiones horizontal** según la orientación que desee darle. Haciendo clic en el botón **Panel de revisiones** podrá mostrar u ocultar el panel.

Mostrar/ocultar los comentarios

- En la vista **Diseño de impresión**, haga clic en la pestaña **Revisar**.
- Para ver los comentarios de un documento, haga clic en el botón **Mostrar marcas** que se encuentra en el grupo **Seguimiento** y luego haga clic en la opción **Comentarios** para activarla.

  *Cuando los comentarios están visibles en el documento, aparece una marca a la izquierda de la opción **Comentarios**.*
- Para ocultar los comentarios de un documento, haga clic en el botón **Mostrar marcas** que se encuentra en el grupo **Seguimiento** y luego haga clic en la opción **Comentarios** para desactivarla.

  Si la opción **Revisiones simples** está seleccionada en la lista **Mostrar para revisión** del grupo **Seguimiento** (pestaña **Revisar**), utilice el botón **Mostrar comentarios** del grupo **Comentarios** para ocultar o mostrar los comentarios.

  Cuando los comentarios están ocultos, se muestra un pequeño globo a la derecha de las líneas que contienen los comentarios: al hacer clic en el globo aparece el comentario correspondiente.
- Para acceder al comentario siguiente o anterior, utilice los botones **Anterior** o **Siguiente** del grupo **Comentarios**.

  Para acceder a los comentarios también puede utilizar el panel de navegación (véase Utilizar el panel Navegación del capítulo Esquemas).
- De manera predeterminada, cuando los comentarios de un documento están visibles, se muestran los de todos los colaboradores. Si desea ocultar los comentarios de un usuario en particular, haga clic en el botón **Mostrar marcas** del grupo **Seguimiento**, señale la opción **Personas específicas** y desmarque la opción correspondiente al nombre del usuario cuyos comentarios desea ocultar. De igual manera, para mostrar los comentarios de un usuario, marque la opción correspondiente al nombre del usuario cuyos comentarios desea visualizar; al activar **Todos los revisores** podrá ver de nuevo los comentarios de todos los usuarios.

Para ver el nombre del usuario que ha creado el comentario así como la fecha y la hora en que se creó el globo, compruebe que está activada la opción **Mostrar información sobre herramientas del documento al activar** del cuadro de diálogo **Opciones de Word** (pestaña **Archivo - Opciones** - categoría **Mostrar**), a continuación sitúe el ratón (sin hacer clic) en el globo del comentario en cuestión.

Funciones avanzadas diversas

Modificar un comentario

- En la vista **Diseño de impresión**, compruebe que los comentarios estén visibles en la pantalla.
- Haga clic en el globo que contiene el comentario que desea modificar.
- Haga las modificaciones de texto que prefiera y, a continuación, haga clic en cualquier punto del documento.

Responder a un comentario

Puede responder a un comentario creado por otro usuario del documento.

- En la vista **Diseño de impresión**, compruebe que los comentarios estén visibles en la pantalla.
- Señale el globo que contiene el comentario al que desea responder y luego haga clic en el icono ; si se muestra un pequeño globo en lugar del globo que contiene el comentario, haga clic en el pequeño globo antes de hacer clic en el icono .

  El punto de inserción parpadea debajo de su propio nombre de usuario que aparece debajo del nombre del usuario que creó el comentario.
- Escriba el texto de su respuesta.

- Proceda del mismo modo con cada respuesta que desee efectuar.

Marcar un comentario como ya tratado

Cuando un comentario ha sido tenido en cuenta, puede marcarlo como ya tratado para que sepa que no es necesario volver a revisarlo. De este modo le será muy fácil distinguir entre los comentarios ya tratados y los que no.

- En la vista **Diseño de impresión**, compruebe que los comentarios estén visibles en la pantalla.
- Haga clic en el globo que contiene el comentario en cuestión; si se muestra un pequeño globo en lugar del globo que contiene el texto del comentario, haga clic en el pequeño globo para mostrar el contenido del comentario.
- Si es el comentario inicial el que desea marcar como ya tratado, haga clic con el botón secundario del ratón en el comentario que se encuentra en la parte superior del globo.

  Si desea marcar como ya tratada una respuesta al comentario inicial, haga clic con el botón secundario del ratón en la respuesta en cuestión.
- En el menú contextual que aparece, haga clic en la opción **Marcar el comentario como listo**.

  El texto del comentario aparece entonces desactivado, así como todas sus respuestas si es que existen. Si ha marcado como ya tratada una respuesta, sólo se desactiva la respuesta.
- Haga clic en cualquier punto del documento.

  En este ejemplo, el comentario inicial se ha marcado como ya tratado. Las respuestas asociadas al comentario también han sido marcadas como ya tratadas. Puede observar, además, que tanto el contenido del comentario como los de las respuestas han quedado reducidos a una sola línea.

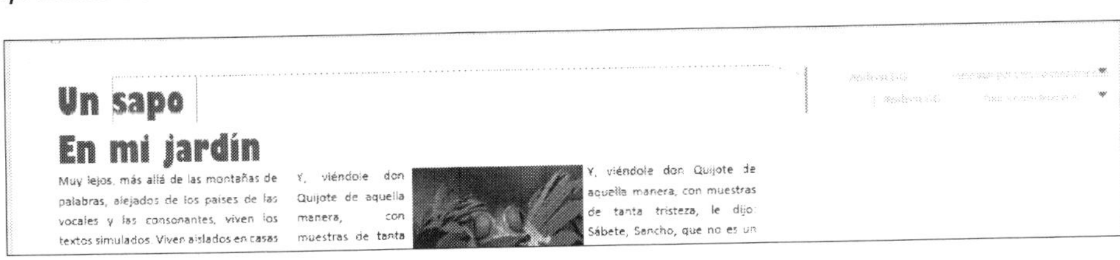

- Para mostrar la totalidad del contenido de un comentario inicial o de una de sus respuestas, señale el globo del comentario en cuestión y luego haga clic en la flecha ▼ asociada al comentario o a la respuesta; también podrá ver el contenido si hace clic en el comentario inicial o en una respuesta.

En este ejemplo, se puede ver el contenido del comentario inicial mientras que los contenidos de las respuestas están limitados a una sola línea.

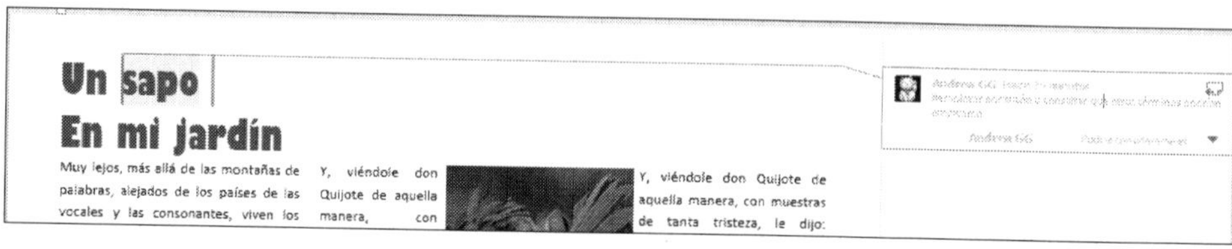

Para que un comentario o una respuesta dejen de estar marcados como ya tratados, señale el globo correspondiente, haga clic con el botón secundario del ratón en el comentario, o en la respuesta en cuestión, y haga clic en la opción **Marcar el comentario como listo** para desactivarla. Si lleva a cabo esta operación en un comentario, sus respuestas, si las tiene, también dejan de mostrarse como ya tratadas; si esta operación se efectúa en una respuesta, sólo deja de mostrarse como ya tratada esa respuesta.

Eliminar un comentario

- En la vista **Diseño de impresión**, compruebe que los comentarios estén visibles en la pantalla y haga clic en la pestaña **Revisar**.
- Haga clic en el globo que contiene el comentario que desea eliminar; si se muestra un pequeño globo  en lugar del globo que contiene el texto del comentario, haga clic en el pequeño globo para mostrar el contenido del comentario.
- Si existen respuestas asociadas al comentario, haga clic en el texto del comentario inicial para eliminar el comentario y sus respuestas; si sólo desea eliminar una respuesta, haga clic en esa respuesta.
- Haga clic en la parte superior del botón **Eliminar** que se muestra en el grupo **Comentarios.**
- Para eliminar todos los comentarios del documento, abra la lista asociada al botón **Eliminar** y haga clic en la opción **Eliminar todos los comentarios del documento**.
- Para eliminar todos los comentarios de uno o más usuarios, muestre los comentarios de los usuarios en cuestión (véase el apartado Mostrar/ocultar los comentarios), abra la lista asociada al botón **Eliminar** y luego haga clic en la opción **Eliminar todos los comentarios mostrados.**

  Esta opción aparece desactivada, y por lo tanto no disponible, si están visibles los comentarios de todos los usuarios.

Para eliminar un comentario o una respuesta, también puede hacer clic con el botón secundario del ratón en el comentario o en la respuesta y, a continuación, seleccionar la opción **Eliminar comentario** en el menú contextual que aparece.

Imprimir comentarios

- Para imprimir los comentarios al mismo tiempo que el documento, asegúrese de que la vista **Diseño de impresión** está activada, muestre los comentarios en el documento (puede decidir imprimir sólo los comentarios de algunos usuarios) y a continuación inicie la impresión del documento.
- Para imprimir la lista de comentarios, haga clic en la pestaña **Archivo** y luego en la opción **Imprimir**. Seleccione a continuación la opción **Lista de revisiones** en la primera lista del apartado **Configuración** y, a continuación, haga clic en el botón **Imprimir**.

  *Word imprime la totalidad del panel **Revisión**. La lista de los comentarios se muestra en el apartado **Comentarios y modificaciones del documento principal**.*

Activar el control de cambios

Cuando necesita trabajar con varias personas en un mismo documento, pero de manera independiente, puede:

- Hacer copias del documento para que cada usuario lo modifique según sus necesidades; a continuación podrá combinar esas copias para reconstituir un único documento; también podrá comparar esas copias.

- Realizar una única copia del documento que modificará cada usuario; de este modo podrá ver, en el mismo documento, las modificaciones efectuadas por cada usuario.

Antes de efectuar una o varias copias de un documento, es indispensable configurarlo para que se pueda activar el control de cambios.

- Abra el documento que desea poner a disposición de varios usuarios.
- Haga clic en la pestaña **Revisar**.
- Haga clic en la parte superior del botón **Control de cambios** que se encuentra en el grupo **Seguimiento** para activar el **Control de cambios**.
- Si no desea que los usuarios puedan desactivar el control de cambios ni aceptar o rechazar las modificaciones realizadas en el documento, abra la lista del botón **Control de cambios** del grupo **Seguimiento** y luego haga clic en la opción **Bloquear seguimiento**.

Si lo considera oportuno, escriba la contraseña en el cuadro de texto **Escribir contraseña (opcional)** y luego escríbala otra vez en el cuadro de texto **Repetir para confirmar**.

Aunque la contraseña es opcional, resulta especialmente conveniente. Si no se asocia ninguna contraseña al bloqueo, cualquier usuario podría fácilmente desactivar el bloqueo del seguimiento y desactivar el control de cambios (véase la primera observación).

- Modifique si lo desea las marcas que Word utiliza para mostrar los distintos tipos de modificación (véase Modificar las opciones del control de cambios).
- Guarde las modificaciones que se han añadido al documento.
- Copie el documento en una o más carpetas accesibles por el o los usuarios en cuestión (carpeta compartida en su equipo o en la red). Para ello efectúe la o las copias mediante el **Explorador de archivos**.

Si lo desea, puede asignar un nombre distinto para cada copia del documento.

Para desbloquear el control de cambios, en la pestaña **Revisar**, abra la lista del botón **Control de cambios** del grupo **Seguimiento** y luego haga clic en la opción **Bloquear seguimiento**. Escriba la contraseña, si fuera necesario, y luego haga clic en el botón **Aceptar**.

Para mostrar un mensaje que le avise antes de imprimir, guardar o enviar un archivo que contiene marcas de revisión o comentarios, active la opción **Avisar antes de imprimir, guardar o enviar un archivo que contenga marcas de revisión o comentarios** del cuadro de diálogo **Centro de confianza** (pestaña **Archivo** - **Opciones** - categoría **Centro de confianza** - botón **Configuración del Centro de confianza** - categoría **Opciones de privacidad**).
Antes de poner un documento a disposición de varios usuarios, puede comprobar si existe información personal o metadatos (datos que sirven para definir o describir otro dato) ocultos en este documento para, si fuera necesario, eliminarlos. Para ello haga clic en la pestaña **Archivo** y luego en la opción **Información**. A continuación, haga clic en el botón **Comprobar si hay problemas** y luego en la opción **Inspeccionar el documento**. Marque las opciones correspondientes a las búsquedas de contenido que desea efectuar en el documento y, a continuación, haga clic en el botón **Inspeccionar**. Cuando la búsqueda finaliza, el cuadro de diálogo **Inspector de documento** muestra el resultado de la inspección y, si lo considera necesario, tiene la posibilidad de eliminar los contenidos que prefiera utilizando el botón **Quitar todo**.

De manera predeterminada, sólo el botón **Control de cambios** que se encuentra en la pestaña **Revisar** permite saber si el control de cambios está activo en el documento actual. También puede mostrar el indicador del control de cambios en la barra de estado haciendo clic con el botón secundario del ratón en la barra y haciendo clic en la opción **Control de cambios**: la etiqueta aparece entonces en la barra de estado con, según el caso, la palabra **Activado** o **Desactivado**. De esta manera se podrá activar o desactivar el control de cambios a partir de la barra de estado haciendo clic en la etiqueta **CONTROL DE CAMBIOS**. Para ocultar este indicador, bastará con hacer otra vez clic con el botón secundario del ratón en la barra de estado y luego hacer clic en la opción **Control de cambios** para desmarcarla.

Modificar las opciones del control de cambios

Si lo desea, puede seleccionar las modificaciones que prefiere visualizar en el documento y también puede modificar las marcas que Word utiliza para mostrar los distintos tipos de cambios.

- En la pestaña **Revisar**, haga clic en el botón del grupo **Seguimiento**.

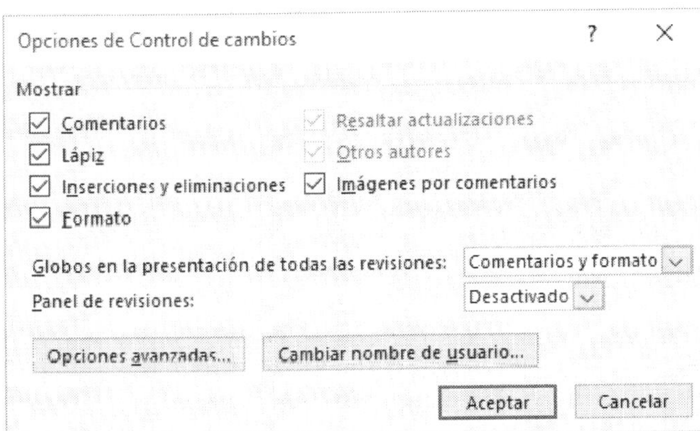

- En el apartado **Mostrar**, marque las opciones correspondientes a las modificaciones que desea mostrar en el documento y desmarque las que prefiere que no se muestren.

Funciones avanzadas diversas

- En la lista **Globos en la presentación de todas las revisiones** escoja las modificaciones que desea mostrar en los globos cuando la visualización de **Todas las revisiones** está seleccionada:

Revisiones	Todas las modificaciones se muestran en globos: comentarios, formatos, inserciones y eliminación de texto.
Nada	No se muestra ninguna modificación en los globos.
Comentarios y formato	Los comentarios y las modificaciones de formato de caracteres y párrafos se muestran en globos; esta opción está seleccionada por defecto.

- Si desea mostrar el panel **Revisiones**, escoja la opción **Vertical** u **Horizontal** en la lista **Panel de revisiones**, en caso contrario, escoja la opción **Desactivado**.
- Para modificar las marcas que Word utiliza para mostrar los distintos tipos de modificación, haga clic en el botón **Opciones avanzadas**.

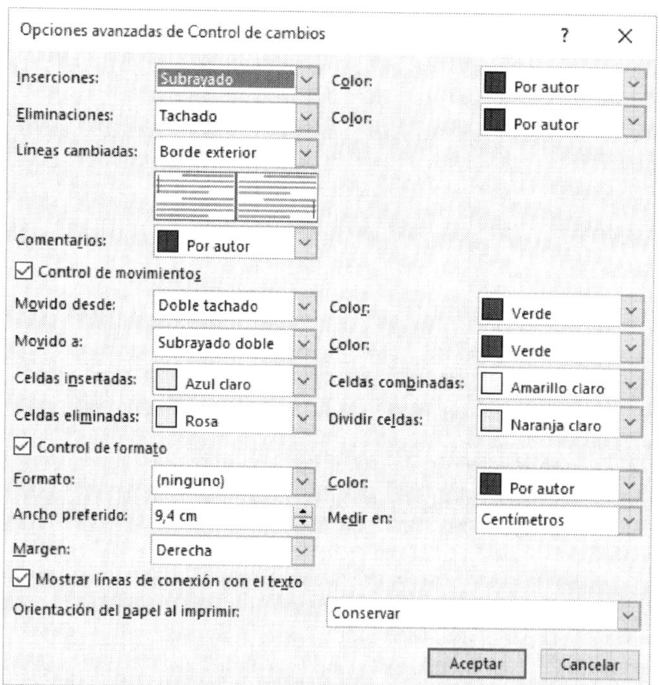

De manera predeterminada, las inserciones de texto aparecen subrayadas cuando el control de cambios está activado; las eliminaciones se muestran tachadas, las líneas en las que se encuentran las modificaciones vienen precedidas por una línea vertical. Los desplazamientos y las modificaciones de formato están señaladas en color.

Cambie la forma en que desea destacar estas modificaciones cambiando las opciones en este cuadro de diálogo.

*La opción **Mostrar líneas de conexión con el texto** permite unir cada globo de comentario al texto correspondiente.*

Haga clic en el botón **Aceptar**.

- Haga clic en el botón **Aceptar** del cuadro de diálogo **Opciones de Control de cambios**.

Combinar documentos

La combinación permite reunir en un documento (el documento original, revisado o en un nuevo documento) las modificaciones (inserción, eliminación de texto, cambios de formato, etc.) y los comentarios efectuados por los distintos usuarios en las copias del documento. Esto supone, naturalmente, que previamente se ha tenido que activar el control de cambios en el documento original antes de hacer copias para los otros usuarios.

- Haga clic en la pestaña **Revisar**.
- Haga clic en el botón **Comparar** del grupo **Comparar** y a continuación, haga clic en la opción **Combinar**.
- Indique el documento original en el apartado **Documento original** y el documento modificado en el apartado **Documento revisado**: haga clic en el botón , abra la carpeta que contiene el documento en cuestión y haga doble clic en el nombre del documento.

  También puede abrir la lista correspondiente y hacer clic en el nombre del documento en cuestión.

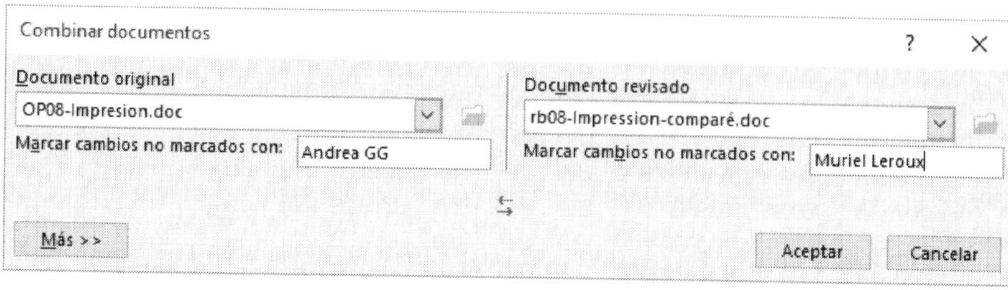

Haciendo clic en el botón 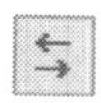 *puede intercambiar los documentos de los apartados **Documento original** y **Documento revisado**.*

- Haga clic en el botón **Más** para mostrar todas las opciones del cuadro de diálogo **Combinar documentos**.

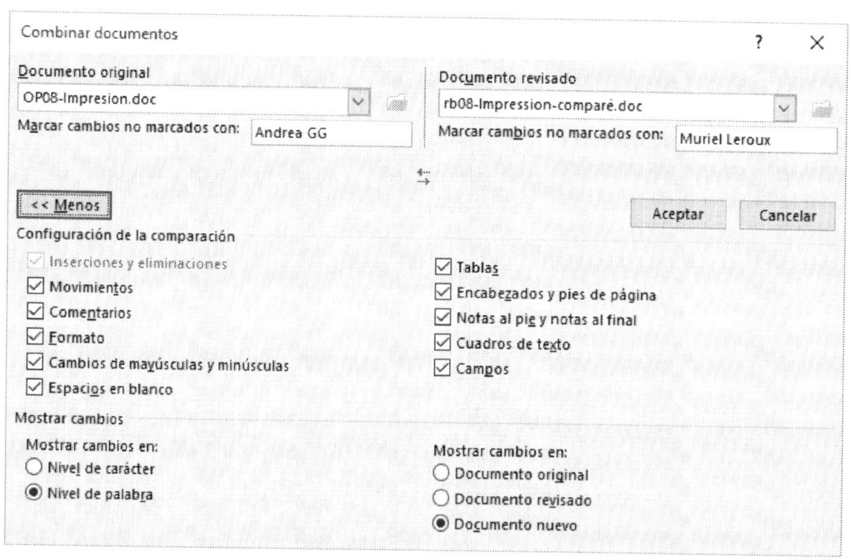

- Indique las opciones de comparación en el apartado **Configuración de la comparación**; de manera predeterminada todos los parámetros están seleccionados.

  Los parámetros seleccionados permanecen activos en las siguientes combinaciones de documentos, hasta que se vuelvan a cambiar.

- Active la opción correspondiente al nivel de comparación de los documentos:

Nivel de carácter	Los cambios se muestran a nivel de carácter. Si, por ejemplo, la palabra "casa" ha sido modificada a "casas", el control de cambios resaltará únicamente el carácter "s".
Nivel de palabra	Los cambios se muestran a nivel de palabra. Si, por ejemplo, la palabra "casa" ha sido modificada a "casas", el control de cambios resaltará toda la palabra "casas". Esta opción está seleccionada de manera predeterminada.

- Decida el documento en el que se debe realizar la combinación activando una de las opciones siguientes:

Documento original	La combinación se realiza en el documento seleccionado en la lista **Documento original**.
Documento revisado	La combinación se realiza en el documento seleccionado en la lista **Documento revisado**.
Documento nuevo	La combinación se realiza en un documento nuevo.

- Haga clic en el botón **Aceptar**.

  Es posible que un mensaje le informe de que los documentos que están a punto de ser combinados contienen uno o varios cambios de formato conflictivos; deberá escoger el formato que prefiere conservar:

- Si fuera necesario, active la opción **Su documento** para conservar los cambios de formato del documento original o la opción **El otro documento**, para conservar los cambios de formato del documento revisado. A continuación, haga clic en el botón **Continuar con combinar**.

  De manera predeterminada aparecen tres ventanas de documento: en una se muestra el contenido del documento combinado, en otra, el contenido del documento original y, en la tercera, el contenido del documento revisado. Se trata de tres vistas, pero no de tres documentos auténticos. El documento actual es aquel cuyo nombre aparece en la barra de título de la ventana Word.

  A la izquierda de la ventana aparece el panel ***Revisiones*** *en el que se muestran los comentarios y los cambios efectuados por los distintos usuarios.*

Funciones avanzadas diversas

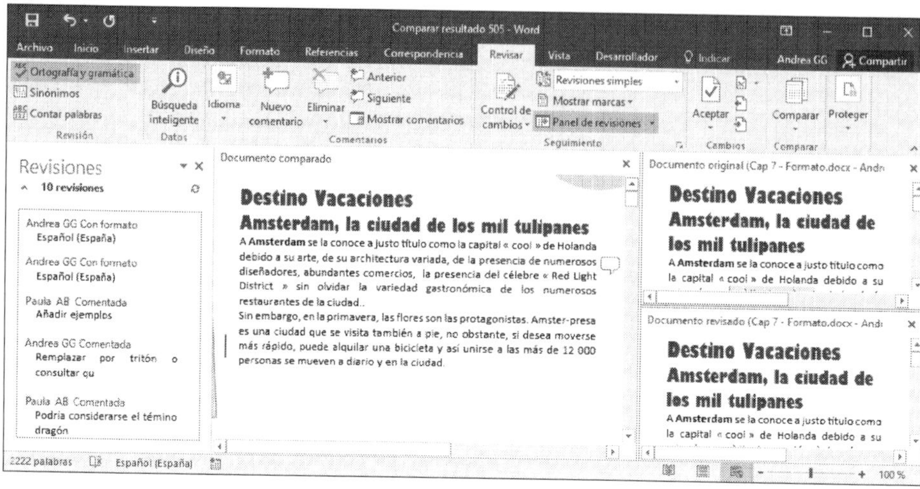

- Para cambiar los documentos fuente que desea mostrar en la pantalla, haga clic en el botón **Comparar**, haga clic en la opción **Mostrar documentos de origen** y luego haga clic en una de las opciones siguientes:

Ocultar documentos de origen	No podrá ver ni el contenido del documento original ni del documento revisado; sólo se muestra el documento que contiene el resultado de la combinación (documento revisado).
Mostrar original	Se muestra el contenido del documento original y del documento que contiene el resultado de la combinación (documento combinado).
Mostrar revisado	Se muestra el contenido del documento revisado y el documento que contiene el resultado de la combinación (documento combinado).
Mostrar ambos	Se muestra el contenido del documento original, el del documento revisado y el documento que contiene el resultado de la combinación (documento combinado); esta opción está activa de manera predeterminada.

La opción seleccionada se mantiene activa en las siguientes combinaciones, hasta que se vuelvan a cambiar.

- Para ocultar el panel de **Revisiones**, abra la pestaña **Revisar**, haga clic en el botón **Panel de revisiones** que se muestra en el grupo **Seguimiento**; haciendo de nuevo clic en este botón, el panel vuelve a mostrarse.

  En este ejemplo se muestra únicamente el documento que contiene el resultado de la combinación (documento combinado). Los comentarios y cambios de formato se muestran en los globos mientras que las otras revisiones se ven directamente en el texto. Le recordamos que, de la misma manera, para conocer el nombre del usuario que ha efectuado un cambio o creado un comentario, es necesario situar el puntero del ratón en el globo o en la marca correspondiente.

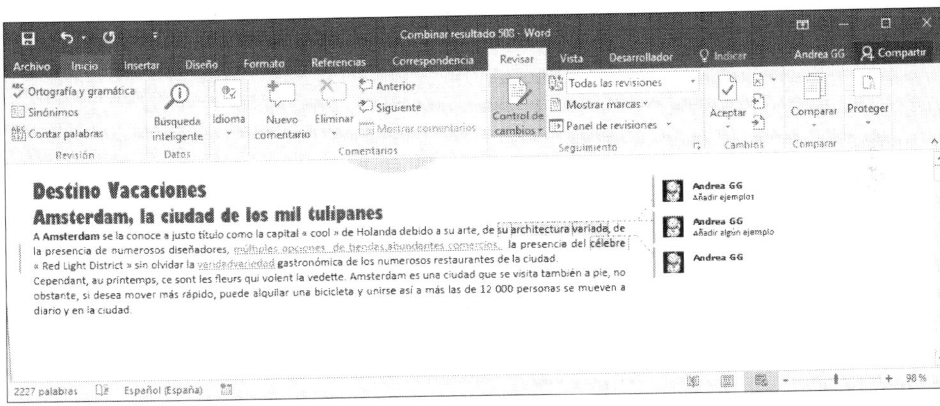

- Para cambiar la manera en la que desea mostrar las revisiones, haga clic en el botón **Mostrar marcas** del grupo **Seguimiento**, señale la opción **Globos** y luego haga clic en una de las opciones que se ofrecen: **Mostrar revisiones en globos**, **Mostrar todas las revisiones en línea** o **Mostrar solo comentarios y formato en los globos.**

- Guarde las modificaciones hechas en el documento que contiene el resultado de la combinación; si la combinación se ha efectuado en un documento nuevo, guárdelo.

- Para cada copia del documento que desea combinar con este documento (documento activo en el que se realizó la primera combinación), proceda como se ha indicado anteriormente teniendo en cuenta las siguientes dos observaciones:
  - La combinación debe efectuarse en el documento original.
  - El documento original es aquel en el que se llevó a cabo la o las combinaciones anteriores.

- Cuando haya terminado las combinaciones, guarde los cambios hechos el documento y ciérrelo.

Puede comparar dos documentos incluso si el control de cambios no ha sido activado para uno u otro de los documentos. Para ello, en la pestaña **Revisar**, haga clic en el botón **Comparar** del grupo **Comparar** y luego en la opción **Comparar**. Proceda, a continuación, como para combinar documentos.

Aceptar o rechazar modificaciones

Las modificaciones efectuadas por el o los usuarios pueden ser rechazadas o incorporadas al documento.

- Si fuera necesario, desbloquee el control de cambios: en la pestaña **Revisar**, abra la lista del botón **Control de cambios** del grupo **Seguimiento** y luego haga clic en la opción **Bloquear seguimiento**. Si fuese necesario, escriba la contraseña y luego haga clic en el botón **Aceptar**.

  Los cambios no pueden ser rechazados o incorporados al documento si el control de modificaciones está bloqueado.

- Sitúe el punto de inserción en el lugar donde desea iniciar la revisión del documento.
- Haga clic en la pestaña **Revisar**.
- Escoja la forma en que Word debe mostrar los cambios en el documento seleccionando una de las siguientes opciones en la lista **Mostrar para revisión** del grupo **Seguimiento**:

Revisiones simples	Word incluye en el documento todos los cambios. Cada modificación viene señalada con una raya vertical en el margen izquierdo. Si los comentarios se visualizan (véase el apartado Administrar los comentarios, al principio de este capítulo), podrá verlos dentro de globos al lado de los textos implicados; si los comentarios están ocultos, podrá ver un globo pequeño a la derecha de las líneas que contienen los comentarios: al hacer clic en un globo se muestra el correspondiente comentario.
Todas las revisiones	Word incluye en el documento todas las modificaciones y muestra en el documento todas las marcas de revisión. Los comentarios se pueden ver dentro de globos situados al lado de los textos implicados.

*Un clic en una raya vertical le permite pasar de la visualización **Revisiones simples** a **Todas las revisiones**, y viceversa.*

Ninguna revisión	Word incluye todas las modificaciones en el documento y oculta todas las marcas de revisión así como los comentarios.
Original	El documento muestra el contenido que tenía antes de la inserción de las modificaciones; las marcas de revisión y los comentarios están ocultos.

- Si ha decidido mostrar todas las modificaciones en el documento, cambie, si fuera necesario, la manera en que desea mostrar las marcas correspondientes: haga clic en el botón **Mostrar marcas** del grupo **Seguimiento**, señale la opción **Globos** y haga clic en una de las opciones propuestas.
- Si la revisión de las modificaciones del documento no atañe a todos los tipos de modificación, haga clic en el botón **Mostrar marcas**, del grupo **Seguimiento** y luego desactive las opciones que corresponden al tipo de modificación que desea marcar: **Comentarios**, **Entradas de lápiz**, **Inserciones y eliminaciones** y/o **Formato**: de manera predeterminada, todos los tipos de modificación están activados.

  Los tipos de marcas correspondientes a las opciones desactivadas dejan de aparecer en el documento y, en consecuencia, las modificaciones correspondientes no podrán ser revisadas.
- Si la revisión de las modificaciones del documento no debe extenderse a las modificaciones aportadas por todos los usuarios sino únicamente a las modificaciones de uno o varios usuarios específicos, muestre las modificaciones de los usuarios en cuestión y oculte las de los otros usuarios: para mostrar u ocultar las modificaciones de un usuario, haga clic en el botón **Mostrar marcas** del grupo **Seguimiento**, señale la opción **Personas específicas** y active o desactive la opción correspondiente al nombre del usuario en cuestión.
- Si las modificaciones deben ser aceptadas una a una, utilice los botones **Siguiente** o **Anterior** (grupo **Cambios**) para alcanzar cada una de las modificaciones y, a continuación, haga clic en la parte superior del botón **Aceptar** (del grupo **Cambios**) para aceptar la modificación o en el botón **Rechazar** para rechazarla.

  *El hecho de hacer clic en la parte superior del botón **Aceptar** o del botón **Rechazar** equivale a escoger la opción **Aceptar y continuar a la siguiente** o **Rechazar y continuar con la siguiente** que se muestra en la lista asociada a los botones **Aceptar** y **Rechazar**. Las opciones **Aceptar este cambio** y **Rechazar este cambio** que también se muestran en la lista **Aceptar** y **Rechazar**, permiten aceptar o rechazar la modificación actual sin seleccionar la siguiente.*

- Para aceptar o rechazar los cambios de uno o de varios usuarios, muestre, si no está hecho, las modificaciones de los usuarios en cuestión. A continuación, abra la lista asociada al botón **Aceptar** y haga clic en la opción **Aceptar todos los cambios mostrados** o abra la lista asociada al botón **Rechazar** y haga clic en la opción **Rechazar todos los cambios mostrados**.

  Si se muestran las modificaciones realizadas por todos los usuarios, estas dos opciones no están disponibles.

- Para aceptar o rechazar todas las modificaciones hechas en el documento, abra la lista asociada al botón **Aceptar** o la lista del botón **Rechazar** y haga clic en la opción **Aceptar** o **Rechazar todos los cambios.**
- Para aceptar o rechazar todas las modificaciones hechas en el documento y detener el seguimiento de las modificaciones, abra la lista asociada al botón **Aceptar** o la lista del botón **Rechazar** y haga clic en la opción **Aceptar** o **Rechazar todos los cambios y detener seguimiento**.
- Si fuera necesario, haga clic en el botón **No** del mensaje que le propone reanudar la búsqueda de cambios desde el inicio del documento.
- Guarde los cambios hechos en el documento y ciérrelo.

Proteger el contenido de un documento

Word le permite proteger únicamente algunos elementos de un documento.

- Abra el documento en cuestión y luego seleccione la pestaña **Revisar**.
- Abra el panel **Restringir edición** haciendo clic en el botón **Restringir edición** del grupo **Proteger**.

  *También puede mostrar este panel haciendo clic en la ficha **Archivo**, en la opción **Información**, en el botón **Proteger documento** y luego en la opción **Restringir edición**.*

- Active la opción **Permitir solo este tipo de edición en el documento** del apartado **Restricciones de edición** y luego seleccione una de las opciones propuestas en la lista correspondiente:

  Marcas de revisión: el contenido del documento puede ser modificado, pero todos los cambios efectuados en el documento se resaltan con marcas de revisión de manera que se puedan localizar fácilmente. El control de cambios está activado y no es posible ni aceptar, ni rechazar los cambios hechos en el documento.

Comentarios: el contenido del documento no se puede modificar, sólo se pueden agregar comentarios. De todos modos, puede autorizar los cambios en algunas partes del documento, para todos los usuarios del documento o sólo para alguno de ellos.

Rellenando formularios: los usuarios de un formulario sólo pueden acceder a los campos del formulario; el resto del documento está protegido contra los cambios. Cuando un formulario está dividido en varias secciones, el vínculo **Seleccionar secciones** le permite escoger las secciones que deben quedar protegidas.

Sin cambios (solo lectura): el contenido del documento no puede editarse. Sin embargo, puede permitir a todos los usuarios la modificación de algunas partes del documento o únicamente a algunos de ellos.

*Si ha optado por la opción **Comentarios** o **Sin cambios (solo lectura)**, podrá ver un apartado suplementario llamado **Excepciones (opcional)**, que le permite autorizar los cambios de algunas partes del documento. De manera predeterminada sólo se muestra la opción **Todos**, que permite que todos los usuarios puedan editar libremente las partes especificadas el documento. Sin embargo, si algunas partes del documento deben ser modificadas únicamente por algunos usuarios, deberá agregarlas a la lista de excepciones.*

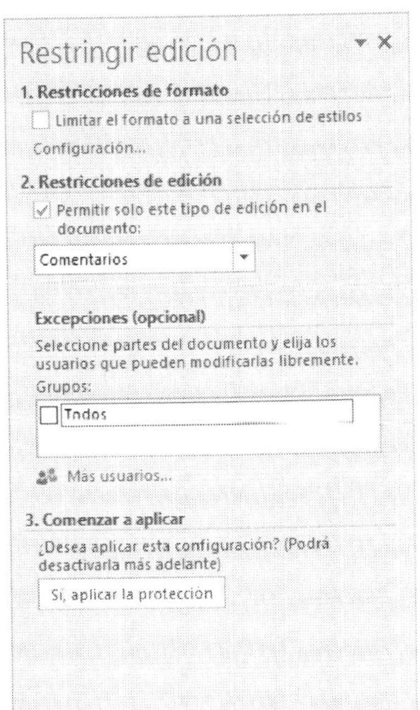

- En este caso, haga clic en el vínculo **Más usuarios**, escriba su nombre (cuenta de usuario Microsoft) separado por puntos y coma y luego haga clic en el botón **Aceptar**.

  Los nombres de los nuevos usuarios se muestran en la lista ***Individuos****.*

  A continuación, seleccione la parte del documento cuyos cambios desea autorizar, luego active la opción **Todos** si todos los usuarios tienen permiso para modificar libremente esta parte, o active los nombres de los usuarios autorizados a modificar la parte seleccionada. Repita esta operación para cada parte del documento.

  Las áreas editables aparecen destacadas. Cada usuario tiene asociado un color distinto.

- Haga clic en el botón **Sí, aplicar la protección.**
- Si es necesario, haga clic en el apartado **Escriba la nueva contraseña (opcional)** para escribir una contraseña con un máximo de 15 caracteres.

  Aunque la contraseña es opcional, resulta muy conveniente utilizarla. En efecto, si la protección del contenido no está asociada a ninguna contraseña, cualquier usuario puede fácilmente desactivar la protección.

- Escriba de nuevo la contraseña en el apartado **Vuelva a escribir la contraseña para confirmar**.

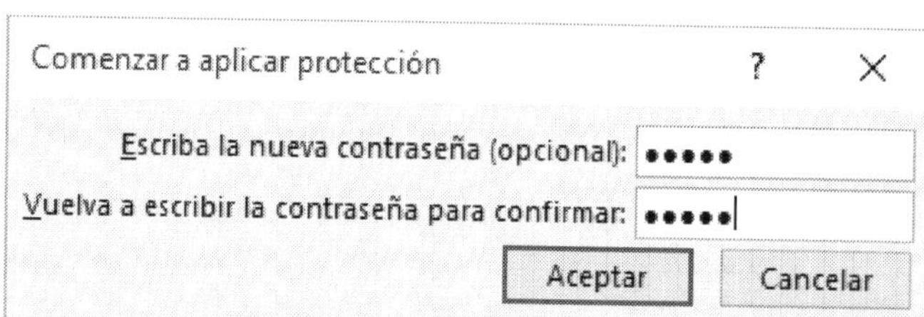

  La contraseña aparece en la pantalla como una serie de puntos. Preste mucha atención al tipo de los caracteres (mayúscula, minúscula) de la contraseña porque Word lo tiene en cuenta.

- Haga clic en el botón **Aceptar**.
- Guarde las modificaciones efectuadas al documento y luego ciérrelo.

Para eliminar la protección de un documento, abra la pestaña **Revisar**, haga clic en el botón **Restringir edición** para abrir el panel **Restringir edición**. A continuación, haga clic en el botón **Suspender la protección**, escriba si fuera necesario la contraseña y luego haga clic en el botón **Aceptar**. Tenga cuidado en respetar los caracteres utilizados al introducir la contraseña.

Si intenta cambiar el contenido de un documento protegido sin disponer de permiso, es posible que, según las restricciones que se han definido, el panel **Restringir edición** se muestre en la pantalla informándole de las operaciones que puede efectuar en el documento. Además, si tiene permiso para editar algunas partes del documento, aparecerán dos botones suplementarios que le permitirán **Encontrar la siguiente área que puedo editar** y **Mostrar todas las áreas que puedo editar**.

Marcar un documento como final

Antes de compartir un documento con otros usuarios, puede marcar el documento como final para que esté disponible únicamente para su lectura y poder, así, impedir cualquier otra modificación. No se trata en este caso de una función de seguridad porque cualquier usuario podrá fácilmente eliminar esta propiedad.

- Abra el documento en cuestión, efectúe, si lo desea, las últimas modificaciones y guárdelas.
- Haga clic en la pestaña **Archivo**, en la opción **Información**, en el botón **Proteger documento** y luego haga clic en la opción **Marcar como final**.

  Un mensaje le informa de que el documento se guardará después de haber sido marcado como final.

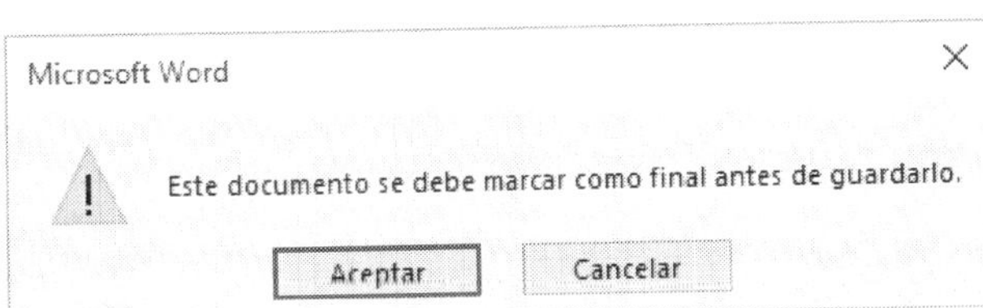

- Haga clic en el botón **Aceptar**.

Un mensaje le informa de que el documento ha sido marcado como final y le ofrece información sobre esta función.

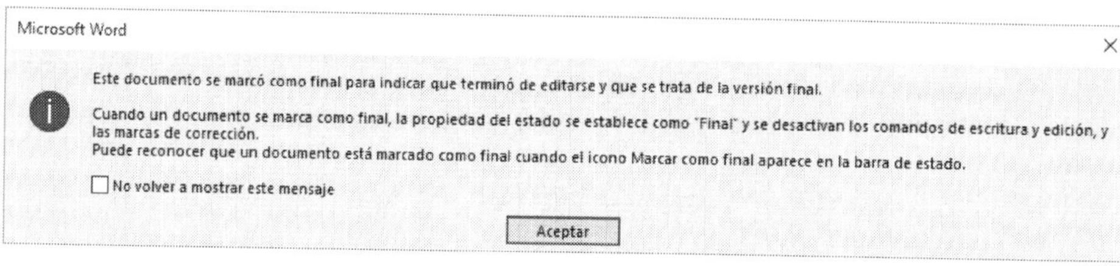

- Si no desea que este mensaje vuelva a aparecer, marque la opción **No volver a mostrar este mensaje** antes de hacer clic en el botón **Aceptar**.

- Haga clic en el botón  para visualizar el documento y poder ver la barra de información **MARCADO COMO FINAL** que aparece debajo de las pestañas; el icono **Marcado como final**  aparece asimismo en la barra de estado.

  El documento no acepta ninguna modificación; únicamente es posible su lectura.

Para poder modificar un documento que está marcado como final, haga clic en el botón **Editar de todas formas** que aparece en la barra de información **MARCADO COMO FINAL**: el icono  desaparece de la barra de estado.

Limitar el formato de un documento

Si desea que los usuarios de un documento no puedan aplicarle determinados estilos, puede hacer que esos estilos no estén disponibles y luego deberá proteger el documento.

- Abra el documento en cuestión.

- Abra el panel **Restringir edición**: pestaña **Revisar** - grupo **Proteger** - botón **Restringir edición**.

  *También puede mostrar este panel haciendo clic en la ficha **Archivo**, en la opción **Información**, en el botón **Proteger documento** y luego en la opción **Restringir edición**.*

- Active la opción **Limitar el formato a una selección de estilos** y luego haga clic en el vínculo **Configuración**.

- Compruebe que la opción **Limitar el formato a una selección de estilos** esté activada.

- Active los estilos que desea autorizar y desactive aquéllos que no desea autorizar en el documento.

  *El botón **Todos** le permite activar la totalidad de los estilos; el botón **Ninguno** permite, en cambio, desactivar todos los estilos y el botón **Mínimo recomendado** permite limitar el formato a un número mínimo de estilos recomendados.*

  *Los estilos no autorizados no podrán verse ni en la galería de estilos ni en el panel **Estilos**.*

- Para conservar algunas funciones de Autoformato (por ejemplo, 1/2 por ½), active la opción **Permitir que Autoformato invalide las restricciones de formato.**

- Si desea que el tema aplicado al documento no pueda ser modificado por los usuarios, active la opción **Bloquear el cambio de esquema o tema.**

  *Las opciones del grupo **Formato del documento** (pestaña **Diseño**) aparecerán sombreadas y, por lo tanto, no disponibles.*

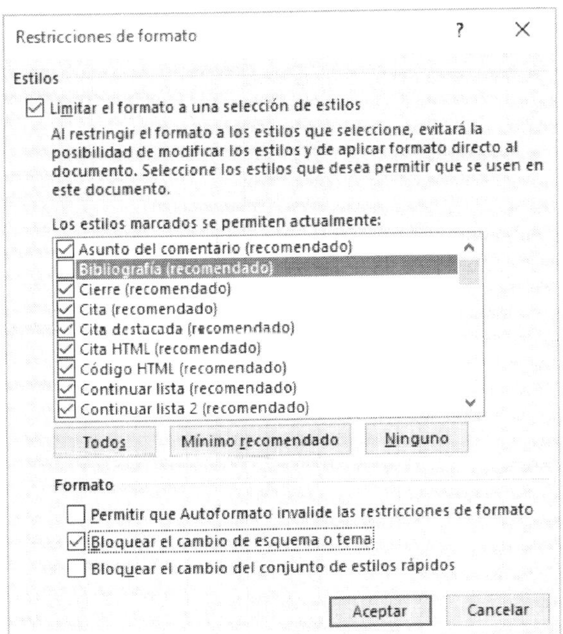

- Si desea que el conjunto de estilos aplicado al documento no pueda ser editado por los usuarios, active la opción **Bloquear el cambio del conjunto de estilos rápidos.**

Los conjuntos de estilos aparecerán sombreados, es decir, no disponibles (pestaña ***Diseño*** *- grupo* ***Formato del documento****).*

- Haga clic en el botón **Aceptar**.

Un mensaje le indica que su documento puede que contenga elementos con formato (negrita, cursiva, fuente, etc.) o estilos no autorizados.

- Haga clic en el botón **Sí** si desea eliminar el formato y los estilos no autorizados aplicados a los elementos del documento; en caso contrario, haga clic en el botón **No**.
- Haga clic en el botón **Sí, aplicar la protección**.
- Haga clic, si fuera necesario, en el cuadro de texto **Escriba la nueva contraseña (opcional)** para escribir una contraseña con un máximo de 15 caracteres.

Aunque la contraseña es opcional, resulta muy conveniente utilizarla. En efecto, si la restricción de formato no está asociada a ninguna contraseña, cualquier usuario puede fácilmente desactivar la protección.

- Escriba otra vez la contraseña en el cuadro de texto **Vuelva a escribir la contraseña para confirmar**.
- Haga clic en el botón **Aceptar**.
- Guarde los cambios aportados al documento y luego ciérrelo.

Para eliminar la protección de un documento, abra la pestaña **Revisar**, haga clic en el botón **Restringir edición** para abrir el panel **Restringir edición**. A continuación, haga clic en el botón **Suspender la protección**, escriba si fuera necesario la contraseña y luego haga clic en el botón **Aceptar**.

También puede definir las disponibilidades de los estilos utilizando las opciones de la pestaña **Restringir** del cuadro de diálogo **Administrar estilos** (botón  del panel **Estilos**).

Asociar una contraseña a un documento

El acceso al documento pasa a estar protegido por una contraseña.

- Abra el documento en cuestión.
- Haga clic en la pestaña **Archivo** y luego en la opción **Guardar como**.
- En el panel central, haga clic en el botón **Examinar**.
- Haga clic en el botón **Herramientas** y luego en **Opciones generales**.

- Si se trata de controlar la apertura del documento, escriba una contraseña en el cuadro de texto **Contraseña de apertura** (15 caracteres máximo).

  Para proteger el documento se utiliza un método de cifrado. Se trata pues de una auténtica función de seguridad.

- Si lo que desea es impedir que personas no autorizadas modifiquen y guarden el documento, escriba una contraseña en el cuadro de texto **Contraseña de escritura**: las personas que no conozcan la contraseña podrán abrir el archivo, pero sólo en modo de lectura.

  Esta contraseña impide que un usuario no autorizado cambie el contenido del documento original, pero de todos modos puede aportar modificaciones y guardar el documento con otro nombre.

  Cuando se introduce la contraseña se hace a ciegas porque los caracteres son reemplazados por puntos. Preste atención al tipo de los caracteres de la contraseña puesto que Word diferencia entre mayúsculas y minúsculas.

  *La opción **Recomendado solo lectura** implica que se abra un mensaje que recomienda a los usuarios que abran el documento para sólo lectura; se trata de una recomendación, no de una obligación.*

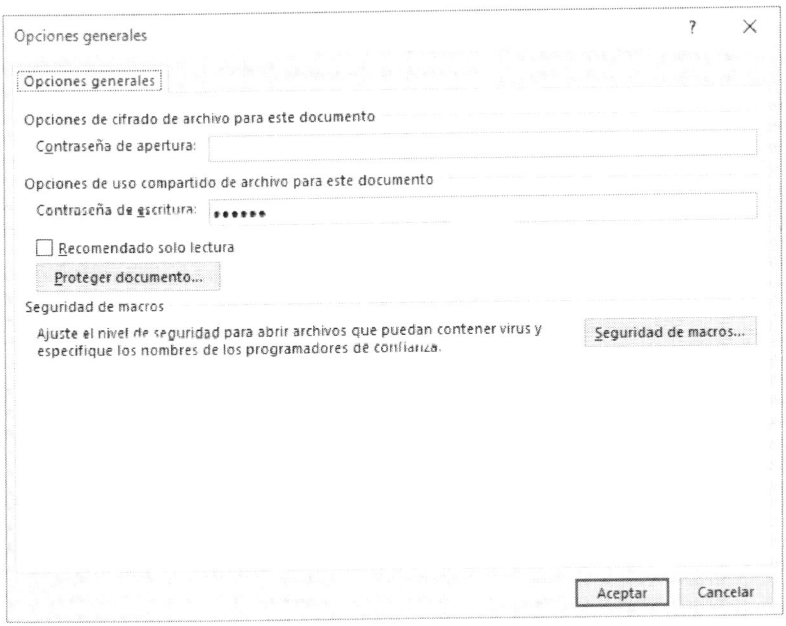

- Haga clic en el botón **Aceptar**.
- Confirme la o las contraseñas necesarias en los cuadros de texto **Vuelva a escribir la contraseña de apertura** o **Vuelva a escribir la contraseña de escritura** y valide haciendo clic en el botón **Aceptar**.
- Compruebe que la carpeta de guardado seleccionada es en la que desea guardar el documento y haga clic en el botón **Guardar**.

Para eliminar una contraseña asociada a un documento, abra el documento utilizando la contraseña. Haga clic en la pestaña **Archivo**, en la opción **Guardar como**, Equipo y luego en el botón **Examinar**. A continuación, haga clic en el botón **Herramientas** y luego en la opción **Opciones generales**. Elimine los puntos correspondientes a la contraseña y luego haga clic en el botón **Aceptar** y después en el botón **Guardar**.

Para proteger la apertura de un documento, también puede hacer clic en la pestaña **Archivo**, luego en la opción **Información**. Haga clic en el botón **Proteger el documento** y luego en la opción **Cifrar con contraseña**. Escriba la contraseña, haga clic en el botón **Aceptar**, confirme la contraseña y haga clic en **Aceptar**.

Utilizar la Autocorrección

Activar/desactivar la Autocorrección

Con este procedimiento, Word corrige las faltas habituales mientras se escribe (por ejemplo, si siempre escribe "bolar" en lugar de "volar").

- Haga clic en la pestaña **Archivo** y luego en **Opciones**.
- Seleccione la categoría **Revisión** y pulse el botón **Opciones de Autocorrección**.
- Asegúrese de que la ficha **Autocorrección** está seleccionada.
- Active o desactive, según desee, las cinco opciones anteriores a la de **Reemplazar texto mientras escribe**.
- Active o desactive la opción de **Reemplazar texto mientras escribe** si desea detener la corrección y el reemplazo automático mientras escribe.

  Esta opción aparece activada de forma predeterminada.
- Pulse el botón **Aceptar**.

Definir autocorrecciones

De forma predeterminada, Word ofrece una lista importante de autocorrecciones. Se pueden agregar a esta lista otras autocorrecciones que serán palabras o abreviaturas que Word reemplazará mientras se escribe.

- Seleccione el texto sin errores de ortografía si ya se ha escrito en el documento.

  Si el texto tiene un formato aplicado, Word ofrece la posibilidad de almacenar dicha Autocorrección conservando o no el formato.
- Haga clic en la pestaña **Archivo** y luego en **Opciones**.
- Seleccione la categoría **Revisión** y pulse el botón **Opciones de Autocorrección**.
- Asegúrese de que la ficha **Autocorrección** está seleccionada.
- Active, si fuese necesario, la opción **Reemplazar texto mientras escribe**.
- Escriba la palabra con el error ortográfico o la abreviatura en la casilla **Reemplazar**.
- Escriba, si fuese necesario, la palabra ortográficamente correcta en la casilla **Con**: esta casilla ya está llena si el texto escrito correctamente ha sido seleccionado anteriormente en el documento.

- Active, si fuese necesario, la opción **Texto sin formato** si la entrada de Autocorrección debe almacenarse sin formato o la opción **Texto con formato** si debe almacenarse con el formato.

  Estas dos opciones no están disponibles si anteriormente no se ha realizado ninguna selección de texto en el documento.

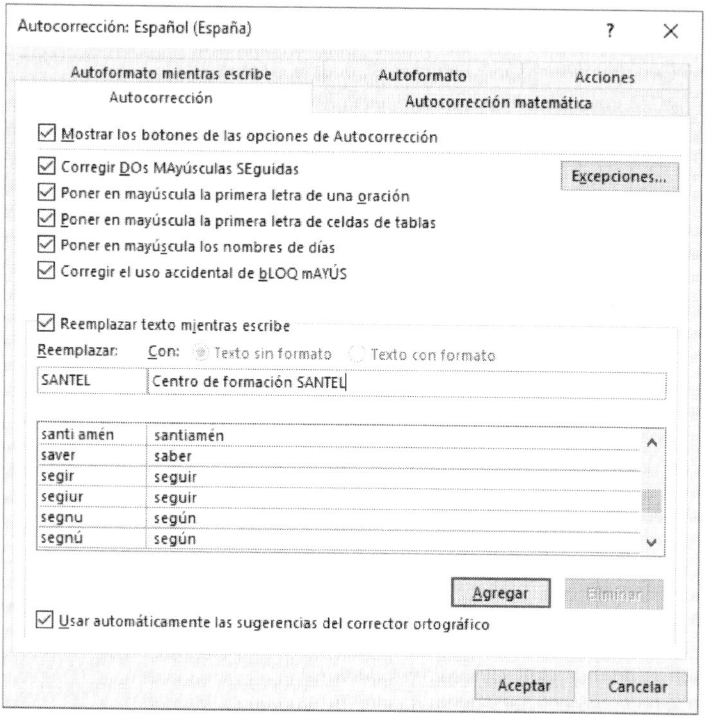

- Pulse el botón **Agregar**.
- Siga este procedimiento para insertar más autocorrecciones.
- Para eliminar una Autocorrección, selecciónela en la lista y pulse el botón **Eliminar**.
- Asegúrese de que la opción **Usar automáticamente las sugerencias del corrector ortográfico** está activada si desea que Word reemplace automáticamente, mientras escribe, los errores por las palabras sugeridas por el diccionario principal y los diccionarios personales.

  Esta opción aparece activa por defecto.

Pulse el botón **Aceptar** de las dos ventanas.

El botón **Excepciones** del cuadro de diálogo **Autocorrección** permite definir los textos que no desea que Word corrija automáticamente.

Utilizar el botón Autocorrección

*Cada vez que se corrige una palabra automáticamente mientras se escribe, Word asocia el botón de opción **Autocorrección** que permite, si fuese necesario, modificar la corrección.*

Asegúrese de que la opción **Mostrar los botones de las opciones de Autocorrección** del cuadro de diálogo **Autocorrección** (pestaña **Archivo** - **Opciones** - categoría **Revisar** - botón **Opciones de Autocorrección** - ficha **Autocorrección**) está activada.

Esta opción aparece activada por defecto.

Señale la palabra corregida automáticamente mientras escribe.

Aparece un pequeño rectángulo debajo de las dos primeras letras de la palabra.

Señale el pequeño rectángulo para mostrar el botón **Autocorrección**  y, a continuación, púlselo.

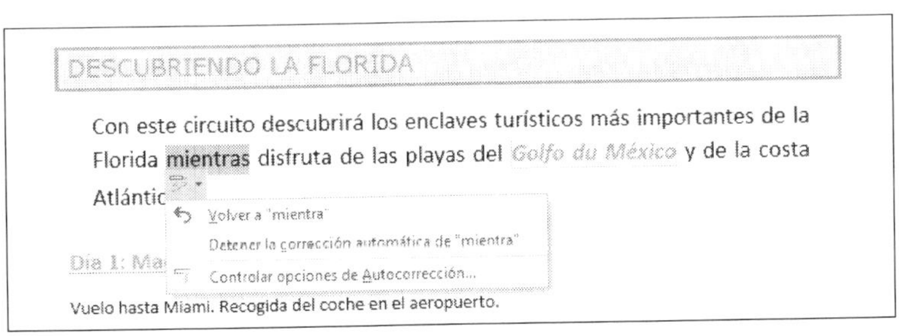

Para volver a la ortografía de la palabra escrita inicialmente, haga clic en la opción **Volver a**: la opción **Rehacer Autocorrección** remplaza la opción **Volver a**.

Si la autocorrección se refiere a la mayúscula de la primera letra de una frase pero usted ya no desea que las primeras letras de las frases se escriban automáticamente en mayúsculas, haga clic en la opción **Dejar de usar mayúsculas automáticamente en la primera letra de las frases**: el hecho de hacer clic en esta opción desmarca la opción **Poner en mayúscula la primera letra de una oración** en el cuadro de diálogo **Autocorrección** (pestaña **Archivo** - **Opciones** - categoría **Revisar** - botón **Opciones de Autocorrección** - pestaña **Autocorrección**); al marcar esta opción se permite que, de nuevo, las primeras letras de las frases se escriban automáticamente en mayúsculas.

- Si desea que esta palabra no se vuelva a corregir automáticamente, haga clic en la opción **Detener corrección automática de**: a partir de ese momento la opción aparece precedida por una muesca; haga clic de nuevo en dicha opción para restablecer la Autocorrección.
- Para abrir el cuadro de diálogo **Autocorrección**, haga clic en la opción **Controlar opciones de Autocorrección**.

Personalizar la revisión ortográfica

- Haga clic en la pestaña **Archivo**, en **Opciones** y a continuación seleccione la categoría **Revisión**.
- Decida si ignorar o no las palabras en mayúsculas y/o las palabras que contienen números marcando o no la opción **Omitir palabras en MAYÚSCULAS** y/o la opción **Omitir palabras que contengan números**.

  Estas opciones resultan interesantes en caso de tratarse de un documento con una lista de nombres propios.
- Active o desactive la opción **Omitir archivos y direcciones de Internet** si desea, o no, revisar la ortografía de las direcciones de Internet, nombres de archivos o direcciones electrónicas.
- Active **Marcar palabras repetidas** si desea que se marquen las palabras repetidas; en caso contrario, se ignoran.
- Active o desactive la opción **Exigir mayúsculas acentuadas en francés** si desea marcar las palabras francesas con una mayúscula no acentuada.
- Active la opción **Sugerir solo del diccionario principal** si desea utilizar únicamente el diccionario principal integrado en el verificador ortográfico y no el o los diccionarios personales activos.
- Seleccione en la lista **Modo del español** el modo que desea utilizar:

Sólo formas verbales de tuteo	Para textos con formas verbales que utilizan exclusivamente el pronombre “tú” para la segunda persona del singular.
Formas verbales de tuteo y voseo	Para textos con formas verbales que utilizan indistintamente los pronombres "tú" y "vos" para la segunda persona del singular.

Sólo formas verbales de voseo Para textos con formas verbales que utilizan exclusivamente el pronombre "vos" para la segunda persona del singular.

*Las opciones del apartado **Al corregir la ortografía en los programas Microsoft Office** se aplican a todos los programas Office (Word, Excel, PowerPoint, Access, etc.).*

- Pulse el botón **Aceptar**.

Utilizar un diccionario personal

*Cuando se efectúa la revisión ortográfica, además del diccionario principal, Word utiliza el o los diccionarios personales activos. Estos diccionarios personales contienen listas de palabras concretas que no existen en el diccionario principal (ejemplo: puede crear un diccionario en el que se agregan los términos médicos o, si ya existe, puede cargar el archivo correspondiente). El diccionario personal, de forma predeterminada, se llama **RoamingCustom.dic**.*

- Haga clic en la pestaña **Archivo**, en **Opciones** y a continuación seleccione la categoría **Revisión**.
- Pulse el botón **Diccionarios personalizados.**
- Para crear un nuevo diccionario personal, pulse el botón **Nuevo**, escriba el **Nombre de archivo** del nuevo diccionario en la casilla correspondiente y pulse el botón **Guardar**.

  El nuevo diccionario aparece en la lista de diccionarios existentes y se abre automáticamente (de ahí la marca que precede el nombre).

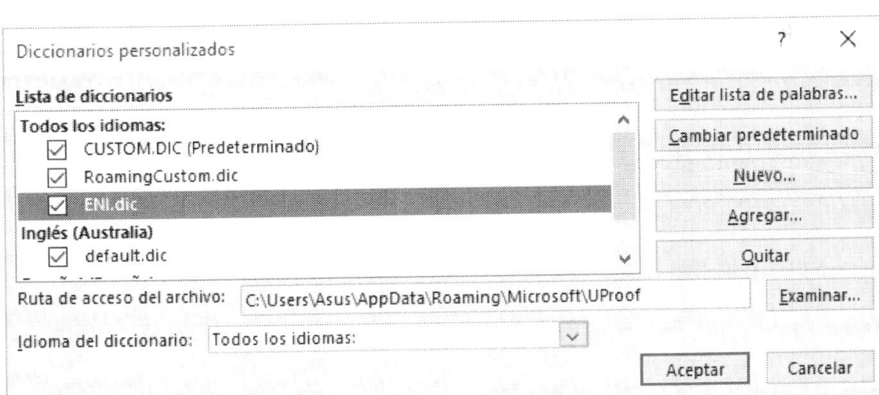

- Para que todas las palabras guardadas mediante el botón **Agregar** (cuadro de diálogo **Ortografía y gramática**) se guarden en otro diccionario que no sea **RoamingCustom.dic**, seleccione el diccionario correspondiente de la **Lista de diccionarios** y pulse el botón **Cambiar predeterminado**.

  *El texto **(predeterminado)** aparece a la derecha del diccionario personal correspondiente.*

- Para modificar el idioma de un diccionario personal, haga clic en el nombre del diccionario pertinente en **Lista de diccionarios** y seleccione el idioma deseado de la lista **Idioma del diccionario**: Word utiliza este diccionario únicamente para revisar la ortografía de un texto escrito con este idioma.

  *De forma predeterminada, cuando se crea un nuevo diccionario, la opción **Todos los idiomas** aparece seleccionada; por lo tanto, el diccionario utilizará el idioma con el que está escrito el texto.*

- Para cargar un diccionario personal, pulse el botón **Agregar**, seleccione la unidad y la carpeta que contenga el archivo y, a continuación, haga doble clic en el archivo correspondiente.

- Para cerrar un diccionario abierto, desactive la casilla situada delante de su nombre.

  La desaparición de la muesca indica que está cerrado.

- A la inversa, para activar un diccionario, marque la casilla situada delante de su nombre.

- Para modificar el contenido de un diccionario personal, selecciónelo en la lista y pulse el botón **Editar lista de palabras...**.

  Para agregar palabras al diccionario personal, escriba la(s) **Palabra(s)** en la casilla correspondiente y a continuación pulse el botón **Agregar**.

  Para eliminar una palabra del diccionario personal, seleccione la palabra que desea suprimir de la lista **Diccionario** y pulse el botón **Eliminar**.

  Pulse el botón **Aceptar**.

- Pulse el botón **Aceptar** del cuadro de diálogo **Diccionarios personalizados**.

- Pulse el botón **Aceptar** del cuadro de diálogo **Opciones de Word**.

El botón **Quitar** del cuadro de diálogo **Diccionarios personalizados** permite quitar el diccionario seleccionado de la **Lista de diccionarios**. Atención, el archivo correspondiente (.DIC) no se elimina del ordenador; el botón **Quitar** no está disponible cuando el diccionario seleccionado es el diccionario principal **RoamingCustom.dic**.

Para consultar y/o modificar un diccionario personal, también puede abrir el archivo .DIC; para saber la carpeta de guardado de los archivos de diccionarios personales, seleccione el nombre del diccionario pertinente en el cuadro de diálogo **Diccionarios personalizados** y consulte la información de la **Ruta de acceso del archivo**.

Indicar el idioma utilizado para la revisión ortográfica

Puede modificar el idioma de revisión del documento o de una parte del documento. Esta función es interesante para los documentos que contienen textos en español y en otros idiomas. Puesto que el idioma español será el idioma de revisión activo por defecto para todo el documento, si no se aplica ningún cambio, los textos escritos en otros idiomas quedarán marcados en rojo para destacar los errores. En cambio, si a medida que se escribe el texto se va seleccionando el idioma, el texto no quedará marcado en rojo (salvo si Word detecta errores en el idioma seleccionado) y, en el momento de la revisión, el diccionario del idioma correspondiente quedará automáticamente seleccionado para ese texto.

- Seleccione la parte del texto para el que desea escoger otro idioma de revisión.
- En la pestaña **Revisar**, haga clic en el botón **Idioma** que se muestra en el grupo **Idioma** y luego en la opción **Establecer idioma de corrección**.
- Seleccione el idioma que desea utilizar en la lista **Marcar texto seleccionado como** y luego haga clic en el botón **Aceptar**.

El nombre del idioma de revisión definido para el texto seleccionado aparece de manera predeterminada en la barra de estado. Si este no es su caso, haga clic con el botón secundario del ratón en la barra de estado y haga clic en la opción **Idioma** para activarlo (a la izquierda de la opción aparece una marca).

Puede indicar otro idioma de revisión antes de escribir el texto: sitúe el punto de inserción en su documento en el lugar a partir de cual desea empezar a escribir el texto en otro idioma y, a continuación escoja el idioma en cuestión en el cuadro de diálogo **Idioma**. Proceda de este modo cada vez que desee cambiar el idioma de revisión en su documento.

Puede cambiar las preferencias lingüísticas de Microsoft Office en el cuadro de diálogo **Opciones de Word** (pestaña **Archivo - Opciones** - categoría **Idioma**).

Si todos los documentos deben adoptar un determinado idioma, selecciónelo en el cuadro de diálogo **Idioma**, haga clic en el botón **Establecer como predeterminado** y luego confirme su elección.

Personalizar la barra de herramientas de acceso rápido

Agregar una herramienta

- Si la herramienta debe agregarse en un documento o en una plantilla concreta, abra el documento o la plantilla.

  Si la herramienta debe agregarse en todos los documentos, abra cualquier documento.

- Pulse el botón de la derecha de la **barra de herramientas de acceso rápido** para abrir la lista correspondiente.

- Si uno de los comandos que se ofrecen en la lista corresponde a la herramienta que desea agregar, selecciónela; si no, haga clic en la opción **Más comandos.**

  *La categoría **Barra de herramientas de acceso rápido** está seleccionada en el cuadro de diálogo **Opciones de Word** que se muestra en pantalla. El cuadro de la izquierda muestra la lista de los comandos disponibles y el de la derecha, las herramientas que contiene la barra de herramientas de **Acceso rápido**.*

- Abra la lista **Personalizar barra de herramientas de acceso rápido** y seleccione si la herramienta debe estar disponible **Para todos los documentos (predeterminado)** o sólo **Para "el documento actual"**.

- Abra la lista **Comandos disponibles en** y seleccione la categoría que contiene el comando que desea agregar.

  Los comandos correspondientes aparecen en el cuadro situado debajo de esta lista.

- Seleccione, en el cuadro de la izquierda, el comando que desea agregar a la **barra de herramientas de acceso rápido** y pulse el botón **Agregar**.

  *A partir de ese momento, el comando agregado también aparece en el cuadro de la derecha **Personalizar barra de herramientas de acceso rápido**.*

  *En la imagen, la herramienta **Impresión rápida** estará disponible para todos los documentos.*

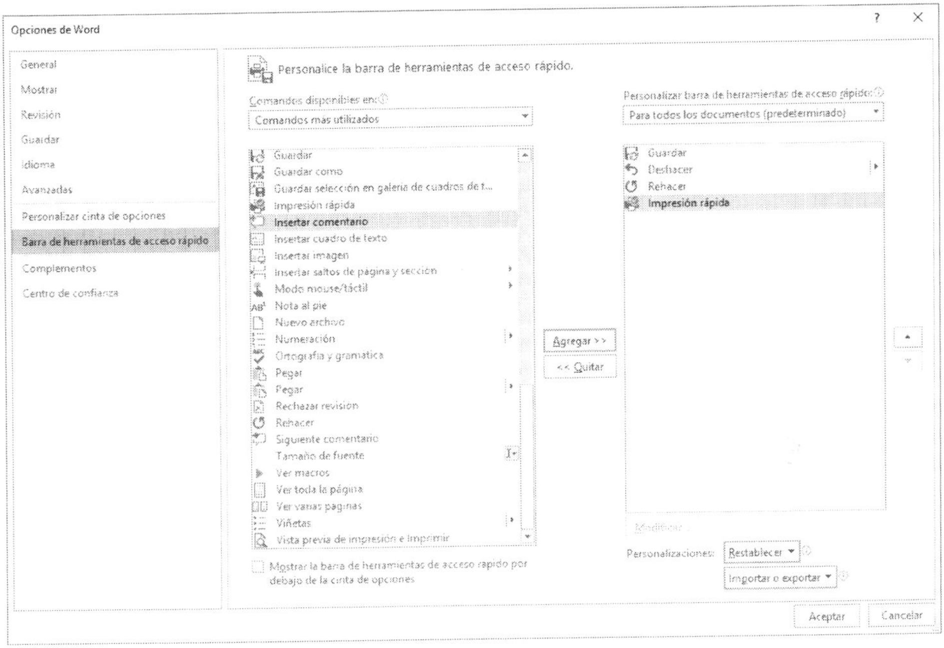

- Cuando haya agregado todas las herramientas deseadas, pulse el botón **Aceptar** del cuadro de diálogo **Opciones de Word**.

Para agregar una herramienta a la barra de herramientas de **Acceso rápido** a partir de la cinta de opciones, haga clic con el botón secundario del ratón en la herramienta en cuestión, y luego haga clic en la opción **Agregar a la barra de herramientas de Acceso rápido.**

Quitar una herramienta

- Pulse el botón situado a la derecha de la **barra de herramientas de acceso rápido** y seleccione la opción **Más comandos.**
- Abra la lista **Personalizar barra de herramientas de acceso rápido** y seleccione si la herramienta que desea eliminar está disponible **Para todos los documentos** o solamente **Para "el documento actual".**

- Seleccione, en el cuadro de la derecha, el comando que corresponde a la herramienta que desea quitar y pulse el botón **Quitar**.
- Cuando se hayan quitado todas las herramientas deseadas, pulse el botón **Aceptar** del cuadro de diálogo **Opciones de Word**.

Para restablecer el contenido original de la barra de herramientas de **Acceso rápido**, haga clic en el botón **Restablecer** del cuadro de diálogo **Opciones de Word** y luego en la opción **Restablecer únicamente la barra de herramientas de acceso rápido**. A continuación haga clic en el botón **Sí** del mensaje que aparece.

Para eliminar una herramienta de la **barra de herramientas de acceso rápido**, también puede pulsar el botón secundario del ratón en la herramienta correspondiente y seleccionar la opción **Eliminar de la barra de herramientas de acceso rápido**.

Desplazar una herramienta

- Pulse el botón ▾ situado a la derecha de la **barra de herramientas de acceso rápido** y seleccione la opción **Más comandos**.
- Seleccione la herramienta que desea desplazar en el cuadro de la derecha y utilice el botón ▲ para desplazarla hacia arriba o el botón ▼ para desplazarla hacia abajo.
- Cuando haya desplazado todas las herramientas deseadas, pulse el botón **Aceptar** del cuadro de diálogo **Opciones de Word**.

De forma predeterminada, la barra de herramientas de **Acceso rápido**, se sitúa por encima de la cinta de opciones, pero puede situarla debajo de la cinta de opciones: haga clic en el botón ▾ situado a la derecha de la barra de herramientas de **Acceso rápido** y luego haga clic en la opción **Mostrar debajo de la cinta de opciones**; la opción **Mostrar encima de la cinta de opciones** del botón ▾ permite mostrar otra vez la barra por encima de la cinta de opciones.

Personalizar la cinta de opciones

Mostrar/ocultar pestañas

- Haga clic en el botón ▾ que se encuentra a la derecha de la barra de herramientas de **Acceso rápido** y haga clic en la opción **Más comandos**.

También puede hacer clic con el botón secundario del ratón en una de las pestañas de la cinta de opciones y luego en la opción ***Personalizar la cinta de opciones****.*

- Si fuera necesario, seleccione la categoría **Personalizar la cinta de opciones** en el cuadro de diálogo **Opciones de Word** que se muestra en pantalla.

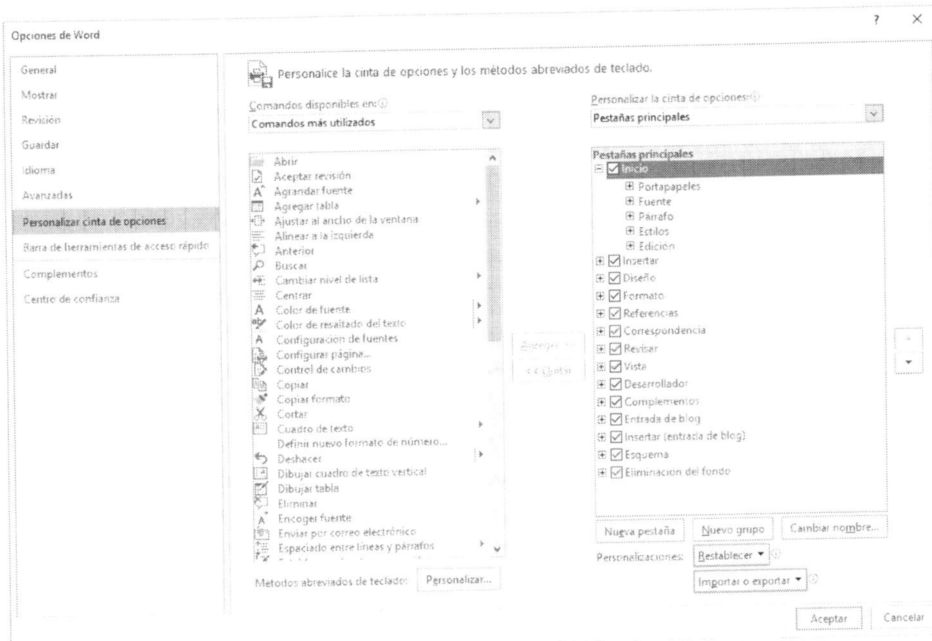

- Abra la lista **Personalizar la cinta de opciones** y luego haga clic en una de las opciones que se proponen en función de las pestañas que desea visualizar en la zona situada por debajo de la lista: **Todas las pestañas**, **Pestañas principales** o **Pestañas de herramientas**; de manera predeterminada, en la lista sólo se muestran las pestañas principales.

  Las ***Pestañas de herramientas*** *son las pestañas contextuales que aparecen en la cinta de opciones sólo cuando determinados elementos han sido seleccionados en el documento. Por ejemplo, al seleccionar una imagen, se muestra una pestaña suplementaria que se llama* ***Formato****. Esta pestaña desaparece de la cinta cuando la imagen ya no está seleccionada.*

- Para mostrar los grupos contenidos en una pestaña, haga clic en el botón ⊞ asociado a la pestaña en cuestión; a la inversa, haga clic en el botón ⊟ para ocultar los grupos de una pestaña.
- Para mostrar una pestaña en la cinta de opciones, marque la casilla situada a la izquierda de su nombre.
- Para ocultar una pestaña de la cinta de opciones, desmarque la casilla que se encuentra a la izquierda de su nombre.

  *De manera predeterminada, sólo la pestaña **Desarrollador** no está presente en la cinta de opciones.*
- Haga clic en el botón **Aceptar** para aplicar los cambios a la cinta de opciones.

Crear una nueva pestaña/un nuevo grupo

- Haga clic con el botón secundario del ratón en una pestaña de la cinta de opciones y luego en la opción **Personalizar la cinta de opciones**.
- Abra la lista **Personalizar la cinta de opciones** y haga clic en una de las opciones que se proponen en función de las pestañas que desea visualizar en la zona situada debajo de la lista.
- Para agregar una nueva pestaña, seleccione aquélla por debajo de la cual desea crear la nueva pestaña y haga clic en el botón **Nueva pestaña**.

  *Se muestra una **Nueva pestaña** y, de manera predeterminada, se ha creado también un grupo.*
- Para agregar un nuevo grupo a una pestaña, haga clic en el botón ⊞ de la pestaña en cuestión para mostrar los grupos que contiene. Seleccione el grupo por debajo del cual desea crear el nuevo grupo y haga clic en el botón **Nuevo grupo**.

  *La etiqueta **(Personalizada)** se añade al nombre de las pestañas y de los grupos personalizados.*
- Haga clic en el botón **Aceptar** para aplicar los cambios a la cinta de opciones.

Administrar las pestañas/los grupos

- Haga clic con el botón secundario del ratón en una pestaña de la cinta de opciones y luego haga clic en la opción **Personalizar la cinta de opciones**.
- Abra la lista **Personalizar la cinta de opciones** y haga clic en una de las opciones que se proponen en función de las pestañas que desea visualizar en la zona situada debajo de la lista.

- Para cambiar el nombre de una pestaña o un grupo, selecciónelo y luego haga clic en el botón **Cambiar nombre**.

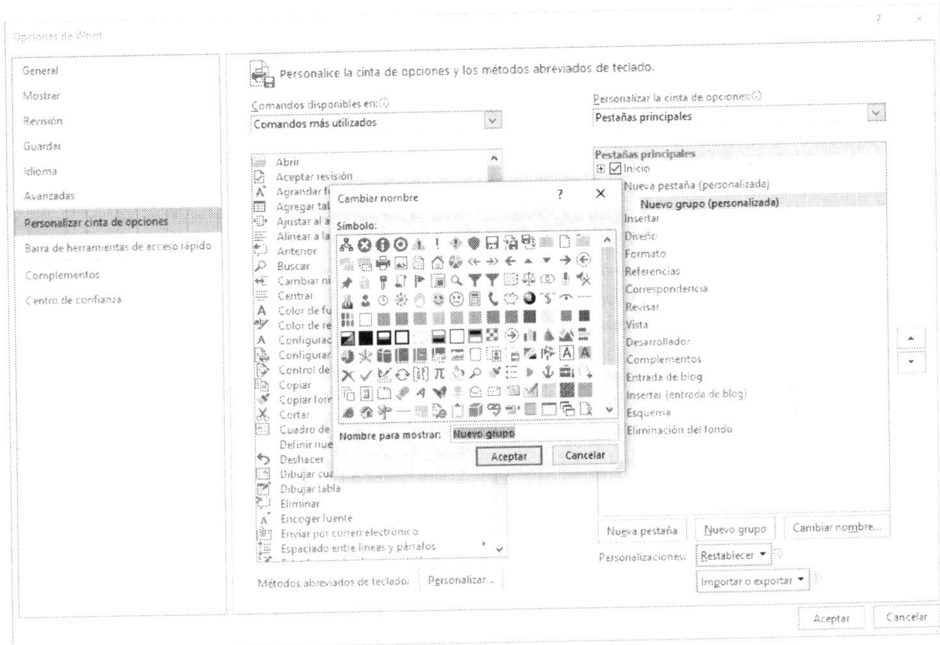

Escriba el **Nombre para mostrar** de la pestaña o del grupo en el cuadro de texto correspondiente; en el caso de un grupo, seleccione el **Símbolo**, que desea asociarle.

Haga clic en el botón **Aceptar**.

- Para eliminar una pestaña o un grupo, haga clic con el botón secundario del ratón y luego haga clic en la opción **Quitar**.

  Sólo se pueden quitar las pestanas personalizadas.

- Para desplazar una pestaña o un grupo, selecciónelo y luego pulse tantas veces como sea necesario el botón  para moverlo hacia arriba o en el botón  para desplazarlo hacia abajo.
- Haga clic en el botón **Aceptar** para aplicar los cambios a la cinta de opciones.

Añadir/eliminar comandos a grupos personalizados

Los comandos sólo se pueden agregar a los grupos personalizados.

- Haga clic con el botón secundario del ratón en una pestaña de la cinta de opciones y luego haga clic en la opción **Personalizar la cinta de opciones.**
- Abra la lista **Personalizar la cinta de opciones** y haga clic en una de las opciones que se proponen en función de las pestañas que desea visualizar en la zona situada debajo de la lista.
- Seleccione el grupo personalizado en el que desea agregar el nuevo comando.

  *La etiqueta **(Personalizada)** se añade al nombre de los grupos personalizados.*
- Abra la lista **Comandos disponibles en**, y seleccione la categoría que contiene los comandos que desea agregar.

  Los correspondientes comandos se muestran en el área visible debajo de esta lista.
- Seleccione, en el área de la izquierda, cada comando que desea agregar al grupo, y luego haga clic en el botón **Agregar**.

  Los comandos que se añaden se muestran en el grupo correspondiente en el área de la derecha.

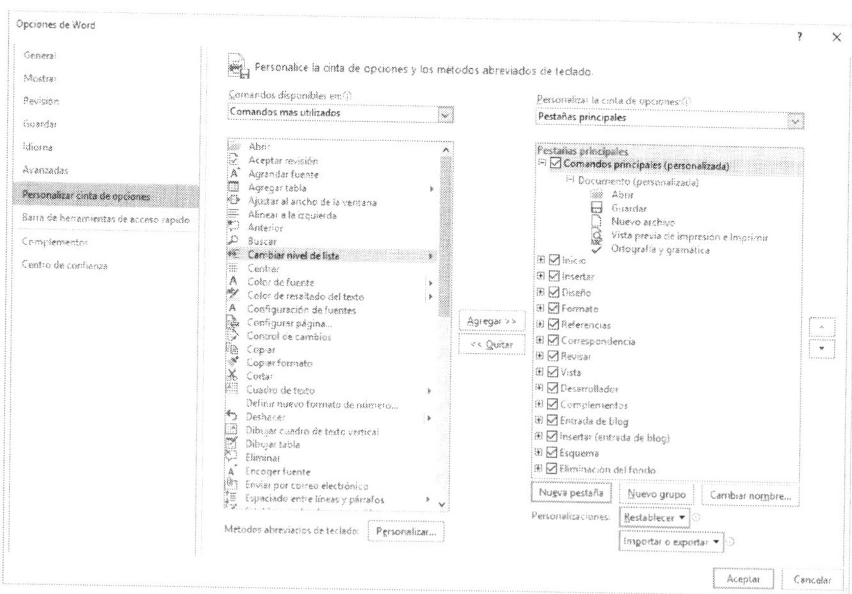

- Para eliminar un comando de un grupo personalizado, selecciónelo y luego haga clic en el botón **Quitar**.
- Haga clic en el botón **Aceptar** para aplicar los cambios en la cinta de opciones.

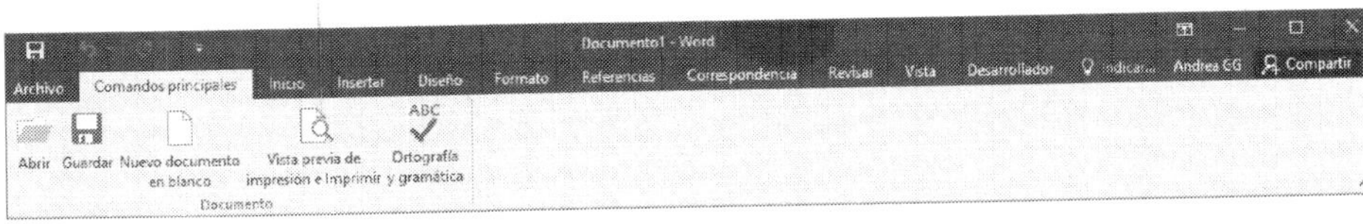

Restablecer la configuración predeterminada

Puede anular la personalización de la cinta de opciones y recuperar, así, la configuración predeterminada por Word.

- Haga clic con el botón secundario del ratón en una pestaña de la cinta de opciones y haga clic en la opción **Personalizar la cinta de opciones.**
- Si sólo se trata de restaurar una pestaña, selecciónela.
- Haga clic en el botón **Restablecer** y luego en una de las opciones siguientes:

  Restablecer únicamente la pestaña de cinta seleccionada: para eliminar todas las personalizaciones aportadas a la pestaña seleccionada y recuperar su configuración predeterminada.

  Restablecer todas las personalizaciones: para eliminar todas las personalizaciones aportadas a la cinta de opciones y a la barra de herramientas de **Acceso rápido** y recuperar la configuración predeterminada.
- Si ha optado por restablecer todas las personalizaciones, haga clic en el botón **Sí** del mensaje de confirmación que aparece en pantalla.
- Haga clic en el botón **Aceptar** del cuadro de diálogo **Opciones de Word**.

Exportar/importar personalizaciones

*Las personalizaciones aportadas a la cinta de opciones y a la barra de herramientas de **Acceso rápido** pueden ser exportadas a un archivo que, a continuación, podrá ser importado en otros ordenadores.*

- Haga clic con el botón secundario del ratón en una pestaña de la cinta de opciones y luego haga clic en la opción **Personalizar la cinta de opciones**.
- Para exportar las personalizaciones de la cinta y de la barra de herramientas de **Acceso rápido** a un archivo, haga clic en el botón **Importar/Exportar** y luego haga clic en la opción **Exportar todas las personalizaciones.**

Seleccione la carpeta en la que desea guardar el archivo de exportación, escriba su **Nombre de archivo** en la zona correspondiente y haga clic en el botón **Guardar**.

*Word crea un archivo con la extensión **.exportedUI**.*

- Para importar un archivo de personalización, haga clic en el botón **Importar/Exportar** y haga clic en la opción **Importar archivo de personalización**.

  Seleccione el archivo de personalización con la extensión **.exportedUI** y haga clic en el botón **Abrir**.

  Haga clic en el botón **Sí** del mensaje de confirmación que aparece.

  Las personalizaciones existentes se ven reemplazadas por las personalizaciones contenidas en el archivo importado.

- Haga clic en el botón **Aceptar** del cuadro de diálogo **Opciones de Word**.

Definir métodos abreviados de teclado

- Abra, si fuese necesario, la plantilla o el documento en el que desea agregar un método abreviado de teclado.
- Haga clic en la ficha **Archivo** y luego en **Opciones**.
- Seleccione la categoría **Personalizar cinta de opciones** y haga clic en el botón **Personalizar** que se encuentra a la derecha de la opción **Métodos abreviados de teclado**.
- Compruebe, en la lista **Guardar cambios en**, el nombre de la plantilla o del documento afectados por la incorporación del método abreviado de teclado.
- En la lista **Categorías**, seleccione la pestaña en cuestión o, si desea asociar el método abreviado de teclado a un estilo, una fuente, un bloque de creación, una macro o un símbolo, seleccione la opción correspondiente en esta lista.
- Seleccione, en la lista correspondiente, el comando, la macro, la fuente, el bloque de creación, el estilo o el símbolo a los que desea asociar un método abreviado de teclado.

  El nombre de esta lista cambia en función de la categoría seleccionada.
- Haga clic en el cuadro de texto **Nueva tecla de método abreviado** y escriba el método abreviado de teclado que prefiera.
- Compruebe que el texto **[sin asignar]** aparece al lado de la opción **Asignada a**.

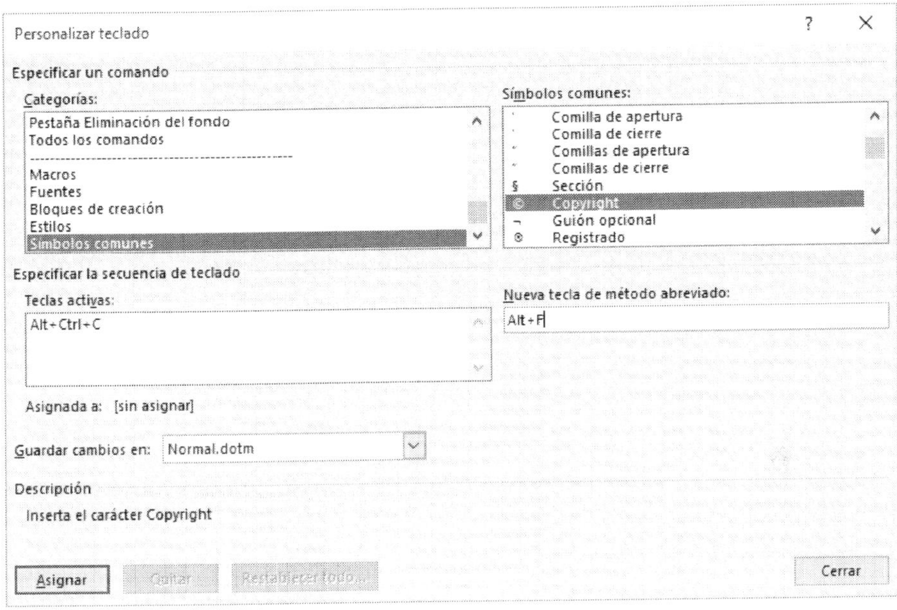

- Haga clic en el botón **Asignar**.

  El método abreviado de teclado se muestra en el área ***Teclas activas****.*

- Haga clic en el botón **Cerrar** y luego en el botón **Aceptar**.

El botón **Restablecer todo** del cuadro de diálogo **Personalizar teclado** permite recuperar los métodos abreviados de teclado originales de Word para la plantilla o el documento seleccionado en la lista **Guardar cambios en**.

Para eliminar un método abreviado de teclado, selecciónelo en el área **Teclas activas** del cuadro de diálogo **Personalizar teclado** y luego haga clic en el botón **Quitar**.

Para imprimir la lista de los métodos abreviados de teclado personalizados, haga clic en la pestaña **Archivo** y luego en la opción **Imprimir**. Abra la primera lista del apartado **Configuración** y seleccione la opción **Asignaciones de teclas**. Inicie la impresión haciendo clic en el botón **Imprimir**.

Administrar los bloques de creación

*Un **bloque de creación** es un elemento predefinido como, por ejemplo, un encabezado o pie de página, un elemento rápido, una numeración de páginas o una tabla que se puede utilizar en todos, o en parte de los documentos Word, según la plantilla en la cual se guardó. El usuario tiene a su disposición un buen número de bloques de creación predefinidos, pero como se ha visto en capítulos anteriores, es posible crear bloques de creación personales.*

- En la pestaña **Insertar**, pulse el botón **Elementos rápidos** situado en el grupo **Texto** y seleccione la opción **Organizador de bloques de creación.**

*El cuadro de diálogo **Organizador de bloques de creación** se abre en pantalla. Contiene la lista de todos los bloques de creación. En el apartado de la derecha, se muestra una vista previa del bloque de creación seleccionado.*

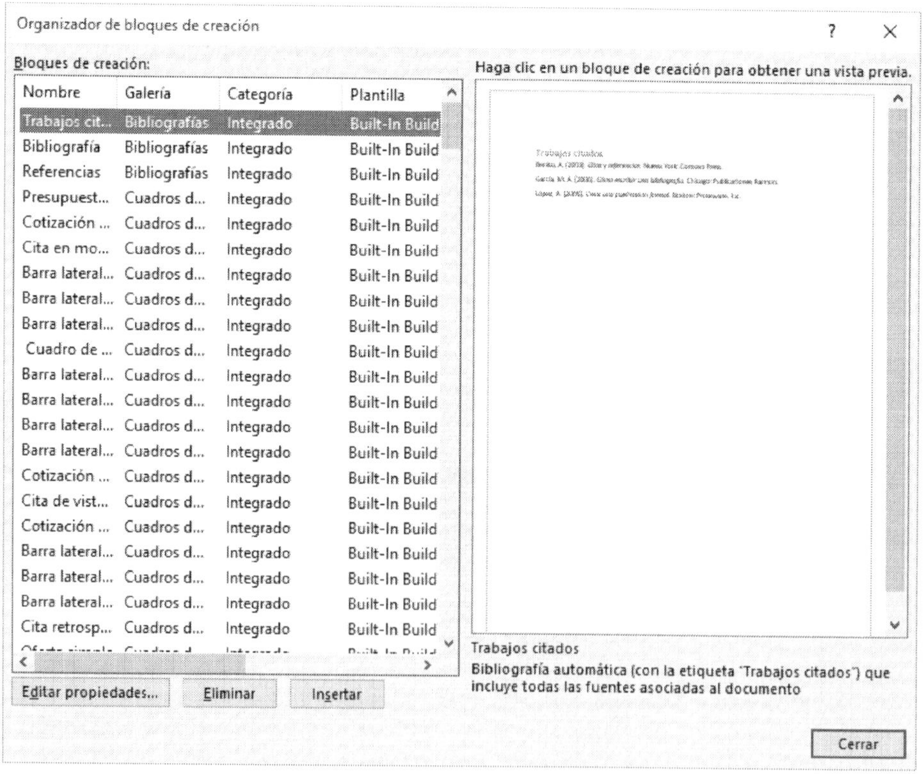

- Para ordenar la lista de los bloques de creación, haga clic en el encabezado de la columna según la ordenación que debe efectuarse: los elementos se ordenan de forma ascendente.

  En el ejemplo anterior, la lista de los bloques de creación se ha ordenado de forma ascendente de la galería.

- Para cambiar las propiedades de un bloque de creación, selecciónelo en la lista y pulse el botón **Editar propiedades**. Modifique las propiedades que desee, pulse el botón **Aceptar** y el botón **Sí** del mensaje que le pregunta si desea volver a definir la entrada del bloque de creación.

  Para más información sobre las propiedades de un bloque de creación, véase los apartados en los que se habla de cómo guardar un bloque de creación como, por ejemplo, el apartado Administrar encabezados y pies de página - Guardar un encabezado o un pie de página, que se encuentra en el capítulo Encabezados y pies de página.

- Para eliminar un bloque de creación, selecciónelo en la lista, pulse el botón **Eliminar** y, a continuación, pulse el botón **Sí** del mensaje de confirmación que aparece.

- Cuando haya terminado de administrar los bloques de creación, pulse el botón **Cerrar** del cuadro de diálogo **Organizador de bloques de creación**.

El botón **Insertar** del cuadro de diálogo **Organizador de bloques de creación**, permite insertar el bloque de creación seleccionado en el lugar del documento actual donde se encuentra el punto de inserción.

Para insertar un bloque de creación, también puede escribir su nombre en el lugar del documento donde lo desea insertar y pulsar la tecla F3.

Introducción a las cuentas de usuario

Windows es un sistema operativo multiusuario, es decir, varias personas pueden trabajar usando un mismo ordenador. Al iniciar el ordenador, deberá introducir sus datos (dirección de correo electrónico y contraseña de su cuenta Microsoft), la dirección de correo suele ser una dirección hotmail (ejemplo: garcia@hotmail.es), outlook.com (ejemplo: garcia@outlook.com), Messenger, Xbox Live, etc.

Para usar servicios de Microsoft como OneDrive (espacio de almacenamiento online) o Windows Store (sitio de descarga de aplicaciones), deberá disponer de una cuenta Microsoft. Podrá entonces utilizar esos servicios, independientemente del terminal que esté utilizando y acceder, por ejemplo, a los archivos almacenados en OneDrive a partir de su ordenador de sobremesa, de su tablet o incluso de su smartphone. También podrá acceder a sus contactos o a su agenda, independientemente del terminal en el que se encuentre.

También podrá disponer de varias cuentas de usuario (una cuenta personal y otra profesional, por ejemplo) y activar una u otra en función de sus necesidades.

Añadir una cuenta o conectarse a ella

- Haga clic en la opción **Archivo** y luego en **Cuenta**.
- En el panel central, haga clic en **Conectar** en caso de no estar conectado a una cuenta Microsoft o en **Cambiar de cuenta** en caso contrario.

  Si dispusiera ya de varias cuentas, en la ventana ***Cuentas****, Word le recuerda cuál de ellas es la que está activa (****Cuenta actual****) y le presenta una lista de las cuentas conectadas (****Otras cuentas****).*

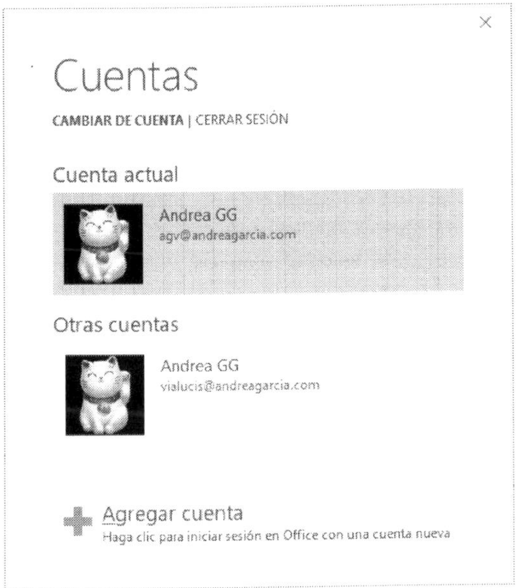

Aquí, por ejemplo, AndreaGG dispone de dos cuentas diferentes: dependiendo de qué cuenta tenga activa podrá acceder al espacio de almacenamiento OneDrive de una cuenta o bien de la otra.

- En este caso, haga clic en **Agregar cuenta**.

- Introduzca la dirección de correo electrónico asociada a la cuenta Microsoft que desea utilizar y haga clic en **Siguiente**.
- En la ventana que aparece a continuación, introduzca la **Contraseña** en el espacio correspondiente y haga clic en **Conectar**.

  Cada cuenta dispone de sus propios parámetros.
- Modifique si es preciso la configuración de la cuenta activa (foto, fondo, servicios, etc.). Para ello, consulte la información de los siguientes capítulos.

Para eliminar una cuenta y sus parámetros personalizados, utilice el vínculo **Desconectar** y confirme haciendo clic en **Sí**.

Activar una cuenta

Si dispone de varias cuentas (ver Añadir una cuenta o conectarse a ella) podrá pasar de una a la otra.

Cada cuenta dispone de accesos y características propios. Por ejemplo, su cuenta de conexión Office 365 le permite acceder a los datos almacenados en SharePoint, su cuenta de conexión Windows le permite acceder a sus cuentas en redes sociales como Facebook, Flickr, etc.

- Haga clic en **Archivo** y en la opción **Cuenta**.
- Haga clic en el enlace **Cambiar de cuenta** visible en el panel central.

  También puede hacer clic sobre el nombre de la cuenta activa situado arriba a la derecha de la pantalla y seccionar la opción ***Cambiar de perfil****:*

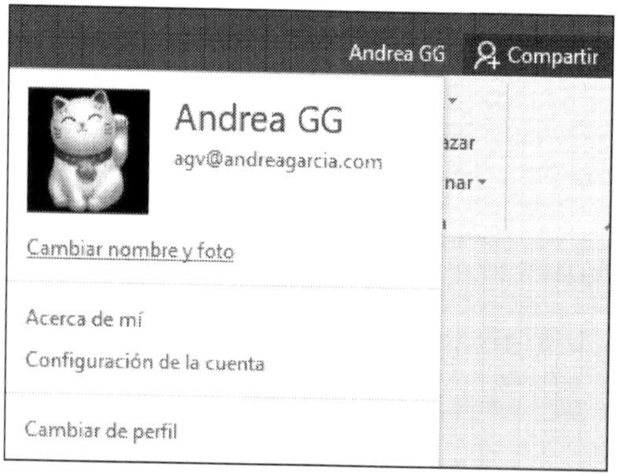

*En la ventana **Cuentas**, Word le recuerda la cuenta activa (**Cuenta actual**) y presenta una lista con el resto de cuentas conectadas (**Otras cuentas**):*

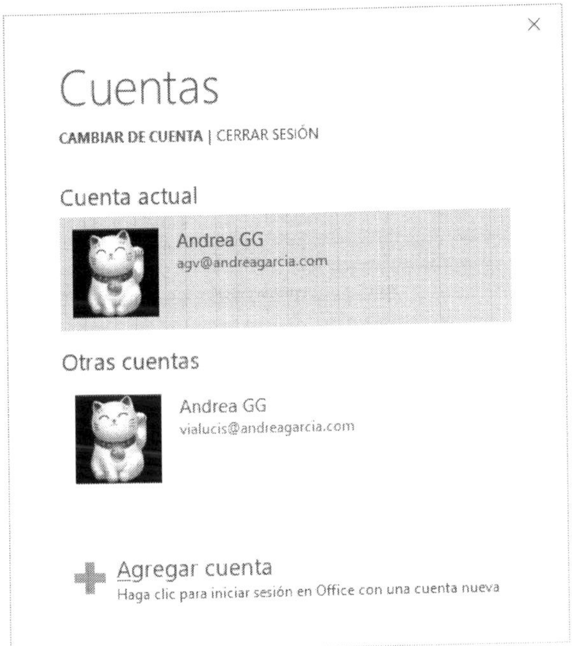

- Haga clic en la cuenta que quiere activar.

Personalizar una cuenta

Cada cuenta dispone de sus propios parámetros de vista (foto, fondo, etc.).

- Conecte y active la cuenta que desee.
- Haga clic en la cuenta activa, arriba a la derecha de la pantalla, y seleccione la opción **Configuración de la cuenta** para que se muestre la ventana **Cuenta**.

  *También puede hacer clic en la pestaña **Archivo** y en la opción **Cuenta**.*

Cambiar su información personal

- Haga clic en **Acerca de mí.**
- En caso necesario, introduzca su dirección de correo electrónico y la contraseña asociadas a esa cuenta y haga clic en **Iniciar sesión.**

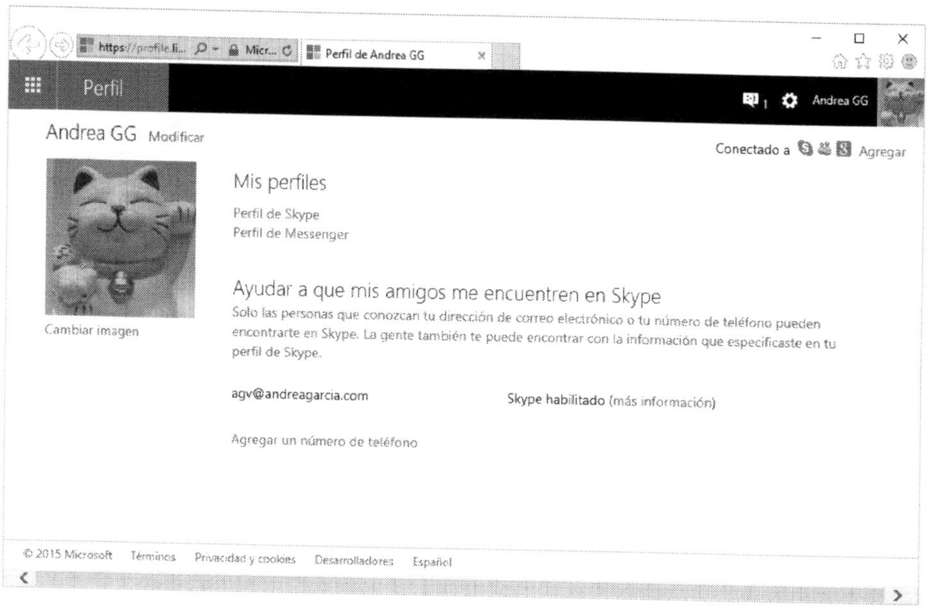

El navegador, definido con Windows de manera predeterminada, abre una nueva ventana en una página segura de un sitio Microsoft.

- Para modificar el nombre asociado a la cuenta, haga clic en la opción **Modificar**, visible a la derecha del nombre. Especifique el nuevo nombre y apellidos y haga clic en **Guardar**.
- Para modificar la imagen asociada a la cuenta, haga clic en la opción **Cambiar imagen** y en el botón **Examinar**, seleccione el archivo de imagen y haga clic en **Abrir**. Si es preciso, desplace el marco de la imagen y haga clic en **Guardar**.
- Cierre la ventana del navegador.

Cambiar el fondo y el tema de Office

- Abra la lista **Fondo de Office** y señale -sin hacer clic- uno de los modelos propuestos para ver el efecto en la barra de título de la aplicación.

  Aquí el modelo ***Fondo marino*** *personaliza la barra de título de Word para este usuario.*

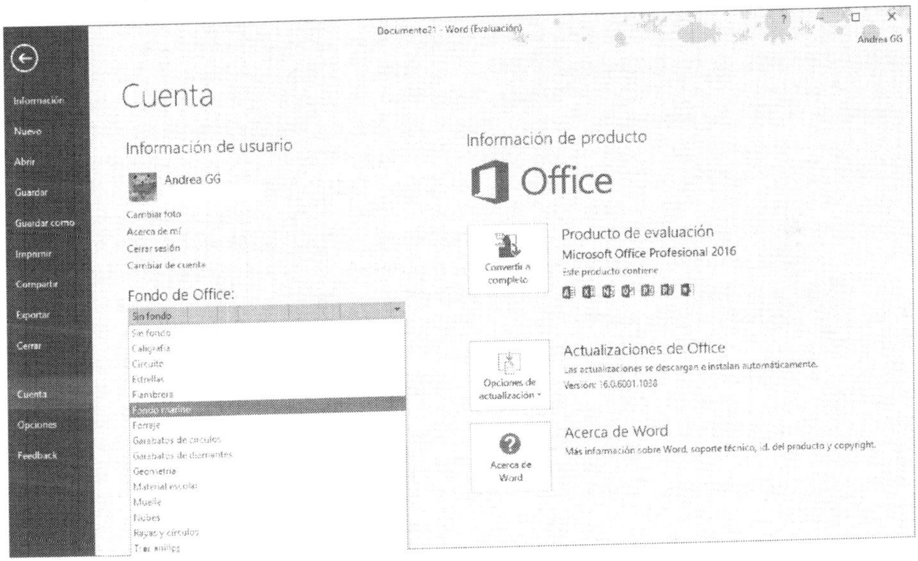

- Haga clic en el fondo deseado.
- Para cambiar el color de la interfaz, haga clic en la lista **Tema para Office** y haga clic en **Multicolor**, **Gris oscuro** o **Blanco**.
- Para ver el resultado, cierre la pestaña **Archivo** haciendo clic en el botón  situado en la parte superior del panel de opciones.

  Recordamos que el fondo está vinculado a la cuenta de usuario activa.

Añadir o eliminar servicios

Este procedimiento consiste en asociar a su cuenta activa, sus cuentas de redes sociales (Twitter, LinkedIn, Flickr, Facebook, YouTube) u otras cuentas de almacenamiento online (Office 365 SharePoint o OneDrive) para poder acceder a los datos de esas cuentas en las aplicaciones de Office. Por ejemplo, si conecta el servicio Facebook a su cuenta Microsoft, podrá disponer de las fotos de su cuenta Facebook en las aplicaciones Microsoft Word, Excel, etc.

- Active la cuenta a la que desea añadir el servicio.
- Haga clic en la pestaña **Archivo** y en la opción **Cuenta.**

El servicio o servicios a los que el usuario está conectado aparecen en la lista ***Servicios conectados.***

- Active el botón **Agregar un servicio** y señale el nombre deseado.

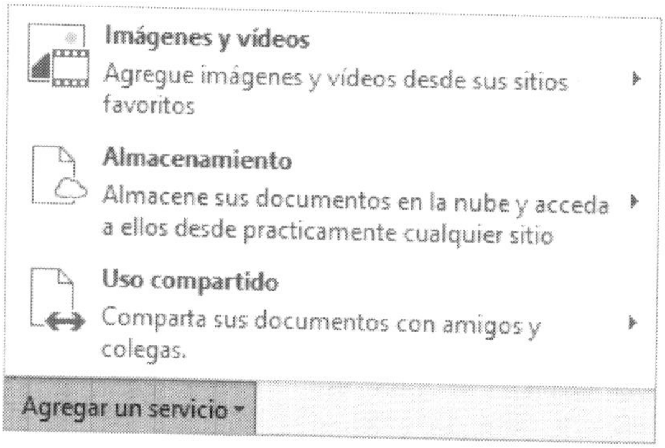

La lista de servicios varía en función de los servicios ya utilizados y del tipo de cuenta activa.

De acuerdo con las opciones propuestas, dispone de:

- **Imágenes y vídeos** para acceder a las fotos guardadas en su cuenta de **Flickr** o a vídeos de **YouTube** en Office (PowerPoint, Word, etc.) o a las imágenes y vídeos de su cuenta de Facebook.
- **Almacenamiento** para almacenar sus datos en la nube a través de **Office 365 SharePoint** y **OneDrive**.
- **Uso compartido** para acceder a sus cuentas en **LinkedIn** o **Twitter**.

- Prosiga con el proceso para añadir el servicio cumplimentando las pantallas que se le proponen (ejemplo: identificación y contraseña).

Los servicios añadidos aparecen a continuación en la lista de Servicios conectados.

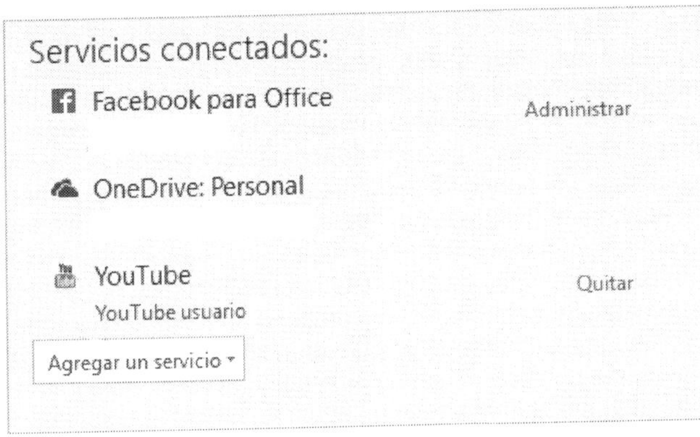

En el anterior ejemplo, contamos con acceso a nuestro espacio de almacenamiento OneDrive, a nuestra cuenta de Facebook y al sitio de YouTube.

Al utilizar el comando ***Insertar - Imágenes en línea****, tendremos una opción de* ***Facebook*** *que nos permitirá acceder a las fotos de nuestra cuenta Facebook para incorporarlas a documentos Word o Excel.*

- Para eliminar servicios conectados, haga clic en la opción **Quitar** situada junto al servicio que desea eliminar y confirme haciendo clic en **Sí**.

Administrar las actualizaciones de Office

La primera vez que abre alguno de los programas del paquete Office 2016, aparece un mensaje en el que se le propone que acepte las actualizaciones automáticas de los programas de la suite Office.

El procedimiento descrito a continuación permite activar las actualizaciones en caso de que no aceptara hacerlo y, en ese caso, iniciar las actualizaciones en el momento que lo desee.

- Active la pestaña **Archivo** y a continuación **Cuenta**.
- En el panel derecho, haga clic en **Opciones de actualización**.

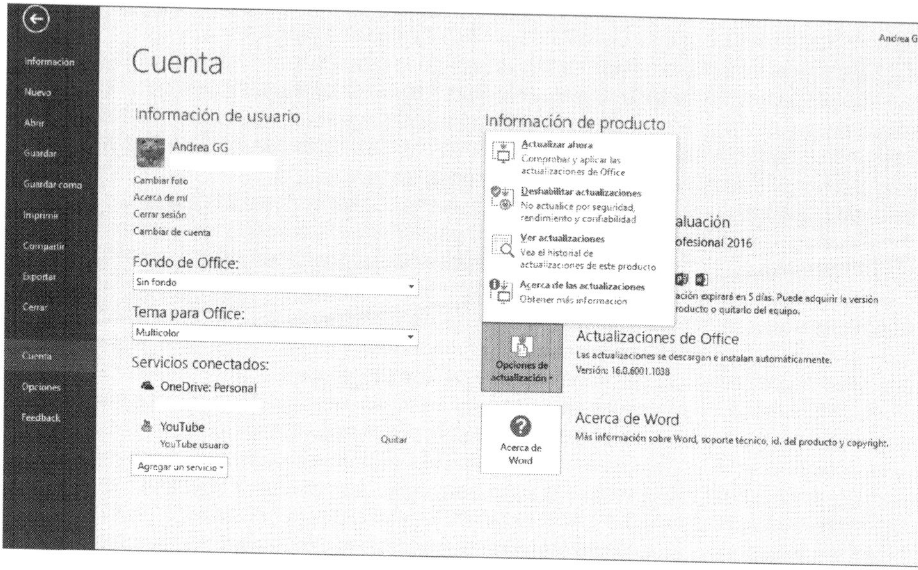

Seleccione una de las opciones propuestas.

Abrir la pestaña Desarrollador

*La pestaña **Desarrollador**, que comprende entre otras las opciones asociadas a las macros, no aparece de forma predeterminada en la cinta de opciones de la ventana de la aplicación Word.*

- Haga clic con el botón secundario del ratón en una pestaña de la cinta de opciones y haga clic en la opción **Personalizar la cinta de opciones.**
- Compruebe que la opción **Fichas principales** esté seleccionada en la lista **Personalizar la cinta de opciones.**
- Marque la opción **Desarrollador** en el área que se encuentra debajo de la lista **Personalizar la cinta de opciones**.
- Pulse el botón **Aceptar**.

Encontrará algunas opciones asociadas a las macros en el grupo **Macros** de la pestaña **Vista**.

Crear una macro

Una macro es una serie de comandos que el usuario guarda: cuando se ejecuta la macro, todos los comandos se ejecutan automáticamente. Una macro está escrita con el lenguaje de programación Visual Basic. Las macros se almacenan en un documento o en una plantilla de documento.

- Si la macro debe guardarse en un documento o en una plantilla concreta, ábralo (en el caso de una plantilla, puede abrir un documento que esté asociado a ésta).
- Haga clic en la pestaña **Desarrollador** y pulse el botón **Grabar macro** del grupo **Código** o haga clic en el icono  de la barra de estado.
- Introduzca el **Nombre de macro** en la casilla correspondiente.
- Indique el documento o la plantilla de documento en la que se guardará la macro con la lista **Guardar macro en.**

  *Las macros pueden guardarse en la plantilla general (**Todos los documentos (Normal.dotm)**), en el documento actual o en la plantilla en la que se basa el documento actual.*
- Escriba una posible **Descripción**.

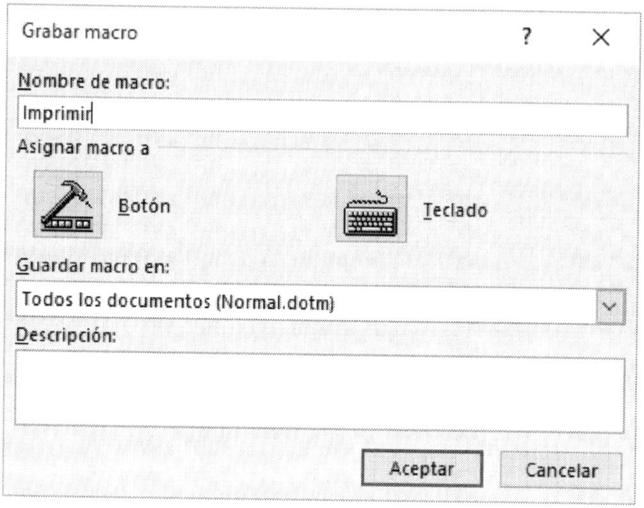

- Para ejecutar fácilmente la macro, asígnele un botón y/o un método abreviado de teclado pulsando uno de los botones siguientes:

  Botón Permite agregar la macro (que aparece en el cuadro de la izquierda) a la **barra de herramientas de acceso rápido**.

  Teclado Permite asignar un método abreviado a la macro.

- Pulse el botón **Aceptar**.

  *En la cinta de opciones, el botón **Grabar macro** es reemplazado por el botón **Detener grabación**. El botón*  *se muestra en la barra de estado.*

- Efectúe todas las operaciones que desea que se memoricen en la macro.

  Si desea efectuar operaciones que no deben ser grabadas, interrumpa la grabación de la macro pulsando el botón **Pausar grabación** del grupo **Código**; para reanudar la grabación, pulse el botón **Reanudar grabación**.

- Cuando haya efectuado todas las operaciones, pulse el botón **Detener grabación** del grupo **Código** (pestaña **Desarrollador**).

  También puede pulsar el botón  *situado en la barra de estado.*

- Guarde el documento y ciérrelo; si la macro se ha guardado en una plantilla que no es Normal.dotm, pulse el botón **Sí** del mensaje que ofrece guardar las modificaciones efectuadas a la plantilla.

Ejecutar una macro

- Haga clic en la pestaña **Desarrollador** y pulse el botón **Macros** del grupo **Código**. También puede pulsar el método abreviado [Alt] [F8].

  *En pantalla se abre el cuadro de diálogo **Macros** con la lista de todas las macros de la plantilla actual.*

- Abra, si fuese necesario, la lista **Macros en** para seleccionar el documento o la plantilla en la que se encuentra la macro que desea ejecutar.
- Haga doble clic en el **Nombre de macro** que desea ejecutar o seleccione el nombre y pulse el botón **Ejecutar**.

El botón **Seguridad de macros** situado en la pestaña **Desarrollador**, permite modificar los parámetros de seguridad de las macros.

Si ha asociado un botón o un método abreviado de teclado a la macro mientras la grababa, pulse el botón correspondiente en la **barra de herramientas de acceso rápido** o utilice la combinación de teclas asociada a la macro para ejecutarla.

Modificar una macro

- Haga clic en la pestaña **Desarrollador** y pulse el botón **Macros** del grupo **Código**. También puede utilizar el método abreviado de teclado [Alt] [F8].
- Seleccione el **Nombre de macro** que desea modificar.
- Pulse el botón **Modificar**.

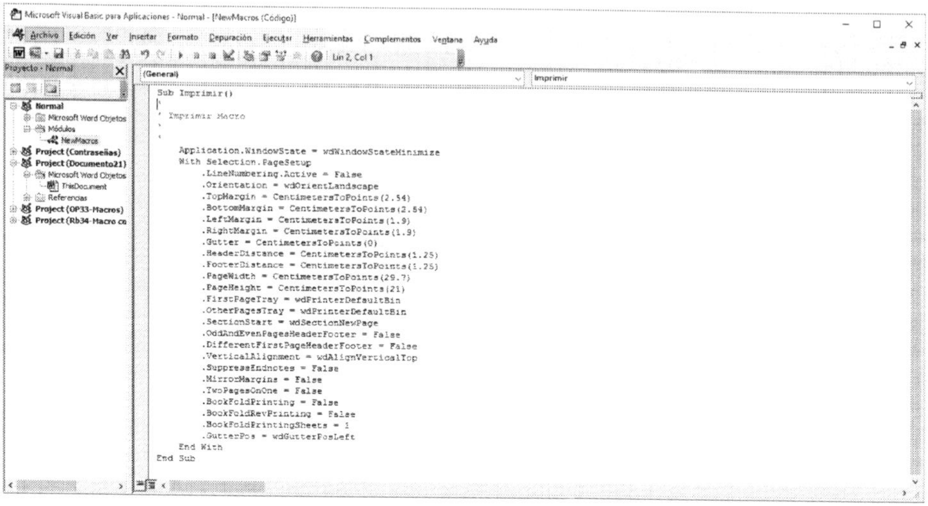

La ventana de Microsoft Visual Basic para Aplicaciones muestra la lista de las macros en lenguaje de programación Visual Basic.

- Efectúe las modificaciones que prefiera y salga de la aplicación Microsoft Visual Basic a través de **Archivo - Cerrar y volver a Microsoft Word** o Alt **Q**.

Eliminar una macro

- Haga clic en la pestaña **Desarrollador** y pulse el botón **Macros** del grupo **Código**. También puede pulsar el método abreviado Alt F8.
- Abra la lista **Macros en** para seleccionar el documento o la plantilla que contenga la macro que desea eliminar.
- Seleccione el **Nombre de la macro** que desea eliminar y haga clic en el botón **Eliminar**.
- Confirme la eliminación haciendo clic en el botón **Sí**, y haga clic en el botón **Cerrar**.

Métodos abreviados

Formatos

De caracteres

Ctrl Mayús >/ Ctrl Alt <	Aumentar/disminuir en un punto el tamaño de los caracteres
Mayús F3	Cambiar mayúsculas y minúsculas
Ctrl Mayús L	Formato versalitas
Ctrl N	Formato negrita
Ctrl K	Formato cursiva
Ctrl S	Formato subrayado
Mayús Ctrl D	Formato doble subrayado
Ctrl + (teclado alfanumérico)	Formato superíndice
Ctrl =	Formato subíndice
Ctrl Espacio o Ctrl Mayús Z	Carácter Normal
Ctrl Mayús Q	Fuente Symbol

De párrafos

Ctrl 2	Interlineado doble
Ctrl 5	Interlineado de 1,5 líneas
Ctrl 0 (cero)	Agregar/eliminar un espacio de una línea antes de un párrafo
Ctrl T	Alineación centrada
Ctrl Q	Alineación a la izquierda
Ctrl D	Alineación a la derecha
Ctrl J	Justificar párrafo
Ctrl H/ Ctrl Mayús R	Aplicar/quitar sangría a la izquierda
Ctrl F/ Ctrl Mayús H	Crear/reducir sangría francesa
Ctrl W	Quitar formato de párrafo

Diversos formatos

Ctrl Mayús A	Aplicar el estilo Normal
Ctrl Mayús C	Copiar formato
Ctrl Mayús V	Pegar formato

Desplazamientos/selecciones y textos

Texto

Ctrl ←	Eliminar una palabra a la izquierda
Ctrl Supr	Eliminar una palabra a la derecha

Desplazarse

↓ / ↑	Línea siguiente/anterior
→ / ←	Carácter siguiente/anterior
Fin / Inicio	Inicio/fin de línea
Re Pág / Av Pág	Pantalla anterior/siguiente
Ctrl Alt Av Pág / Ctrl Alt Re Pág	Final/principio de la ventana
Ctrl Inicio / Ctrl Fin	Inicio/final del documento
Ctrl ↑ / Ctrl ↓	Párrafo anterior/siguiente

Selecciones

F8 / Ctrl Mayús F8	Selección de texto/columna
Mayús F8	Selección anterior
Ctrl E	Seleccionar todo el documento

Insertar caracteres/contenidos particulares

Mayús ↵	Salto de línea
Ctrl ↵	Salto de página
Ctrl Mayús ↵	Salto de columna

Ctrl Mayús Espacio	Espacio de no separación
Ctrl Mayús -	Guión de no separación
Ctrl -	Guión opcional
F3	Insertar un bloque de creación
Alt Mayús H	Insertar un campo hora
Alt Mayús F	Insertar un campo fecha
Alt Mayús P	Insertar un campo página
Ctrl Alt C	Símbolo de copyright
Ctrl Alt R	Símbolo de marca registrada
Ctrl Alt T	Símbolo de marca comercial
Ctrl Alt . (teclado alfanumérico)	Puntos suspensivos

Métodos abreviados específicos

Campos

F11	Ir al campo siguiente
Mayús F11	Ir al campo anterior
F9	Actualizar campo
Ctrl F9	Insertar campo
Mayús F9 / Alt F9	Mostrar/ocultar código del campo señalado/de todos los campos
Alt Mayús F9	Reemplazar un campo por su resultado

Tablas

⇆ / Mayús ⇆	Seleccionar el contenido de la celda siguiente/anterior
Alt Fin / Alt Inicio	Última/primera celda de la fila
Alt AvPág / Alt RePág	Última/primera celda de la columna
Ctrl ⇆	Uso de un marcador de tabulación que no sea decimal

Esquemas

Alt Mayús ←	Nivel superior
Alt Mayús →	Nivel inferior
Alt Mayús **1** (ó 2 ó 3...)	Mostrar nivel de título
Alt Mayús **+**	Expandir el texto de un título
Alt Mayús **-**	Contraer el texto de un título
Alt Mayús **A**	Mostrar todo el documento (títulos, subtítulos y textos)
Alt Mayús ↑	Mover un título hacia arriba
Alt Mayús ↓	Mover un título hacia abajo

Combinación y correspondencia

Alt Mayús **D**	Combinar un documento
Alt Mayús **I**	Imprimir un documento combinado
Alt **M**	Modificar un documento de datos

A

C

Índice

Índice

Índice

Índice

Índice